U0466108

MOVE, PLAY, AND LEARN WITH SMART STEPS

运动塑造孩子的大脑 II

0-7岁"运动套餐"全方案

[新西兰] 吉尔·康奈尔（Gill Connell） 温迪·皮耶尔（Wendy Pirie）
[美] 谢丽尔·麦卡锡（Cheryl McCarthy） 著
方菁 王怡然 译

华夏出版社
HUAXIA PUBLISHING HOUSE

致谢

在多年教学中,我一直敬畏孩子强大的直觉,因为他们可以通过纯粹的游戏来创造所需。他们在玩耍,同时也是在学习。每次和他们一起游戏,我能学到很多。

谨以本书送给我最爱的玩伴、最棒的人生导师:贝基、米莉、露西、凯特琳、雅各布,期待与你们共度未来那些充满喜悦的、闪闪发光的日子。

——吉尔·康奈尔

感谢我的三个孩子:卡莱布、迈克斯和卡特,他们给了我灵感、快乐,以及对生活的积极态度。感谢我的丈夫科林,没有你的鼓励和支持,我无法完成。

——温迪·皮耶尔

感谢我的姐姐吉尔(Jill),你赋予我强大且坚定不移的信念。我爱你。

感谢吉尔(Gill),你向我展示了改变世界只是个选择题。谢谢你选择了我。

——谢丽尔·麦卡锡

目录 Contents

序一　智慧玩耍　运动快乐……………………………………………… 1
序二　身体是大脑的老师　运动塑造孩子的大脑………………………… 4
序三　让我们更加科学、系统地与孩子一起成长！……………………… 7
赞誉………………………………………………………………………… 9

本书介绍……………………………………………………………… 1
为大脑布线………………………………………………………………… 1
自动化……………………………………………………………………… 2
苹果代表 A………………………………………………………………… 3
关于本书…………………………………………………………………… 3

第一部分　让身体成为大脑的老师………………………………… 5

第一单元　了解"动觉模型"……………………………………… 6
动觉模型图………………………………………………………………… 6
"我能做"的动作发展路径……………………………………………… 11
为孩子设计的模型………………………………………………………… 12
"动作—学习"活动指南………………………………………………… 13
解读动作…………………………………………………………………… 13

第二单元　"智慧的脚步"方法…………………………………… 22
打造动感的空间…………………………………………………………… 23
打造一个"我能行"的环境……………………………………………… 32

安全管理 ·· 34
语言：通向正式学习的桥梁 ···································· 40

第三单元　实施"智慧的脚步"活动 ···················· 44
第一步：观察与评估 ·· 44
第二步：行动起来 ·· 46
第三步：回顾总结 ·· 47
活动实施策略 ·· 50
与家人分享 ·· 51
材料清单 ·· 52

第二部分　"智慧的脚步"游戏 ···················· 55
"智慧的脚步"游戏指南 ·· 56

感觉
1. 像鹰一样的眼睛 ·· 64
2. 谁的耳朵灵？ ·· 66
3. 不一样的鼓手 ·· 68
4. 井然有序！ ·· 70
5. 有趣的团纸球游戏 ·· 72
6. 感官花园 ·· 74
7. 色彩派对 ·· 76
8. 走！去纸箱乐园！ ·· 78

平衡

9. 一起来孵蛋！ …… 80
10. 爱打滚的小狗洛夫 …… 82
11. 爱旋转的小陀螺 …… 84
12. 像猫王一样舞动 …… 86
13. 过桥游戏 …… 88
14. 你好，八爪鱼！ …… 91
15. 龟兔赛跑：比赛之后 …… 94
16. 龟兔赛跑：再次开赛 …… 97

直觉

17. 一起来摇摆！ …… 100
18. 认识你自己 …… 102
19. 穿越隧道 …… 104
20. 罐头里的沙丁鱼 …… 107
21. 木板上的毛毛虫 …… 110
22. 杰克和吉尔 …… 113
23. 游戏日 …… 116
24. 辨识方向 …… 119

力量

25. 拔河大比拼 …… 122
26. 一起来玩侧手翻 …… 125
27. 小手抓抓抓！ …… 128
28. 不要丢下小狐狸 …… 131
29. 逃离动物园 …… 134
30. 跳房子 …… 136
31. 障碍挑战赛 …… 138
32. 泡泡破啦！ …… 141

协调

33. 疯狂的小爬虫 …… 143
34. 三腿小怪兽 …… 146
35. 鳄鱼爬 …… 148
36. 沙包游戏 …… 151

37. 农场大门 …………………………………………………… 154
38. 一起来跳踢踏舞 …………………………………………… 157
39. 抢食大战 …………………………………………………… 160
40. 抛接球游戏 ………………………………………………… 163
41. 小跳蛙 ……………………………………………………… 166

控制

42. 学习打沙滩球 ……………………………………………… 168
43. 手指游戏 …………………………………………………… 170
44. 牛仔竞技 …………………………………………………… 173
45. 交通堵塞 …………………………………………………… 176
46. 来玩橡皮泥 ………………………………………………… 179
47. 牢固的黄绳子 ……………………………………………… 182
48. 逐渐缩小的目标 …………………………………………… 185
49. 交换鸡蛋 …………………………………………………… 188
50. 完成任务：成为可能 ……………………………………… 191

延伸资源 ………………………………………………………… 194
术语 ……………………………………………………………… 208
译后记 …………………………………………………………… 210

序一
智慧玩耍
运动快乐

随着《中华人民共和国家庭教育促进法》的发布，相信将唤起更多家长对家庭教育的热情。确实，家庭教育是教育的起点，只不过很多成年人没有机会详尽探究"家庭教育"，就开始走上陪伴孩子成长的漫长征途。

感谢编辑的邀请，有幸读到《运动塑造孩子的大脑Ⅱ》这本书，并诚惶诚恐地为本书写序（推荐）。当拿到这本书的时候，我开始欣喜地阅读。正好也让我回顾这些年来陪伴孩子长大，那些并非一帆风顺的学习理论和投入实践的历程。所以，运动到底如何影响孩子的成长？运动是怎样影响孩子的大脑发育的？到底有哪些方法和策略可以让运动以游戏的形式使儿童乐享其中，度过他们短暂的童年时光？在阅读这本书的过程中我重新思考运动和家庭教育之间的关系，希望借由我的推荐，家长能够更早意识到游戏式的运动对儿童成长的价值，从而有意识但不刻意地创设友好的儿童成长环境，在多年以后收获一个心力脑力体力强壮的幸福的成年人。

这些年，因为工作的关系接触了大量的家长，也在全国巡回讲座过程中有机会回应各地家长的形形色色的问题，我发现有个有趣的现象，家长们特别关注的是结果。虽然有些孩子年龄小，尚未有标准化的成绩可以考量，但是家长们对家庭教育大比例的关注点落在那些显性的可参照的结果上。对此这本书就更具有启发参考的意义，我也深信家长们不仅需要在科学理论方面建立正确的认知，也需要具体的方法策略的指引。敬畏童年，相信孩子强大的直觉，理解"学习"二字对于孩子的多元意义，那么我们的家长就有机会认真阅读这本书，并且用正确的方式打开这本书，用好"智慧的脚步"游戏指南，和孩子一起玩起来，动起来。运动和玩耍是大自然赋予身体和大脑发育的最佳工具。

今年也是我真正坚持运动的一年，我跑出了人生的第一个半程马拉松。从上学时代最远跑步距离 800 米，到 40 岁之后我能够不停歇，有节奏地跑完 21 公里，在这个过程中，我学会控制自己的身体，理解和接纳自己的身体，并且运用自己的身体去做各种挑战式的尝试，我感知到了自己的成长。当我开始在运动中有这样的察觉时，我努力回想我小时候的运动体验，在那个没有科学家庭教育理念可以学习的年代，我的父母也无从获知这本书中所详尽描述的"智慧的脚步"这些"营养均衡"的动作和游戏套餐内容，如果那时候就有这本书的指引，那么被我遗忘的 0~7 岁的童年生活也许就是取之不竭的宝库，源源不断地支持我走向更远的远方。当我自己养育孩子时，虽然我有对运动、对游戏的认知，但是系统知识的缺乏仍然让我的育儿生涯留下一些遗憾。

在国际上，脑科学研究发展深入并已经进行应用，而对于大部分人来讲，大脑复杂且神秘，普通家长成为专业的脑科学专家并不现实，但是我们可以通过阅读，知道如何为孩子创设理想的成长环境，力所能及，陪伴孩子认真参与"塑造孩子的大脑"这个奇妙的旅程。

我是阅读的受益者，也是一名坚定的阅读推广人，强烈地建议父母阅读此书，从中获得更多的指引。多元的教育主张会让我们看见孩子更多的可能性。作为父母，怀着支持孩子成长的渴望，不免在阅读中也许带点功利性的目标，但心底永远不变的是对孩子的爱。我相信如果没有科学的指引，成年人很难只依靠自己的经验去为我们日日陪伴的孩子提供恰如其分的支持。本书按 0~7 岁不同时期孩子的发展规律，帮助我们去理解孩子，提出适合当下的游戏方案、详尽的策略、配套的支持、可视化的"动觉模型"；帮助我们清晰了解"感觉""平衡""直觉""力量""协调""控制"这些能力如何发展；帮助我们掌握简单有效、可实际操作的方法。剩下的，就交给时间，因为我们是全世界最爱自己孩子的爸爸妈妈。

当我爱上阅读以后，我成为阅读的推动者；当我爱上运动以后，我更知道运动的价值，那么请允许我为你推荐这本理论和实践相结合的家教枕边书。请你翻起书来，动动你的大脑，然后放下书，陪孩子动起来，陪孩子玩起来，用孩子喜欢的游戏，滋养他的童年。就如我们所期待的，他的身体逐渐强健，他的大脑发育，他的各项能力，那些看得见的和那些无法直接看见的，正不知不觉地茁壮成长。

林丹

　　林丹，悠贝创始人兼CEO，一个用陪孩子走七大洲两极替代辅导班的非典型海淀妈妈。

　　林丹不仅一直践行着"读万卷书，行万里路"的浪漫教养方式，更是通过在全国各地数百场的讲座，让"亲子阅读陪伴成长"的理念影响到成千上万的家庭。十年间，悠贝在全国300多个城市落地3000家亲子图书馆，影响千万家庭，助力亲子家庭的陪伴与成长。

序二
身体是大脑的老师
运动塑造孩子的大脑

2017年，我与吉尔在一次学术会议上对话，当时我就被她所提出的"身体是大脑的老师，运动塑造孩子的大脑"的观点所打动。后来仔细阅读了她的经典著作《运动塑造孩子的大脑》，我越发欣赏、钦佩她在幼儿动作发展领域的研究和实践。

对婴幼儿的研究越深入，我们就越会发现动作发展是其他发展的基础。0-7岁婴幼儿的动作发展是儿童发展的核心大齿轮，它牵动着儿童的认知、语言、社会性发展小齿轮，通过紧密合作，一环紧扣一环，构成了婴幼儿发展的整个系统。同时，"动作自动化"（即动作不需要意识参与即可完成）促进了大脑"自下而上"（Bottom Up）的发展，让大脑走向更高阶的思维活动，使"一心二用"成为可能。吉尔用三十多年的研究和实践让有些高冷的脑科学研究变成一套可操作、易复制、成体系的"六大运动营养套餐"的动觉模型，涵盖了0-7岁"六大动作发展阶段"。因此，《运动塑造孩子的大脑》被誉为"运动圣经"实至名归，是一本兼具学术含金量和实践价值的著作。

最近我收到了吉尔的这本新书《运动塑造孩子的大脑Ⅱ》，仔细阅读后，我觉得这本书延续了第一本书的高水准，同时更具有实操性，既适合专业读者（教师、研究者等），也适合大众读者（家长、其他婴幼儿照顾者等）。而且我惊喜地发现，吉尔在新书中增加了许多创新性的实施策略，让运动更具个性化，也更为有趣、有效。

本书分成两个部分，第一部分是理论篇"身体是大脑的老师"。让即使没有阅读过《运动塑造孩子的大脑》的读者依然能快速理解吉尔的理论架构。其中，"苹果代表A"生动地介绍了脑科学的研究成果，把"动作自动

序二　身体是大脑的老师　运动塑造孩子的大脑

化"这一概念解释得深入浅出。同时，她还在本书中增加了游戏的操作策略，为第二部分游戏的开展做好了充分准备。我特别喜欢其中的几个板块：

- "金发姑娘原则"：在运动和游戏中，注重婴幼儿的情绪体验。她用了一个可视化温度计的观察工具，非常形象地给出了婴幼儿积极情绪体验的区间，提醒我们避免婴幼儿因活动太容易而觉得"无趣"，以及因活动太难而"沮丧"。这让活动适应孩子，而非孩子适应活动的原则变得易观察、可实施。
- 个别化设置的"六个D原则"：通过对动态（Dynamic）距离（Distance）方向（Direction）、对称性（Duality）、持续时间（Duration）、难度（Difficulty）的调整，在基础动作中增加或者减少D的方式，调节运动和游戏的难易程度，真正做到为每个孩子"量体裁衣"，提供动作发展的套餐。
- 游戏的平衡：在书中吉尔将游戏从风险和价值（对孩子的激发程度）两个维度划分成4个区间，将游戏分成低风险高价值的"运动和学习类游戏"、高风险高价值的"挑战类游戏"、低风险和一般价值的"安静而专注的游戏"以及需要完全排除在外的高风险低价值的游戏。这种划分方式非常有创意，游戏价值和风险之间的关系一下子就凸显出来，对我有极大的触动，让我反思当下"过分保护"的教养方式其实在很大程度上限制了婴幼儿尝试、挑战的机会。如果我们的教养者都能意识到风险和价值是有关联的，就会更愿意来尊重孩子的天性。

第二部分是游戏篇，全书用"动觉模型"可视化呈现孩子在0-7岁六大发展阶段应着重发展的能力，提供"六大动作营养套餐"，共收录六大类、50多个主题、900多个游戏。吉尔按照婴幼儿动作发展的六大阶段，从新生儿到"小爬虫"，到淘气包，再到奔跑者、跳跃者，循序渐进，按照感知觉、平衡、直觉、力量、协调、控制六大动作来设计每个游戏，形成一套全面的婴幼儿动作发展游戏资源库，同时配有每个游戏的观察指导，非常专业、严谨。我特别喜欢游戏的组织方式，举例来说，主题《谁的耳朵灵》是一个感知觉类别的游戏，当你打开这个游戏，会看到这个系列游戏整体的教学指引，包括活动目标、游戏语言、安全提示、教学重点，然后你就能按照不同阶段来选取这个游戏的子游戏。例如你的孩子处于"走不稳阶段"，就可以从子游戏"声音任务箱"开始，从"我在活动——看我成长——我已掌握"开展三个进阶游戏，帮助孩子在游戏升级的同时循序渐进地提升能力。每一个阶段的小循环构成大循环，推进婴幼儿不断发展。其中的插画和视觉化的图示也能给读者带来直观的游戏感受，对读者非常友好。

总的来说，这本《运动塑造孩子的大脑Ⅱ》是一本全景式0—7岁的婴幼儿成长实践指南，对于婴幼儿教养者和专业研究者均有丰富的价值。

"运动的孩子也是正在学习的孩子"（A Moving Child is A Learning Child.）是吉尔一直输出的观点。希望我们以一个开放的、更具好奇心的方式来观察和陪伴孩子，用科学理念支持孩子的发展与学习，让我们的孩子四肢发达，头脑更聪明！

万中

四川省心理学会学前儿童心理与教育专委会副主任，成都大学硕士生导师

序三
让我们更加科学、系统地与孩子一起成长！

随着我国教育理论和实践的发展，学前教育得到了更多的社会关注。学前教育的质量关乎每个孩子一生的发展，快速提高学前教育的质量，给幼儿提供更科学、专业、优质的教育环境，已经成为我国幼教领域面临的一个重要课题。

2018年初，在新西兰我与学前教育理论界专家、幼教工作者进行了交流和研学，期间有幸参加了《运动塑造孩子的大脑》一书的作者，也是儿童发展领域全球公认的权威人士吉尔·康奈尔和温迪·皮耶尔举办的分享沙龙，吉尔老师分享了部分游戏案例的实施和心得。吉尔老师在学前领域三十余年的积淀与创新，让我深受启发和钦佩，同时也萌发了在幼儿日常游戏活动中进行初步探索与实践这一理念的想法。

仔细阅读了《运动塑造孩子的大脑Ⅱ》，在这本书中，三位作者合力为0-7岁儿童六大发展阶段（新生儿→小爬虫→走不稳→淘气鬼→奔跑者→跳跃者）设计了科学、系统的运动套餐，让老师、家长清晰了解幼儿在每个阶段适合什么运动，发展什么能力，同时应怎样给予孩子相应的引导和协助。"智慧的脚步"通过动感空间、"我能行"的环境、安全管理等模块，全面、循序渐进地从游戏环境、幼儿个体差异、安全保障等方面对实施者进行指导；按照"我能做"原则，即可以观测的评估标准，老师通过协助、引导，吸引幼儿参与促进、保护脑发育的科学运动游戏，并发挥其主动性，让他们获得积极的活动体验。

"智慧的脚步"游戏单元结合感觉、平衡、直觉、力量、协调、控制六大身体能力，科学系统地设计出50多个主题、900多个游戏，提供给实施者理论与实践结合的科学路径。每个游戏活动都有贴心的进阶提示，并有可视化的"动觉模型"，告诉实施者每个游戏的观察要点、重点以及支持策略。

在多年与幼儿朝夕相处中我们发现，幼儿的身体灵活会带动大脑的智慧发展。大量实践证明，在儿童期，爱玩爱动的幼儿相比安静的幼儿，脑容量至少多 30%。幼儿在完成科学设计的游戏活动时，需做出几十种与大脑活动相关的动作。这些游戏活动不仅有助于提高幼儿识别物体的能力、语言表达的能力和想象创造力，还能消除心理压力和恐惧感等。非常赞同作者提出的"儿童所有的学习都始于身体，并且与运动有关，在每一个动作开发身体能力的同时，他们的大脑中也塑造着感官知觉和神经通路"。

作为幼教工作者，庆幸有资深的教育专家编著此书，为学前教育工作者、家长提供了系统、科学的运动塑造大脑的创新理论，改变了以传统知识为核心的课程观，用细致入微的实操指引真正做到为每个孩子"量体裁衣"，培养幼儿的创造力、自主性和探索精神，促进幼儿的全身心健康发展。让我们更加科学、系统地与孩子一起成长！

张丽萍

广东省学前教育教师发展联盟理事、国际幼儿园总园长

赞誉

动作发展是0-3岁家长最为关心的问题。在我的工作中，经常会遇到有家长提出类似"我的孩子13个月了，不会走路怎么办？""我的孩子是过分多动了吗？"等问题。如果单从动作发展的角度来解答是不够的，也是不全面的。《运动塑造孩子的大脑Ⅱ》全新地、系统地从脑科学角度解答了婴幼儿动作发展的需求、路径，并提供了如何支持他们动作发展的完美方案。通过本书深入浅出地指引，我们不再割裂地看待0-3岁婴幼儿在各个领域的发展，也不再割裂地看待0-3岁和3-6岁婴幼儿发展的各个阶段。孩子的发展是整体的、延续的，更是来源于大自然的进化密码。"在婴幼儿发展早期，身体是大脑的老师"是我欣赏和支持的观点，也是我在实践中不断验证的观点。期待更多家长、教养人员能运用本书的观点进行实践，科学育儿！

上海市静安区早期教育指导研究中心主任，
上海市静安区延长路东部幼儿园园长　林丽

"运动是大自然赋予身体和大脑发育的最佳工具"，这是人类进化过程中的天然选择，孩子的成长史就是孩子的运动史。

玩耍和游戏促进了孩子动作的发展，促进了脑神经的发展，促进了智慧的积累。我们在幼儿园经常说"运动具有回天力""身体知道答案"。本书把儿童各种感官运动游戏从原理到动作再到方法进行了详细地研究和应用，可操作性强，是新时代家长和幼儿园教师必备的工具书，也是开启孩子通过运动获取健康成长的金钥匙。

郑州培杰教育集团总园长　崔冬梅

2017年，吉尔来大宁国际幼儿园为家长们做了一次工作坊，我当时印象深刻的一幕是：她用两个"魔术棒"一样的节奏器，左右开工地打出美妙的旋律，身手敏捷，头脑灵活，完全看不出她已是花甲之年。吉尔三十多年来身体力行、知行合一地研究、探索、实践，让运动融入孩子室内户外的一日生活。她本人精神矍铄、充满活力的状态也让"运动塑造大脑"这个观点非常有说服力。在过去的近五年中，我们和孩子一起运用《运动塑造孩子的大脑》中的"动觉模型"和游戏实践，每天"动"得更快乐，"动"得更灵活。非常期待吉尔的新书让我们"动"出更多精彩！

上海市静安区大宁国际幼儿园园长　华婷

根据近三十年从教经验，我发现爱动会玩的孩子通常很聪明。在吉尔的上一本《运动塑造孩子的大脑》中，我找到了这个发现的脑科学依据。之后，我们园用吉尔书中所说的"六大动作营养套餐"来为孩子设计融运动、游戏、艺术于一体的实验项目，让孩子们像弹钢琴一样使用身上的每一块大小肌肉。在过程中我们发现，孩子们变壮了、变灵活了，也变得更聪明了。吉尔在进行理论创新的同时，开发了更多可操作、易复制、成体系的"运动套餐"，这本新书非常专业实用。我认为运动就是大脑的小零食，让孩子动起来，收获阳光的性格、健康的体魄、聪明的大脑！

上海浦东新区东南幼儿园园长　曹湘瑜

爱动爱玩是每个孩子的天性，做游戏更是不分国界！作为吉尔老师的第一批中国读者，我再次为她的新书《运动塑造孩子的大脑Ⅱ》着迷。上一本书，我被她"运动塑造大脑"的科学理念打动，理解了孩子的动作发展和大脑之间千丝万缕的联系。而这本书我觉得真是我的案头书，涵盖了50个主题900多个游戏，足够可以让我和孩子玩得尽兴！特别是对每个游戏都附有贴心的进阶的提示，并有视觉化的"动觉模型"告诉老师每个游戏的观察要点、重点以及支持策略。让运动更简单，游戏更快乐！让我们和孩子一起动起来！

江苏省快乐体操教研员，幼儿律动操创编达人，
200万幼师喜爱的"小黑"老师　赵荣

本书介绍

欢迎打开本书《运动塑造孩子的大脑Ⅱ》！其实，婴幼儿时期，孩子每一个手舞足蹈的动作和每一声咯咯傻笑都代表着他正在进行神奇的学习。因为，运动和玩耍是大自然赋予身体和大脑发育的最佳工具。《运动塑造孩子的大脑Ⅱ》这本书所讲的就是如何运用大自然所给予的工具，追随孩子并支持他们顺其自然地发展。

"智慧的脚步"是为0~7岁婴幼儿准备的一系列"营养均衡"的动作和游戏套餐。它以发展为导向，是一套循序渐进的游戏体系，促进婴幼儿在身体、认知、社会性及情感方面的发展，从而为他们未来的学业生涯做好准备。

为大脑布线

在上本《运动塑造孩子的大脑》一书中，我们已经详细阐述了运动在孩子早期大脑发育中所起的作用。通过早期的身体和感知觉体验大脑收集、记录的信息建立了孩子对他的世界的独特理解。这个过程至关重要。正是这些运动在孩子的大脑中建设将终生用于接收、处理与反馈信息的神经通路。

> 孩子早期的身体经验和游戏活动会促进他们在认知方面的发展。有一天这些经验会帮助孩子学会阅读，拿铅笔写下他的名字，对数学问题进行推理、画画、弹钢琴，以及完成他一生中想要实现的其他所有事情。

换句话说，孩子早期的身体经验和游戏活动会促进他们在认知方面的发展。有一天这些经验会帮助孩子学会阅读，拿铅笔写下他的名字，对数学问题进行推理、画画、弹钢琴，以及完成他一生中想要实现的其他所有事情。

自动化

当孩子的大脑进行布线时，其他事情也在同一时间发生，即通过动作，身体和大脑学习相互沟通，创造一种无缝的、即时的、"智能"的关系。这种关系非常重要。大脑早期发育的主要目标之一就是自动完成动作，即孩子不必思考就可以做出相应的动作，我们称之为"自动化"。

身体和大脑之间的这种智能关系非常高效、和谐，使孩子做大多数动作都毫不费力。就其本身价值而言，建立这种关系已经值得我们为之努力。而在大自然的进化中，自动化还能促进大脑拥有思维、推理和创造力等更高级的能力。

我们人类的大脑在同一时刻只能完成一项思考任务。这意味着，当大脑需要思考如何做出动作时，它无法考虑学习或其他任何事情。因此，为了释放大脑的全部注意力，我们必须首先实现动作的自动化。简而言之，没有动作的自动化就没有学习，我们的大脑就是这样被设计而成的。

苹果代表 A

孩子出生后，这个世界向他走来：躺在婴儿床上的他看到妈妈的微笑，他的手里被塞了一个拨浪鼓，他坐在婴儿车里旅行，他的爷爷坐在摇椅上摇晃着摇篮里的他。这些经历看似是被动的，但对于一个小婴儿来说却很有趣，他们置身于这个新世界，被丰富的感知觉和身体信息包围着。后来，他们开始独立行动了，收集信息的能力呈指数级别的增长。他对知识渴求极了，对房间里的任何事物都有着浓厚的兴趣。

这一段段有形的、身体可感知的、真实的、即时的经历积累起来，构成他们的已知经验，而这就是学习。原因很简单，所有学习都需要建立在已知经验的基础上，从"已知到未知"，我们称之为"苹果代表 A"原则。

通过身体和感官体验，孩子积累起一系列经验。而此时他们的大脑正在忙着学习如何存储、关联、分析和检索信息。比如，当孩子多次接触苹果之后，对苹果有了基本了解，这时，你在他面前展示与苹果相关的事物，比如字母 A，虽然他还无法马上理解这个笔画复杂的字母 A 是什么，但是他会关注并记住这个未知的字母 A 和他已知的苹果有点关系。

"智慧的脚步"项目的目的在于以婴幼儿经验为导向，让他们自然而然地参与学习，培养孩子自行获取知识的能力，而非直接教给孩子知识。

关于本书

《运动塑造孩子的大脑Ⅱ》一书是为养育 0~7 岁婴幼儿的家长、老师、保育员而准备的。不管是大组的集体活动还是一对一的互动，本书中的游戏设计遵循婴幼儿身体发育规律，基于一个大原则，即：必须让游戏顺应孩子，而不是让孩子适应游戏。总的来说，共有 50 个系列游戏，每个系列有 18 个子游戏，这 900 个丰富有趣的活动构成了"智慧的脚步"的全部，而且这些都是按照婴幼儿不同的发育阶段而排列、设计的。

我们希望为婴幼儿提供促进身体和大脑均衡发育的

> 必须让游戏顺应孩子，而不是让孩子适应游戏。

"动作营养套餐",从而让大脑和身体更紧密地联结。为实现这一目标,在本书第一部分阐述了动作在婴幼儿早期发育中的重要性。此外,我们还提供了如何实施"智慧的脚步"这一项目的建议,包括观察评估方法和活动选择技巧,以及个性化的支持方案,从而让我们的孩子能够快乐地享受每一次身体的摆动。

在第二部分,你能快速概览到"智慧的脚步"的游戏内容。在本书的最后,你将找到"其他资源"(相关歌曲和有韵律感的歌词、游戏规则、让孩子们动起来的各种想法和策略等),以及与婴幼儿早期发育相关的术语表。

在婴幼儿时期,学习永远不会在静止状态下发生,让孩子们动起来吧!

第一部分

让身体成为大脑的老师

第一单元

了解"动觉模型"

动作发展是儿童早期发展的核心,为了能够更好地理解动作的支撑作用,我们需要对动作本身进行深入研究。那么,让我们从分解动作的基础要素开始吧!首先,我们需要了解动作的原始组成。为此,我们设计了"动觉模型"这个工具,能够帮助大家视觉化地理解基础要素是什么,以及它们之

动觉模型图

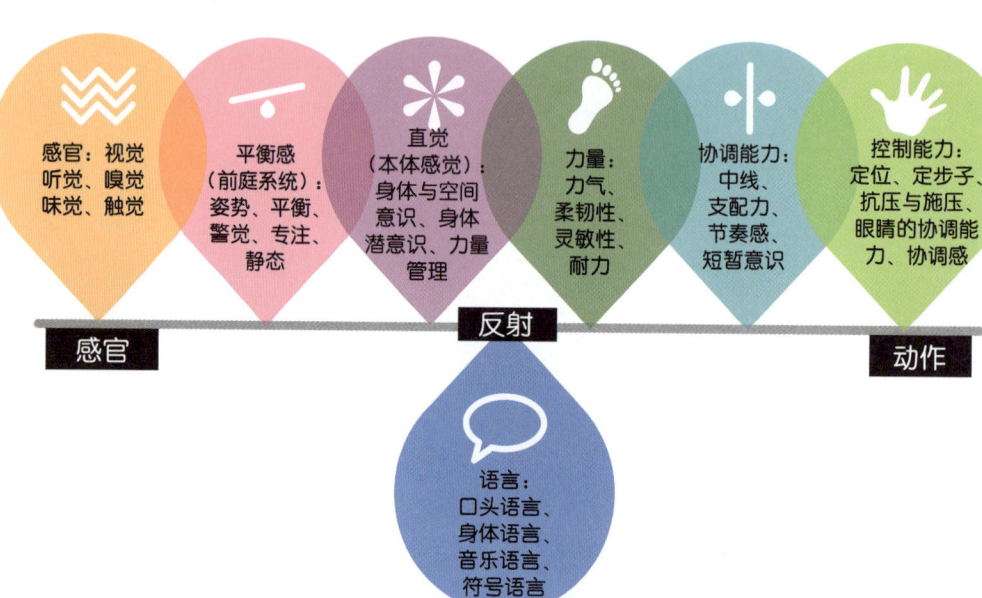

感官:视觉、听觉、嗅觉、味觉、触觉

平衡感(前庭系统):姿势、平衡、警觉、专注、静态

直觉(本体感觉):身体与空间意识、身体潜意识、力量管理

力量:力气、柔韧性、灵敏性、耐力

协调能力:中线、支配力、节奏感、短暂意识

控制能力:定位、定步子、抗压与施压、眼睛的协调能力、协调感

感官 —— 反射 —— 动作

语言:口头语言、身体语言、音乐语言、符号语言

间的动态联系。

"动觉模型"的核心要素是：反射、六大身体特征（感官、平衡感、直觉［本体感觉］、力量、协调能力、控制能力）和语言。

反射

反射能够帮助胎儿降生，是孩子最天然的支持，而且伴随人的一生。原始（先天）反射引导胎儿顺利通过产道，在出生后的最初几个月，原始反射会让婴儿做出重要的非自愿动作，比如紧握和推开，从而让他们得以存活下来。从另一方面来说，婴儿也通过这些反射动作增强肌肉、肌腱和韧带的力量，为未来的独立动作做好准备。最终，姿势（后天）反射取代了原始反射，它能够支持婴幼儿爬行和直立行走。所有早期动作都依赖于反射，因此在"动觉模型"图中，你会看到它是身体发展（之后我们将其称为"六大身体特征"）的平台和载体。

六大身体特征

三个感官工具（感官、平衡感和直觉）和三个动作工具（力量、协调能力和控制能力）是动觉模型的六个身体特征，它们共同构成孩子日常所需的动作营养套餐，令孩子身体健康，也能促进大脑发育，为生命早期错综复杂的神经布线提供了支持。

在第二部分"智慧的脚步"游戏中，对每一个游戏活动我们都列出了动作发展概览表，你可以看到所有的动作要点，有助于孩子进行一系列均衡的、循序渐进的动作学习。在我们展开游戏活动实施细节之前，先来简单了解一下六大身体特征吧。

感官

感知觉就是孩子感觉到的图像、声音、气味和质地，即他们实际的、可触碰的生活经验。在生命的早期，感知觉为婴幼儿大脑提供了大量重要的素材。婴幼儿通过在环境中与人、物品互动，而获得这些珍贵的素材，并开始进行空间感知和定位。换句话说，感知觉是学习的源头。

平衡感

平衡觉（也称作"前庭觉"）实际上是我们做所有工作的基础。它为我们提供稳定感，能让我们拥有非凡的身体技能和勇气，因此胜任日常的工作（比如：阅读本文时需要保持身体直立的状态）。它由前庭系统控制，是一种内在的知觉，让我们不管对内还是对外都能掌握平衡。它还和我们的直觉（本体感觉）一起工作，不断评估和校准方向，让我们能够始终保持警觉。

人体中央轴

前后中央轴

左右中央轴

上下中央轴

直觉

直觉（也称作"本体感觉"）是我们对外部环境的感觉，包括对外部空间和物体的感觉。它像是人体自带的 GPS 系统。它帮助我们回答了身体层面的问题，比如"我的身体有多大？""我是什么形状？"同时，它能给予我们对外部物体的直观感受，方便我们定位外部物体，比如"那个台阶有多高？""我的身体能通过这个管道吗？"

直觉还为我们提供了与环境互动所需的信息："我需要用多大力气才能推开门？"所有这些问题的解答对于成年人来说通常都是在潜意识中完成的，因为在一生中我们已经有上百万次的与外界物体的互动。然而，孩子的直觉仍在训练中，因此对他们时不时表现出"笨拙"的样子是完全可以理解的。（我们成年人偶尔也会开错路口呀！）

力量

为了实现动作自动化，肌肉需要力量、耐力、柔韧性和敏捷性，但这并不意味着力量训练就是做"粗大动作"，它既包括"粗大动作"，也包括"精细动作"，最终实现不管大块肌肉还是小块肌肉都能执行大脑要求。而让孩子获得最佳体能的方式也绝不是像成人一样的健身。孩子从小养成对所热爱事情的坚定态度非常重要，这能让他们在运动场上以及在未来的学习和生活中受益。热爱、坚持、韧性、勇气等良好的品质，这些都是在力量训练中习得的。

协调能力

将一只脚放在另一只脚上，这个动作很容易做到。而协调能力则能够让身体的两个或两个以上部分协同完成动作，这就与我们在婴幼儿时期身体中央轴的发育有关了。我们可以想象有这样三条线，将人体分割成几部分：第一条线分割身体的左右两侧；第二条线分割身体的上下两块；第三条线分割身体的前后两边。这三条线构成了人体中央轴，是人体复杂动作模式的中枢坐标点。

协调动作有多种模式：

- 通过镜像移动或双向移动，身体的左侧和右侧同时以相似的方式一起移动。例如：婴儿双手抱着奶瓶。
- 单侧或同侧动作是指当移动身体的一侧时，另一侧保持静止。比如：写字时有一只手写字，而另一只手保持不动。
- 偏侧动作是指当身体的一侧在做某个动作的时候，身体的另一侧做相反的动作。比如：走路时右脚在前，左脚在后。
- 交叉动作是指手或腿穿过所在的一个或多个人体中央轴面的动作。比如：当你的左手越过右肩搭在背部时。

控制能力

当孩子成为身体的主人，并可以自行设置目标，即开始能够做到自我控制，就有了控制能力。这意味着他们能够高度精确地控制肌肉动作。我们在此强调，肌肉无论大小，每一块都很重要。无论在键盘上打字还是在操场上奔跑，你所需要的是所有肌肉都能够拥有速度、方向和力量。

语言

在动觉模型中，你可能很惊讶里面居然包含了语言的部分。实际上，以各种形式存在的语言能够极大地提升孩子做动作和学习的能力，因为语言可以刺激大脑，将直接经验转化为概念，最终形成抽象思维。例如，当孩子举起重物时，你可能会说："箱子很重。"这里有三个概念：

1. 沉重是什么感觉？
2. 强壮是什么感觉？
3. "沉重"和"强壮"这两个词相互关联。

接着，孩子可能打开一扇门，你会说："那扇门很重。你得很强壮才能打开那扇门。""沉重"和"强壮"呈现在不同的语境中，于是，孩子开始理解这些词可以适用于多个对象和语境。这就开启了他们的抽象思维。

简而言之，持续接触丰富的语言可以让孩子理解人类是如何沟通的。换句话说，动作把语言带到生活中，使语言栩栩如生。

评估儿童发展：孩子能做什么？

动觉模型能够为孩子的动作发展提供正确而广泛的指导。当然，随着孩子不断成长，不断地进行各种挑战，他们的动作需求也在不断地变化。因此，动觉模型以"向孩子靠拢"为原则，从而满足孩子在每个阶段的发展需求。

目前，市面上确定孩子在哪个发育阶段最常见的方法是按年龄排序。而事实上，用孩子的实际年龄来确定动作发展需求，可能是最容易引起误解的。因为有的孩子八个月就会走路了，而有的则到了十六个月才会走路。有些孩子两岁时就会接球，而有些孩子四岁时仍然做不到。因此，使用动觉模型的评判标准不是看年龄，而是：孩子能做什么？非常简单。

"我能做"的动作发展路径

众所周知，在孩子的成长过程中，我们能观察到很多发展性的变化。他们获得新的技能，并"我能做"很多事情。我们可以把孩子的动作发展分为六大阶段：

新生儿（从一出生到能翻身）：新生儿时期是从婴儿出生开始的，从不能移动、全部依靠他人，到有意识地做可以自行控制的第一个动作。

小爬虫时期（摇摆，爬行，坐起来）：在此阶段，宝宝们对独立移动充满了乐趣。在好奇心的驱使下，他们开始了早期广泛的观察与探索。

走不稳时期（可以拉起来行走）：重要的动作里程碑出现在这个阶段，宝宝们可以直立行走，把脚稳定地站立在地面。因此，足迹所至，他们的能力和视野也随之展开。

淘气包时期（破坏和蹦跳）：此时的宝宝们精力充沛，他们拥有强烈的自信，最大程度地测试自己身体的极限。我们可以用速度、力量、大胆来形容这个时期的小淘气包。

奔跑者时期（跳动和攀爬）：在此阶段，宝宝们可以做出更为复杂和精细化的全身协调性动作，并在身体、认知、情感和交际能力方面取得了突飞猛进的发展。

跳跃者时期（跳跃，速移，一起游戏，跳舞）：此时宝宝们的大脑和身体已经融为一体，自我控制变得非常容易。

第 14 页和第 15 页上的图标生动地展示了孩子从原始反射向自主的协调性动作发展的过程。

为孩子设计的模型

现在，我们已经大致了解孩子的"我能做"的动作发展路径了。接下来，让我们用"动觉模型"来促进他们的动作发展吧。请留意，在每个发展阶段，他们对动作类型有不同的需求。大致来说，婴幼儿通常通过"动觉模型"中的感觉、平衡和直觉来探索世界。随着他们逐渐长大，孩子的动作需求会慢慢倾向于"动觉模型"中的力量、协调和控制。要注意的是，这是一个"逐步倾斜"的过程，而不是一个"开 / 关"的按钮。

"动觉模型"也不是一个检核表。在每个阶段，动作中的反射、身体特征和语言是一起来促进儿童的整体发展的。这其中的比例经常会有所调整，但是所有要素会在每一天起作用，最后形成儿童早期的"膳食平衡"的"动作发展套餐"。

正如我们所说的，"动觉模型"是依据孩子们能做到的而非按照他们的年龄而设计的。但是为了方便大家了解，在第 14 页和第 15 页的图标中，我们标注了每个阶段发生时相对应的孩子的大致年龄。例如，我们认为小爬虫时期大约是孩子在 6～14 个月时，走不稳时期是在 9～24 个月时。

但也请注意，小爬虫时期与走不稳时期在孩子的 9～14 个月时是重合的。这表示每个孩子的发展过程有巨大的差异。

"动觉模型"仅仅就是个工具，它的目的在于给孩子设计一个"营养均衡"的动作套餐。"动觉模型"有引导作用，但更重要的是我们需要被孩子引导。孩子的动作会告诉我们，他正试图找寻什么，这是真正自然的成长过程。跟随孩子自然发展的脚步，顺其自然是最好的方式。

> 用孩子的实际年龄来确定动作发展需求，可能是最容易引起误解的。

"动作—学习"活动指南

在下面的章节中，我们将详细解释如何使用"动觉模型"来帮助你规划活动。如果想要"动觉模型"在现实生活中发挥作用，请先看一眼以下的"动作—学习"活动指南。注意这些经典的游戏范式，它们涉及身体发育的各个方面。每个游戏都有多重的教学目标。

注意事项：在规划孩子的游戏活动时，一定要先了解和尊重他们目前所处的"我能做"的阶段，然后温柔地鼓励他们进行下一步。换句话说，制定适合孩子的游戏活动要一步步来。记住，永远追随孩子的脚步。

解读动作

动作是孩子与我们沟通的主要方式。因此，通过解读他们的动作我们能够更容易理解孩子的想法与感受。请对照一下，在你的教室里或者家里，有没有出现这样的孩子：

爱揉眼睛的小孩。他们还未准备好进行独立阅读。如果一个孩子爱揉眼睛，或者经常眨眼，会不时地将视线从书本上移开，甚至逃避阅读，那么这说明，他可能需要更多的时间来提高眼睛的适应能力，从而完成独立阅读所需的高度精细的眼部动作。开展眼睛跟踪类游戏活动，锻炼眼睛的耐力，可以帮助到他。

爱捂耳朵的小孩。当房间有噪音时，他们会用手捂上耳朵。有时他们会想要搞清楚声音的来源，有时他们会试图把所有声音都挡在外面。爱捂耳朵的小孩，需要更多安静的空间来集中注意力，也需要通过玩一些音乐游戏来提高他们对声音的识别能力。

安静的小孩。他们拒绝参加打打闹闹、一团混乱的游戏。你可以看到他们脸上"糟糕"与不满的神情。我们需要耐心地、温和地给他们提供各种各样的触觉刺激，但是这个过程一定要由孩子来主导。

"我能做"之旅

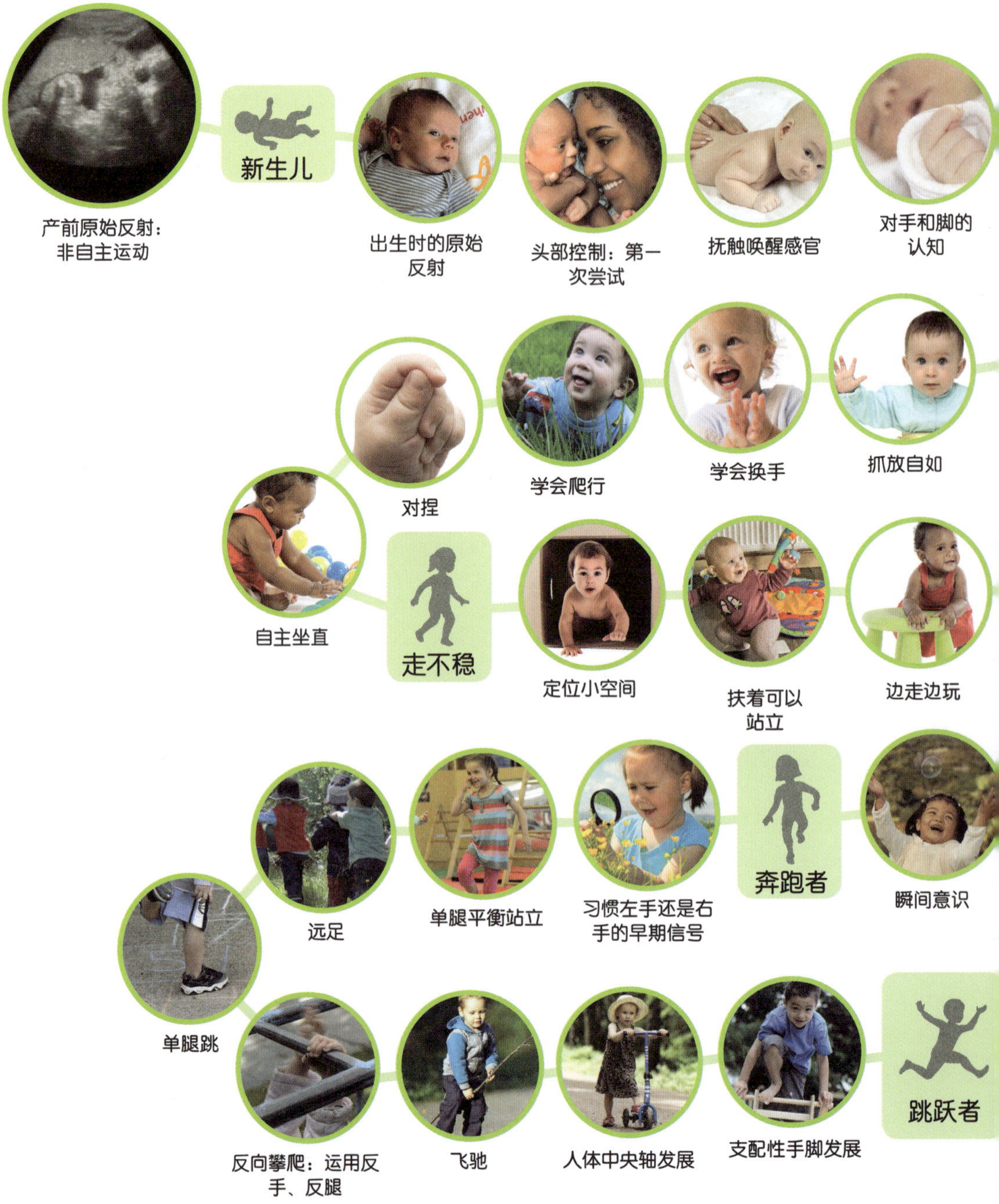

- 产前原始反射：非自主运动
- 新生儿
- 出生时的原始反射
- 头部控制：第一次尝试
- 抚触唤醒感官
- 对手和脚的认知
- 对捏
- 学会爬行
- 学会换手
- 抓放自如
- 自主坐直
- 走不稳
- 定位小空间
- 扶着可以站立
- 边走边玩
- 远足
- 单腿平衡站立
- 习惯左手还是右手的早期信号
- 奔跑者
- 瞬间意识
- 单腿跳
- 反向攀爬：运用反手、反腿
- 飞驰
- 人体中央轴发展
- 支配性手脚发展
- 跳跃者

第一部分　让身体成为大脑的老师　15

臀部技巧：尝试翻身　感官探索：特别是嘴部　用腹部翻转　抬起上半身　小爬虫　姿势反射开始出现　学着做出脸部表情

摇摆身体　四肢支撑　匍匐爬行　用嘴咬东西　抓握

借着辅助进行蹲下、起来　独立站立　爬上爬下　手眼协调：自己喂食　蹒跚学步　淘气包　奔跑

自我支配技能出现　双腿向上跳　上肢力量发展　双腿跳　无需辅助的蹲下、起来

跨步　交叉动作　跨越式跑　腾空跳跃　自动化协调动作

六大阶段动觉模型

新生儿时期
从出生到能翻身
大约年龄：0～6个月

婴儿通过所获得的感官信息来认识这个世界。平衡觉发展是此阶段的重点。对平衡觉的刺激能促进他们此时和未来的动作发展。

小爬虫时期
摇摆，爬行，坐起来
大约年龄：6～14个月

小爬虫时期的婴幼儿继续通过他们的感官来探索世界。当他们翻身、坐起来，以及开始出现爬行动作，就意味着他们的平衡觉和直觉开始加速发展。

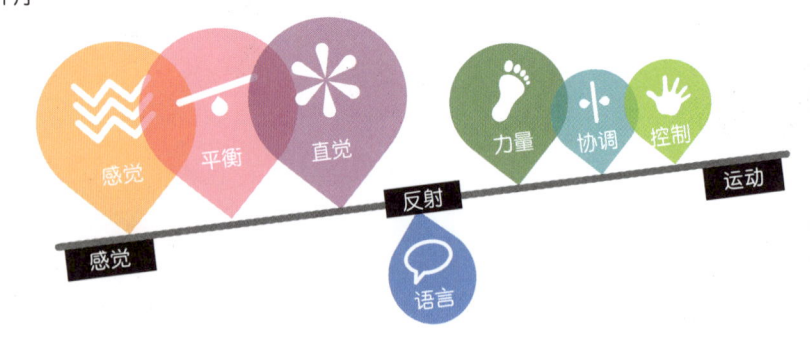

走不稳时期
可以拉起来行走
大约年龄：9～24个月

在这个时期，感官探索和动作发展互相激发，在平衡觉、直觉和力量的共同作用下，宝宝学会垂直站立和独立行走。

第一部分　让身体成为大脑的老师　17

淘气包时期
破坏和蹦跳
大约年龄：20个月～3岁半

这个时期的宝宝发育速度加快，并开始独立做越来越多的事情。请注意，在这个时期他们喜欢动来动去，身体的协调性逐渐提升。

感觉　平衡　直觉　　力量　协调　控制
感觉　　　　　反射　　　　　　　运动
语言

奔跑者时期
跳动和攀爬
大约年龄：3～4岁

这个时期的宝宝动作幅度加大，全身动作增多，为能够翻越更具挑战的"山峰"做准备。他们还不太会控制自己做动作的力度。

感觉　平衡　直觉　　力量　协调　控制
感觉　　　　　反射　　　　　　　运动
语言

跳跃者时期
跳跃，速移，一起游戏，跳舞
大约年龄：4岁以后

这个时期的宝宝在力量、协调能力和控制能力方面的发育已经接近完成状态，基础动作都可以做到，并接近实现动作自动化。

感觉　平衡　直觉　　力量　协调　控制
感觉　　　　　反射　　　　　　　运动
语言

坐立不安的小孩。他们不能静静地坐着，身体总是扭来扭去。他们的这种动来动去并不意味着他们不感兴趣，事实上他们可能正努力着集中注意力；又或者他们只是想去洗手间！让他们多做一些平衡类的活动，可能有助于改善。

爱转圈的小孩。他们喜欢让自己晕乎乎的，这并非多动症，这可能代表着孩子的大脑渴望得到前庭刺激。让他们慢慢转圈就可以了。

爱摇椅子的小孩。他们并不是调皮，可能只是想知道摇来摇去是什么感觉。让他们多做平衡类的活动，适当地获得前庭刺激。

老是磕磕碰碰的小孩。他们撞到家具上，并不一定是因为他们笨拙或是鲁莽。这可能是因为他们还不太了解自己的身体，让他们玩一些爬管道和钻桌子的游戏，增强对自己身体的感知。

动觉范围："运动—学习"活动指南

感官
视觉、听觉、嗅觉、味觉、触觉

图片
声音
气味
味道
不同材质
用眼健康
客体持久性
分类
排列
拼图

运动和音乐

平衡感（前庭系统）
姿势、平衡、警觉、专注、静态

摇摆
旋转
摆动
翻转
平衡

直觉（本体感觉）
身体与空间意识、身体潜意识、力量管理

探索
倾斜
身体意识
推
拉
抬

爱摸来摸去的小孩。他们触摸一切。他们走过来靠在你身上。但是，这并非意味着他们想要被关注或被宠爱。也许，他们只是想通过触摸来融入环境，从而增强空间意识。

弄坏铅笔的小孩。他们总是弄断铅笔芯，大多是用笔时太使劲了。虽然看似有些攻击性，但其实他们只是想了解一下自己的力气有多大而已。让他们做一些精细动作和肌肉控制的练习，比如小心地倒水，不让水洒出来。

写字潦草的小孩。在孩子开始学习写字时，字写得乱糟糟的。从某种角度来说，这可能是练习不够。当然，这也意味着他们需要更多的体能锻炼，比如说在各种各样的空间里自如活动（进去、出来、上来、下去、穿过等）。

无精打采的小孩。他们勉为其难地才能把身体坐直；他们老是看着没精

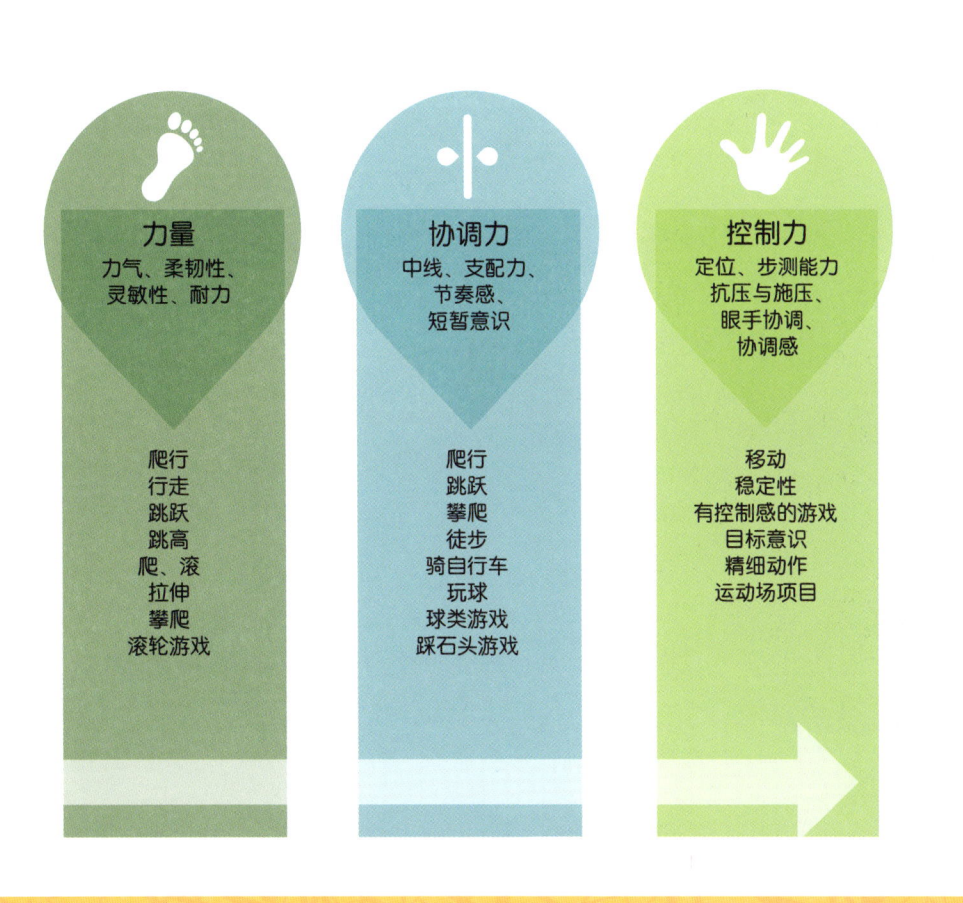

力量
力气、柔韧性、
灵敏性、耐力

爬行
行走
跳跃
跳高
爬、滚
拉伸
攀爬
滚轮游戏

协调力
中线、支配力、
节奏感、
短暂意识

爬行
跳跃
攀爬
徒步
骑自行车
玩球
球类游戏
踩石头游戏

控制力
定位、步测能力
抗压与施压
眼手协调、
协调感

移动
稳定性
有控制感的游戏
目标意识
精细动作
运动场项目

神。挺拔的坐姿取决于核心肌肉的力量。这时，全身运动——尤其是挑战核心肌肉力量的游戏和活动，也许是不错的选择。

跳来跳去的小孩。他们老是跳来跳去，看起来好像无法集中注意力，这很有可能是因为缺乏耐力。我们可以让他们做一些定时游戏，来增强肌肉耐力。（比如：双腿蹦跳 15 秒，然后坚持到 30 秒，最后可以达到 45 秒。）

想要离开的孩子。才上午十点，他们就问是否可以回家了。如果这种情况频繁发生，也许是身体原因所致。他们也许累了，但并不一定是缺觉，可能是身体没有做好准备。

双手老是动来动去的小孩。在画画或写字时，他们的双手老是动来动去。他们这样做并非是因为好玩，而是必须要这么做。此时孩子的身体中央轴还在不断调整，也就是说他的惯用手还没有确定下来。这时，做一些交叉模式的动作游戏会对他有很大帮助。

反着写字的小孩。他们有时会把字反着写。他们犯这种错误可能不是因为对写字还不熟练，而是他们的人体中央轴还没发育成熟，对方向和事物的顺序还不能正确认识。向左、向右、向前、向后的方向动作会对他们有所帮助。

动作拧巴的小孩。他们做简单的动作也会很拧巴，比如写自己的名字。当孩子们做动作不自然时，很可能是他们的人体中央轴出了偏差，做一些同侧动作和偏侧动作会对他们有所帮助。（例如，让孩子假装自己的左手被粘在身体另一侧的地板上。让他尝试只用右手抓羽毛，而不要让羽毛掉在地上。然后再换手重复此动作。）

紧握拳头的小孩。他们会很用力地握住铅笔。让他们多在攀爬架上玩，增强上肢、双手和手指的力量。

飞毛腿小孩。他们会用极快的速度完成所有任务。当你要求他们放慢脚步时，他们很难做到，因为他们很难控制自己的身体。让他们尝试着尽量慢慢做事情，度过"漫长的一天"，看看能坚持多久！

候补队员。这样的孩子一般是被队友们最后选中加入球队的。大多数团队运动（足球、篮球等）需要参与者有较好的运动技能。对于这样的孩子，多利用肥皂泡、羽毛和其他缓慢飘移的物体培养他们的眼睛和手脚的协调能力。

> 在规划孩子的游戏活动时，一定要先了解和尊重他们目前所处的"我能做"的阶段。记住，永远追随孩子的脚步。

第二单元

"智慧的脚步"方法

除了奔跑和踢球，我们还有很多方法可以让孩子活跃起来。我们有必要基于孩子的身体发育需要，为他们提供一系列"营养均衡"的"动作套餐"。这将极大地促进他们在身体、认知、情感和人际关系上的全面发展。

与目前广受欢迎的体适能及身体技能类产品不同，"智慧的脚步"这一项目聚焦于孩子身体发育的需求，而非身体机能的提升。同时，"智慧的脚步"旨在帮助孩子完成动作自动化（即身体可以在不需要大脑思考的前提下完成动作）。正如我们在前面讨论的那样，当孩子能自如地控制身体时，他的大脑就可以专注于其他工作，比如思考和推理、创造和发明，为未来的学习做好准备。如果身体和大脑之间建立了快速、高效、敏锐的联结，那么奇迹就会发生，而这样的联结是在儿童早期发生的。

那么，如何知道孩子已经完成某个

动作的自动化了呢？好消息是：这很容易发现。

比如，他可以在平衡木上行走，同时告诉你早餐吃了些什么；他可以一边跳一边数数；他可以跟随音乐边唱边跳。

当孩子还没能完成某个动作的自动化时，他只能专注于做这个动作。他可能会非常安静地陷入沉思，也可能会吐舌头，但一般不会跟你有目光接触，也无法与你进行言语交流。这时，成人通常会以为孩子没有在听自己说话，而实际上他正专心聆听自己的身体和大脑，希望搞懂它们是如何共同工作的。

> 当孩子完成动作自动化之后，他能同时进行做动作和思考这两项任务。

在此，我还要分享一个快速评估孩子是否完成动作自动化的方法。当孩子正在做某个动作时，你让他回答一些与这个动作无关的简单问题，例如："我有点忘记了，你今年几岁啦？"如果这时他可以一边做动作一边回答你的问题，就说明他完成了这个动作的自动化。请继续和他对话，看他是否能继续一边做动作一边交流。如果他想不出答案，不做回答或者停止动作来回答你的问题，这表明他的大脑还在优先处理动作，他还未完成这个动作的自动化。

作为老师、保育员或者家长，我们知道孩子是通过聆听和观察来学习一个新知识，通过自主探索也同样可以学到。下面，我们来讨论一下"智慧的脚步"游戏活动的操作要点。

- 打造一个动感的"从运动到学习"的空间
- 进行安全管理
- 建立动作、语言和正式学习之间的关系

打造动感的空间

在儿童的早期发展中，身体的发展比在其他任何方面都更具有个性化。

尊重个体差异性

在儿童早期，大脑将动作发展纳入最优先考虑的事项。而孩子自我意识的形成与其体能发展、对身体极限的感知以及内心的渴望息息相关。

想想看，当一个小孩子能像大孩子一样爬上攀岩架，这会让他很有信心，觉得自己已经长大了。

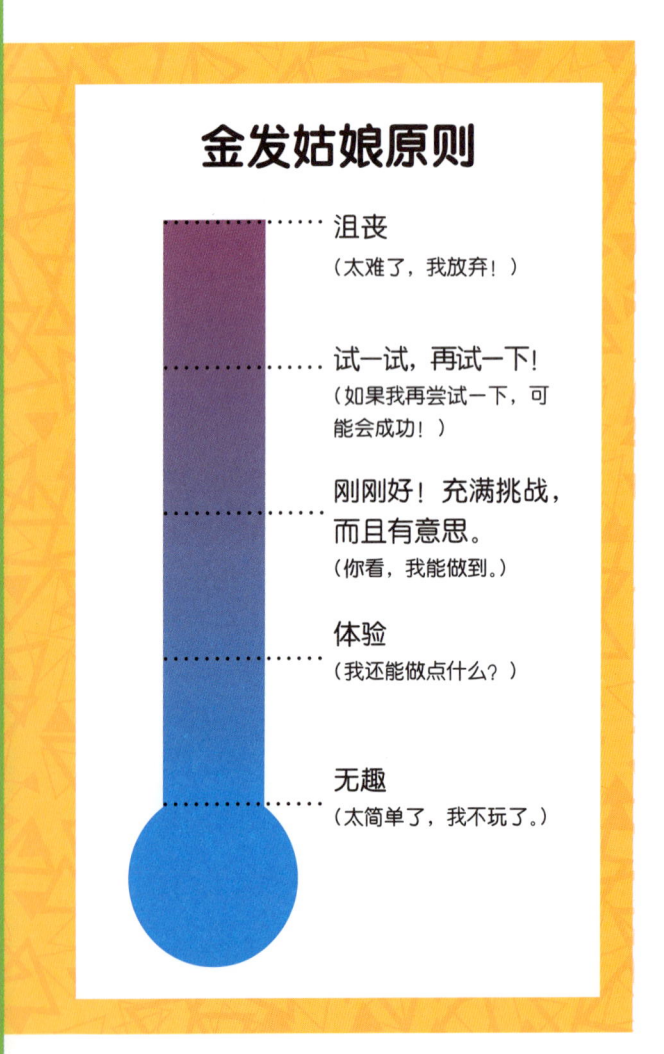

没有一定之规

实施"智慧的脚步"活动的首要原则就是建立强烈的意识，即每一个孩子都是独一无二的。他们按照自己的节奏成长，特别是在生命的早期，发育速度因人而异，而且是起伏波动的。完成动作自动化是非常不容易的，它要求身体的每个部分都能相互协调，而如何最终达成显然没有一定之规。

每个孩子都有独特的需求，孩子在不断成长和变化着，他们的需求也随之变化。

你准备好了才开始

孩子需要一定的时间才能完成动作自动化。他们要不断地重复练习，并在不同的情境中体验动作，直至最后完全掌握。正如我们之前讨论过的，没有一个方法能够适用于所有孩子。比如，在爬行期，有的孩子花很长一段时间才学会翻身，而有的孩子直接就会爬了，甚至有的孩子会爬之后很快就会走了。

"智慧的脚步"系列活动将孩子这些广泛的差异性因素考虑在内，让活动去顺应孩子，而不是削足适履，让孩子去适应活动。同时，以孩子的能力，来确定他的近期、中期和长期的动作目标。这会让孩子充满自信，在他能力范围内去迎接挑战，自然而然地完成动作自动化。

金发姑娘原则

- **沮丧**
  （太难了，我放弃！）

- **试一试，再试一下！**
  （如果我再尝试一下，可能会成功！）

- **刚刚好！充满挑战，而且有意思。**
  （你看，我能做到。）

- **体验**
  （我还能做点什么？）

- **无趣**
  （太简单了，我不玩了。）

第一部分　让身体成为大脑的老师　25

金发姑娘原则

实施"智慧的脚步"活动的关键在于捕捉和鼓励孩子的兴趣，并帮助他保持下去。请您确保活动的难易程度适合孩子，可以参考"金发姑娘原则"（见第 24 页）。让孩子们在做活动时，在身体动作上有挑战，在情感上愿意参与，在认知上还能有所拓展。换句话说，孩子们在活动中能玩得开心。

小进步，大成功

在早期发展中，所有的进步对于孩子来说都是巨大的成功。孩子的每一次尝试，不管在什么方面、不管以什么形式都值得鼓励，且每一次尝试都有利于他们的进步。比如，有的孩子第一次尝试就完成了目标，有的则尝试了 3 次，有的甚至要 33 次才能成功，但每一次尝试都是宝贵的、有意义的。孩子能从每一次失败或者成功中学习，有时候甚至从失败中学习得更多。和任何学习一样，"智慧的脚步"活动需要反复做，需要花大量的时间。

肯花时间是走向成功的第一步，而我们在这一过程中对孩子的不断引导和鼓励对他们走向成功同样重要。请您务必鼓励孩子，并针对孩子的某些动作、他们为提高自己而付出的努力表示赞许，但要注意避免说一些泛泛之词，因为当您说"做得出色"这么一句话时，实际上并不能让孩子知道下一次他该如何改进。

团队活力

请您尽可能地为每个孩子设立目标，而非宽泛地为整个团队的孩子设立目标。当然，这做起来挺难的，尤其当您面对的这群孩子的能力是千差万别时，比如有的是"飞毛腿"，有的则是"拖后腿"。请您通过活动来敦促某个孩子跟上团队的步伐，通常在同伴的压力下，这个孩子能很快改变，并带给

整个团队更多的活力。当然，如果您设立的目标让团队中的"拖后腿"觉得太难，而"飞毛腿"觉得太无聊，那就不太合适了。

管理团队

请您牢记，要以孩子的个人进步为目标。

通过参与到孩子们的活动中去并亲自示范，来满足他们在视觉、听觉和动觉方面的需求。借此，孩子们可以通过以下方式进行模仿和学习：

- 看到动作的样子
- 听到与这个动作相关的词语
- 尝试与您一起或者单独做这个动作

注意观察

那些在活动中积极参与并取得成功的孩子，一般会格外引人注目，但也请务必关注那些退缩在后或是容易放弃的孩子。请给这些孩子一些特别的关照，比如以他们喜欢的方式重新组织游戏活动。

热身 孩子们喜欢展现已习得的技能，因此，可以让他们重新玩一遍之前的游戏来进行热身。

分解动作 如果我们发现做某个动作对孩子来说依然有难度，请将此动作进行分解，比如，将动作分解为"先举起右臂，然后再举起左臂"。如果做这个动作还需要配上辅助器材，那么可以先做徒手练习，熟练之后再使用器材。

轮流主导 在一对一或者小组活动时，一定要确保每个孩子轮流当上主导。

孩子做主 一定要让所有孩子（尤其要鼓励那些老是退缩的孩子）从一开始就参与活动并直至结束。对于孩子来说，和其他小伙伴一起游戏，玩各种器材，并可以想怎么玩就怎么玩，是非常有趣的。

尊重孩子 如果发现做某个动作对孩子来说太难了，就不要让孩子做了，因为这种挫败会引发厌恶感，让孩子对活动失去兴趣。

个别化设置："6个D原则"

为了能更好地满足孩子的个体需求，我们创建了六个经验法则，称为"六个D原则"：动态（Dynamic）、距离（Distance）、方向（Direction）、对称性（Duality）、持续时间（Duration）和难度（Difficulty）。

当我们希望提高挑战水平,请您在基本动作中添加一个 D,从而将目标提得更高。当孩子达到一个新的挑战级别时,也请您更改或添加一个 D,比如让孩子尝试用另一只手做出目标动作。

同样,如果孩子对做某个动作感到有困难,也可以更改或减少一个 D 来降低挑战水平,比如允许孩子使用双手做出目标动作。

动态(Dynamic):孩子们倾向于快速地做动作,因为这样做通常更简单,比如,你走得越慢,就越需要更多的平衡和控制能力。所以要增加难度,就鼓励孩子放慢脚步,跟他说:"你能走得慢一点吗?"而如果想把动作变得简单一些,就让孩子加快速度。如果想让他们挑战一下,可以在他们做动作时突然喊停,因为停下来并保持当下的姿势需要他们有更多的信息接收能力,以及身体和情绪的控制能力。

距离(Distance):可以通过调整目标的距离来改变动作的难易程度,比如:移动球门柱。

方向(Direction):向前移动是最自然的动作。如果想要增加难度,可以让孩子用不同方式尝试相同的动作,比如,可以让他们尝试沿着绳子侧身走或向后走,也可以让他们变向走。

对称性(Duality):在学前阶段,孩子同时使用身体的左右两侧有助于发展平衡觉。当孩子的惯用手、惯用脚还未确定时,指导他们以自己喜欢的方式随意做动作,观察他们自然使用的是哪侧手和脚,然后鼓励他们用另一侧试试看。在适当的时候,鼓励他们用双手、双脚同时做动作。

持续时间(Duration):调整活动的时长有助于训练孩子的耐力,而且一再地重复动作,有助于完成动作自动化。如果这个活动对孩子来说太难,就缩短时间或者休息一下再继续，逐渐增强孩子的耐力。而对于已经掌握或即将掌握动作的孩子，延长他的活动时间，观察他是否能够保持专注和有足够耐力。

难度（Difficulty）：用不同的场地来调整活动难度，比如，如果孩子能在平坦的地面上奔跑，接下来就让他练习坡跑。另外，设置障碍物也是一种方便快捷的增加难度的方法。当孩子掌握了一个动作之后，可以把动作变些花样让他做，比如，让他握住一个东西或他头顶一个东西在行进中保持平衡。同样的，动作单一、减少或者清除障碍物可以让活动变得简单。

更多个别化设置

除了"六个D原则"之外，我们还有其他的方法可以调整活动难度，从而满足孩子的不同需求。

如果团队中有"飞毛腿"和"拖后腿"，该怎么办？如何对待运动能力差异较大的孩子？

面对"飞毛腿"

记录成长：记录下这个孩子从一开始到现在的进步轨迹。

提供方案：与这个孩子一起讨论可以达到同样目标的其他途径，比如可以这样问他："我想知道有什么别的办法可以做到呢？""你能告诉我让你感觉舒服的方法是什么吗？"

提供选择：让这个孩子去迎接挑战，可以这样问："让我看看你还能玩什么？"

面对"拖后腿"

自信心：让这个孩子在其他人面前展现他能做到的事。

领导力：让这个孩子去指导别的孩子。

合作力：创造机会让运动能力不同的孩子组成一个团队，让他们相互支持。

最重要的是，运用"六个D原则"来设计活动，从而满足每个孩子的发展需求。

傻傻的玩：关闭某种感官。减少一种感官参与，实际上是鼓励更深的感官探索。比如，我们让孩子们闭上眼睛玩沙包传递游戏，这其实需要其他更多感官来参与，孩子需要仔细聆听，并且触摸到其他小伙伴的手。

笨拙的玩：只让单侧身体参与游戏，另一侧保持不动。比如，单脚站立或仅使用右手传沙包，这对身体和大脑提出了挑战。

合作的玩：我们让孩子们一起玩，有助于他们学会团队合作并建立友谊。实际上在运动方面，团队合作会让完成任务更具挑战性，因为孩子们不仅仅要注意自己的身体和活动空间，还要留意伙伴们的身体和活动空间。

聪明的玩：您可以在活动和游戏中添加一些学习内容。一旦孩子在某项活动中表现出动作自动化，那么我们就可以在活动中增加认知任务了。比如，我们让他一边蹦跳一边数数，或者让他挑战一项记忆任务，您可以说："你能告诉我如何从红点跳到蓝点再跳到绿点吗？"我们也可以让他跟着音乐节奏做跳跃运动。

用孩子的方式思考

众所周知，对孩子来说，好玩才是最有吸引力的。因此在您和孩子们一起进行"智慧的脚步"活动时，一定要好好玩。

成为榜样 做示范很重要。只要有可能，您就和他们一起玩乐。孩子们会跟随您的带领，当您表现得很活跃时，他们也一定会雀跃地加入。

动感的氛围 带着孩子们到户外展开"智慧的脚步"活动。以唱一首歌或跳一个简单的舞蹈开始，孩子们的情绪就被调动起来了。

鼓励和想象 想象力能激发孩子的积极性，把"不可能"变成"可能"。我们鼓励孩子发挥丰富的想象力，可以从孩子们喜欢的和熟悉的故事和人物开始引导。

指引但不下指令 在您介绍新活动时，请使用简短、简单和适合孩子的语言，一步步给出指引，这样不会给孩子们过多的信息负担。您可以给他们做示范，然后退在一旁辅助。请记住，这里不是训练营而是游戏场。

提示但不下指令 一旦孩子们投入其中，我们需要时不时地提醒他们。请您避免给他们下太多的指令（当然，除非是跟安全有关）。我们鼓励孩子们相互帮助，有问题的话让他们尝试自己解决。

根据需求提供支持 在他们尝试新事物时，请您始终关注他们的情绪状态，尽可能给予他们情感支持，帮助他们鼓起勇气和建立信心。一开始，他们对您有所依赖，这是很正常的。

保持可能性 孩子会用我们意想不到的方式学习新事物。只要不出现安全问题，请您跟随他们的脚步。

孩子气 孩子非常喜欢成年人表露出孩子气的那一面。因此，请您用小孩的语气说话，舞步笨拙，唱歌欢快，并且不要忘记特效（嘎嘎声、吱吱声）！

如何在活动中提示孩子

当孩子可以独自站立并开始移动时，他们的所有感官就同时参与其中了。一个让孩子活跃起来且充满乐趣的游戏活动，能够激发孩子的感官活力。因此，只要有可能，我们就和孩子一起玩这样的游戏，让他们能够综合使用视觉、听觉和动觉。

提示的话最好是简短且简单。当跟孩子们说好游戏玩法后，鼓励他们多玩几次。在他们玩的过程中，不要打断他们。

还有一个经验是：给孩子的指示数目应该是孩子的年龄减去2，即一个三岁的孩子能够记住一个提示，一个四岁的孩子能够记住两个提示，一个五岁的孩子能够记住三个提示。

另外，我们还有一些提示孩子做动作的方法。

听觉提示

您用语言描述动作步骤，也可以用诸如口哨声、铃铛声或模拟动物的声音提醒孩子。这不仅活跃了气氛，而且使活动更具挑战性，因为孩子们必须理解并记住声音的含义才能做出相应的动作。

视觉提示

您可以使用颜色、形状、动物图案、字母、数字或任何其他视觉辅助手段来提示孩子，也可以将这些与听觉提示结合在一起，帮助他们记住需要做的事情。

动觉提示

您可以教孩子做一个或多个特定的姿势或动作，比如，"像有两个手柄的茶壶一样站立"是指双手叉腰站着。当您喊"茶壶"时，他们需要停下来，并把双手放在腰部，聆听下一步提示。同样，您可以在此添加视觉和听觉提示来增强效果。

设置活动规则

您可以通过设置活动规则来提示孩子，比如，游戏需要在机动车道模型上摆放障碍物，您可以将老虎、狮子、熊的图片放在不同的站点上，并规划出各种路线，然后让孩子们按照老虎、狮子、熊的路线来走。

起始和结束

您可以拦上绳子或在地板上标记圆点作为游戏开始和结束的位置，还可以用摇铃铛或吹哨子来代表开始或结束，以增添玩游戏的乐趣。

不同的分组方法

您可以以各种方法进行分组，来挑战孩子们的观察能力和思考能力，比如，您让穿红色衣服的孩子组成一组，穿蓝色衣服的孩子组成另外一组，这就需要孩子们必须想一下他们自己的穿着，然后找到与之匹配的小伙伴。

使用计时器

您可以使用计时器，这对游戏的开始和结束至关重要。更重要的是，它用一种具体的、实际的方法来让孩子们了解时间这个抽象概念。

个人最佳成绩表

您还可以用记录个人最佳成绩表这个方法来激励孩子,孩子们能从这个表里看到随着时间的推移他们取得的进步,从而更有信心。不过,需要注意的是一定要避免孩子之间出现竞争。个人最佳成绩只反映孩子当下的能力,并不是用来跟其他人比较的。

打造一个"我能行"的环境

孩子需要足够的空间让他们能够活动自如。现在,请您坐在地板上审视一下四周,然后以孩子的视角,问自己:

- 我有多少玩耍空间?在我的面前,有哪些障碍物?
- 我可以在这里跑动吗?翻跟斗?跳跃?跳舞?摇晃?
- 我在这里安全吗?我开心吗?我兴奋吗?
- 这里有什么好玩的?我能够到什么东西?我不能够到什么东西?

当然,空间决定着我们能开展怎样的游戏活动和学习活动,虽然"智慧的脚步"活动可以在任何环境里进行,也需要您稍加考虑以下几点:

开放的空间

要让孩子自然而然地学习,那就要有一个可以随意走动的空间。对孩子来说,地板是天然的学习场地。原因有两个:一是容易到达;二是没有摔倒的可能。因此,请尽可能清理地板(包括拿走桌子和椅子)。在地板上可以进行各种活动,

孩子也有机会选择最舒服的学习姿势。他们可以盘腿坐着，也可以趴着、蹲着、站着、滚来滚去，四处走动。在身体没有受阻的情况下，孩子可以非常容易地沉浸在学习中。

随时随地地玩耍

我们需要为孩子们准备一些全天都可以玩的各种有趣的游戏，那么就要让沙包、铁环、线绳等这样的游戏材料随处可见并随手可得。

我们还可以用各种方法开发和利用这些材料。比如，让孩子们坐在红色的橡皮球上看书，他们既要保持平衡，同时还得专注于看书。或者，我们让每个孩子头顶一个沙包，站立着数数。我们也可以把彩色线绳固定在地板上，然后让孩子沿着红色的线绳走路，帮助他们强化对"红色"的认知。

换句话说，我们将简单的游戏材料与有趣的游戏规则相结合，让"智慧的脚步"活动贯穿在一天的学习中。甚至，我们还可以定下在某一天是不使用任何材料的，比如说，定下一个"手肘日"。在这一天里，大家不举手，而是抬起手肘，或者练习用手肘来爬行。

室内、室外都活跃

"智慧的脚步"活动既可以在室内也可以在室外进行，我们认为，孩子运动的时候也在学习，运动和学习是同时进行的。因此，无论在哪里，您都可以带孩子进行"智慧的脚步"活动。

充电小游戏

孩子天生就爱动，同时一点也不羞于展示自己。他们摇摇摆摆，坐立不安，东张西望。当孩子有这些行为时，这通常意味着他们想要活动一下，这时可以让他们玩一个"充电小游戏"。"充电小游戏"可以是简单的、随时随地都能玩起来的、有针对性的，比如：让孩子们唱一首儿歌、排队走路、单脚站立等。我们也可以让他们像陀螺一样转圈圈，或模仿火箭升天场景，慢慢蹲下倒数计时：五，四，三，二，一，嘭！当然，我们也可以播放音乐，和他们一起摇摆几分钟！

安全管理

> 空间越大，孩子们挑战自己身体的方式就越多，学习的强度也就越高。

运动中的孩子总是尝试着突破自己的"身体界限"，不免一路踉跄、跌跌撞撞的。现在，我们来讨论一下对孩子进行身体保护的几个要点吧。

如果您是家长，我们相信您一定比任何人更了解自己的孩子；如果您是老师或者孩子的照顾者，那么我们相信您应该接受过培训，了解孩子的能力，了解他们的需求。总之，不管您是哪种角色，我们想说，您应该对孩子的安全负责。在此，让我们更明确地强调这一点：在孩子的安全问题上，无论是在何时，无论是在何种处境，您都必须承担起责任。

风险区间

安全区域　　　　不确定区域　　　　非常危险
不需要看护　　　需要看护　　　　　完全限制

管理不确定性

许多成年人认为儿童安全的风险区间如图排列（见第 34 页）。

当您看护的是一群活泼的小小孩时，您必须花时间在不确定区域，即那些您认为不太安全的地方。我们最基础且最重要的工作是确保孩子的身体安全，当然我们还需要考虑更多其他问题。

那么，如何在非常安全和极度不安全之间的灰色地带（即不确定性区域）照顾好孩子呢？这点非常重要。因为它不仅关系到孩子的身体安全，同时也关系到孩子在认知和情绪方面的发展。大家都知道，在这不确定性中蕴含着孩子所需要的丰富的生活体验和重要的学习内容，且必须由他亲身经历过。对任何新事物的尝试都意味着有潜在的风险。因此，我们还有一项重要的任务，就是在潜在的风险与学习契机这两者中找到动态的平衡点。

管理风险：暂停、鼓励和表扬

孩子最好的学习方法就是尝试，请让他们全身心地沉浸在兴趣中，这本身就是学习。那么，问题就来了。年幼的孩子没有经验，无法判断哪些事情是危险的，而哪些没有危险。对我们来说，这就不可避免地出现一个难题：如何放手让孩子尝试新事物的同时又能让他们免受可能的伤害呢？

因此，我们需要为孩子做好风险评估的工作，这是我们的职责。如果您决定让孩子尝试做一些冒险的事情，那么请您深呼吸，鼓起勇气，运用常识，并记住这个口诀：暂停、鼓励和表扬。

1. 暂停

当您看到一个并不会马上发生危险的潜在问题，请让孩子暂停下来，比如：当您觉得孩子可能会被卡在一个游乐设备中时，就要及时地喊停，并请耐心地给予孩子足够的时间自行解决这个问题。

2. 鼓励

请您尽量不要为孩子做每一件事，能不插手就不插手。请您用轻微提示的方法来鼓励他们自行解决问题。我们是孩子的辅助者，而不是他们的领导者，比如，您可以说："你觉得我做什么能帮到你呢？要不我举起你的手臂，你自己抬起腿试试？"

3. 表扬

等一切都处理好了，请您对孩子自己解决了问题表示肯定。肯定的内容一定要具体，类似于"做得好"这样的表扬并不会对他下一次该怎么做有所帮助。相反，如果我们能复述上述问题的解决方法，他就知道他刚才哪点做得好，比如，您可以说："你刚才抬起膝盖，这是个能从里面出来的好方法。"那么，当下一次他又被卡住时，他会记得抬起膝盖。

游戏的平衡

我们既要评估玩游戏的风险，也要评估游戏所带来的回报。游戏的平衡图（见第 37 页）对此做了具体的说明。

培养孩子的安全意识

当孩子在不确定的区域时，您得教他们如何保护自己，比如：向他们解释为什么有些东西是不可触碰的，为什么有些事情是严格禁止做的。

可万一您不在现场，那该怎么办？他们得自己思考什么是安全的，也就是说我们需要培养他们的安全意识（了解后果）。您可以这样简单地问孩子们："如果你做……会有什么后果？"

您还可以和孩子一起熟悉环境，并耐心地询问他哪些地方是安全的，哪些地方是不安全的。要对孩子温柔地鼓励或提示，当他正确指出哪些地方安全、哪些地方不安全时，请您表扬他。我们还可以问孩子一些开放式的问题，引导他们思考可能出现的后果，比如：

- "我想知道，在厨房里小朋友们你追我赶，这样子可以吗？如果地板刚好是湿的，你认为会发生什么事？有没有其他更好的地方可以玩追逐游戏呢？"
- "你还记得我有一次不小心把杯子摔地上了，碎片有多锋利吗？杯子是玻璃的，那还有什么东西也是玻璃的？如果被玻璃碎片扎到，会发生

第一部分　让身体成为大脑的老师

游戏的平衡（金发姑娘原则）

运动和学习类游戏

挑战类游戏

激发和刺激

沮丧
（太难了，我放弃！）

试一试，再试一下！
（如果我再尝试一下，可能会成功！）

安全区域
不需要看护

不确定区域
需要看护

非常危险
完全限制

刚刚好！充满挑战，而且有意思。
（你看，我能做到。）

体验
（我还能做点什么？）

零激发

安静而专注类游戏

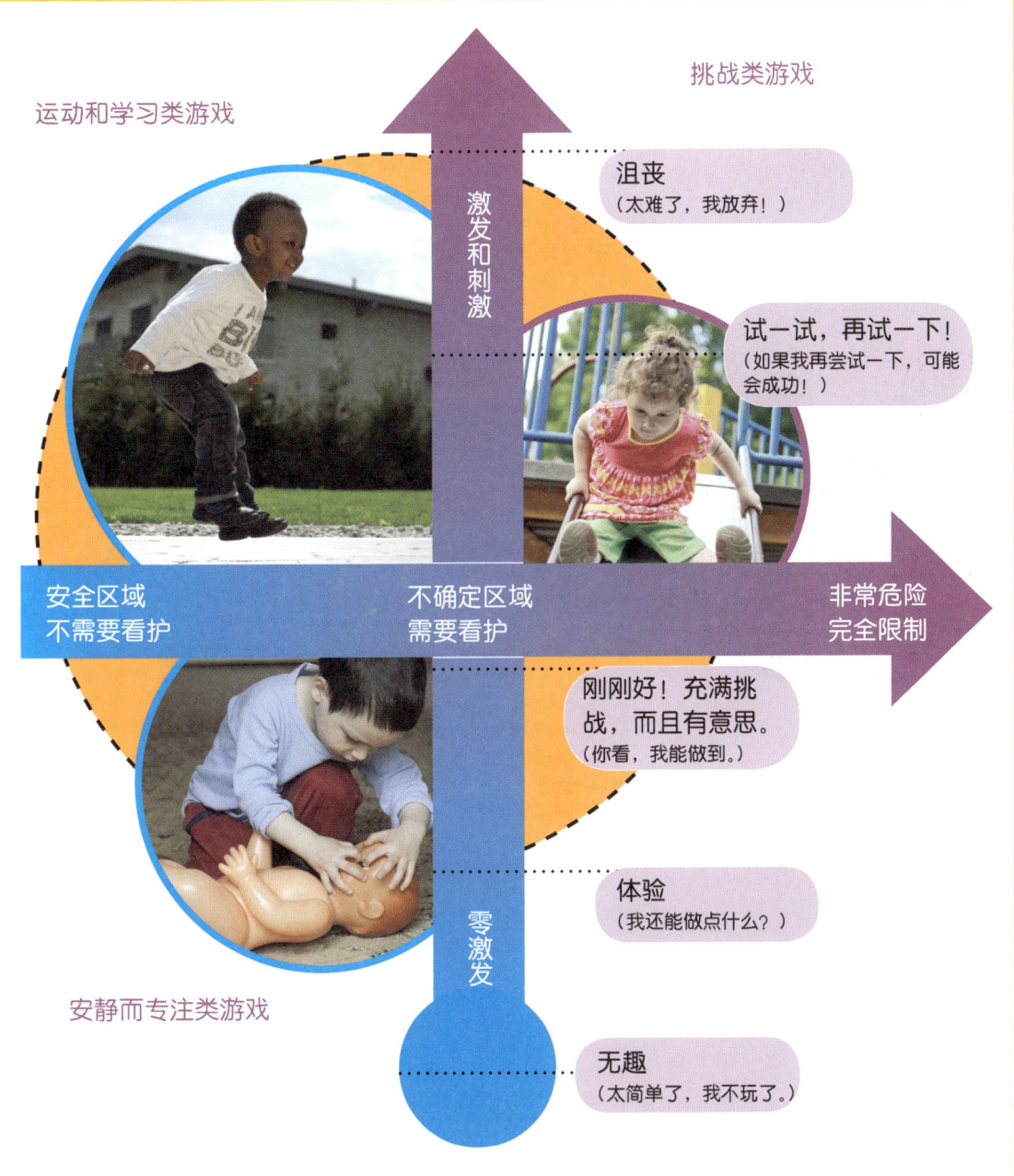

无趣
（太简单了，我不玩了。）

图中展示了三种基本的游戏类型：运动和学习类游戏、挑战类游戏和安静而专注类游戏。

什么事？"
- "你真的很会翻跟斗，你觉得这里是翻跟头的好地方吗？如果不是，我想知道在哪里会比较好呢？"

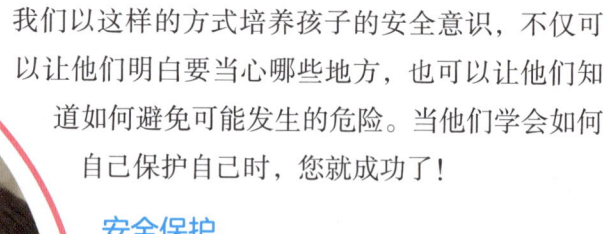

我们以这样的方式培养孩子的安全意识，不仅可以让他们明白要当心哪些地方，也可以让他们知道如何避免可能发生的危险。当他们学会如何自己保护自己时，您就成功了！

安全保护

当孩子学习新的运动技能时，他们不仅需要大量的鼓励，而且需要我们给予他们身体上的支持。这会帮助他们获得信心，提高能力。而一个孩子需要多少支持取决于他处在哪个成长阶段。以下是我们总结的关于支持0~6岁孩子的不同方法。

首先，作为老师或照顾者，您需要了解并遵守所在国家及地区的安全许可规定。然后，您需要针对孩子的不同能力，有针对性地开展工作，制定不同的安全规则。当您不确定时，请从最高级别的支持开始。因为，保障孩子的安全永远是您最重要的事情。

如何支持新生儿、小爬虫阶段和走不稳阶段的孩子

头部和颈部支撑 抱起新生儿时请始终支撑其头部和颈部。

摇篮抱 您可以坐着或者站着，把婴儿抱在怀里，让他面朝您，轻轻地摇摆。

竖抱 您可以坐着或者站着，将婴儿竖着抱在胸前，让他面朝您。

袋鼠抱 您可以坐着或者站着，让婴儿像小袋鼠一样趴在胸前，面朝您。托住婴儿的屁股，如果有必要，用手托着他的头。

飞机抱 把婴儿抱在怀里，让他的肚子贴紧您的手臂，面朝地面。托好婴儿的头颈，轻抚他的背部。

婴儿座椅 您可以托住婴儿的背部，让他看着你，将他贴近您的身体，然后非常缓慢地将他从胸前移开几厘米。

拍嗝抱　您可以坐着或者站着，将婴儿直立着抱在胸前。他趴在您的肩膀上。请注意，婴儿的头不能朝下，您需要扣住他的肩背和颈部。

婴儿引体向上　对于头部和颈部有一定控制能力的大婴儿，您可以帮助他坐住，将其手臂伸直，同时保护其头部不会向前、向后或者向两侧歪倒。

如何支持淘气包阶段、奔跑者阶段和跳跃者阶段的孩子

虽然孩子们开始具备独立行动能力，但他们仍然需要我们的帮助，尤其在他们第一次尝试新事物时，您的支持给了他们信心。

随着时间的流逝，大多数孩子所需要的支持会越来越少。这里有一套循序渐进的方法来帮助他们走向独立。

保持平衡　如何孩子有需要，请支撑他身体的两侧。如果仅支撑一侧，比如只握住他的一只手，会给他大脑传递不平衡的信息，从而误导孩子移动的方向。

我不会让你跌倒　通常孩子感到紧张或者不安时，他需要您的协助。请站在孩子面前，让他一直能看到您。请和他的目光保持接触，并持续赞赏他所做出的努力。您也可以伸出手臂，做出随时会护住他的样子。这样的动作不仅会让孩子获得必要的身体协助，更构建了彼此之间重要的情感纽带。

伸出援助之手　随着孩子自信心的增强，试着在活动中握住他的双手。站在他面前，他会觉得在这个过程中您只是他的伙伴，而他自己需要多做尝试。

别担心，有我在　一旦孩子对自己的能力充满信心，就由他来主导，这很重要！请在他背后，仅仅用您的双手扶住他的腰就好。

我在这里，只是以防万一　随着孩子的进步，他会越来越不需要您的协助，但他可能还需要您在身旁，因为这会让他更放心地去尝试。现在，您只需要抓住他的后衣襟即可，这样既可以让他自由移动，同时也让他知道您在旁边，这也是一个让他

放慢速度同时不会打断他动作的好方法。

独立完成　当孩子有足够的自信后，您就可以让他完全独立活动了。站在他背后，把双手环放在他的腰周围，但不触碰他。让他知道您在那里，然后鼓励他，信任他，他可以独立完成动作！

语言：通向正式学习的桥梁

毋庸置疑，语言是学习的关键因素。语言（各种各样的语言，包括口语、非口语、音乐语言和表征性语言）只有与身体的经验相结合，并在实际的情景中被使用，才能成为桥梁，将儿童的行为转化为他们的思考。

语言是动觉模型的关键所在。您使用的词语会成为孩子表达自己和理解他人的工具，当孩子能将您的语言付诸行动时，他才真正理解了语言，而此时你们正共同建立他对自我的认知和对世界的理解。

经验 + 语言 = 理解

"智慧的脚步"活动为孩子提供了将语言和身体经验结合的绝佳机会。

动觉模型

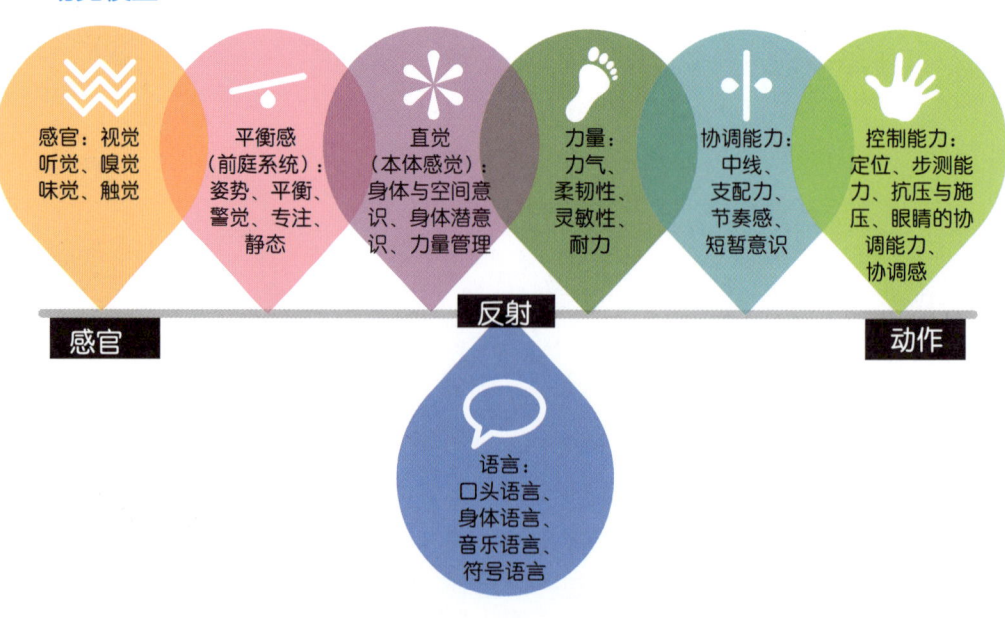

感官			反射		动作
感官：视觉、听觉、嗅觉、味觉、触觉	平衡感（前庭系统）：姿势、平衡、警觉、专注、静态	直觉（本体感觉）：身体与空间意识、身体潜意识、力量管理	力量：力气、柔韧性、灵敏性、耐力	协调能力：中线、支配力、节奏感、短暂意识	控制能力：定位、步测能力、抗压与施压、眼睛的协调能力、协调感

语言：口头语言、身体语言、音乐语言、符号语言

一些经验法则

当您在开展活动时，请考虑以下经验法则：

说话！说话！说更多的话！

请您在活动时描述一切："我喜欢你抬起膝盖爬上梯子的样子。""我看到你上下跳跃。""当你抬头时，你能摸到上面的树枝吗？"请让孩子沉浸在语言里面，不管是口语还是书面语。一直不停地说。

方向感

如果稍加留意，您就会发现在上面的文字中，"上"这个词在多种语境中都出现了。"上"可以指"向上爬"，可以指"跳跃"，也可以指"在上面的某个位置"。所以，对于小孩子来说，语言是让人困惑的。他们需要在不同的语境中反复听到这个词才能够真正理解其含义的细微差别。

因此，当您在开展"智慧的脚步"活动时，请您注意表示方向的词汇，并在活动中反复使用这些关键字，来帮助孩子感知和体验语境中方向的概念。在活动后，您还需要继续关注这些核心词汇在其他语境中的使用。

如果一个单词在不同的活动中重复出现，孩子们就可以在不同的语境中体会它，他们就了解到一个单词会有不同的含义。

当孩子们开始写作时，在现实世界中积累的口头语言可以帮助他们轻松地进行书面表达。

使用有营养的语言

我们尽可能使用各种各样的词语，并用描述的方式让语言有画面感。当然，前提是语法和发音正确。我们跟孩子说的尽可能是有趣的词汇。在游戏过程中或者游戏后，请您鼓励孩子描述游戏的情况，比如：当他说"我在绳子上行走"时，他其实正在强化游戏所学。对孩子来说，没有比拥有一个热心听众更能激发他们潜能的了。

童谣

童谣或者儿歌中的用语大都押韵，朗朗上口并容易记住。孩子们在不断重复这些简单的童谣中，他们的听觉辨别能力得到了提升，词汇量也增加了。

音乐和动作（简称：律动）

"智慧的脚步"活动中有很多将音乐和动作相结合的游戏。音乐的节拍、节奏、旋律及和声能够让大脑理解声音的复杂性。如果在这个基础上添加歌词，语言就会栩栩如生，并深深地嵌入孩子的记忆中。(有些韵律是人一生的记忆，比如"咿呀咿呀呦"。)

学习左和右

作为老师，我们经常被要求教孩子学会区分左和右。对孩子来说，区分左和右可不是件容易的事，因为这需要他们有方向感及推理能力。很多人花了很长时间才学会分清左右，有的人甚至要一辈子才能掌握。

本书作者吉尔·康奈尔（Gill Connell）女士特别关注教孩子学习左右概念的方法。以下是她的经验分享。

在孩子入园的前10周，吉尔会让孩子们专注于左手。比如，当一个孩子赢得了一个贴纸时，她就把它贴在孩子的左手上；当孩子们想提问时，她让他们举起左手；她要求孩子们把自己的名字写在试卷的左上角；站在她的左侧；向左跳；用左手握手。总之，所有都是左边。

吉尔将"左边"这个概念贯穿一日活动中，不仅仅是在学校，在家仍然如此。对小孩子来说，这很重要。当我们给孩子穿袜子时，一边穿左边的袜子一边说"让我们先穿左边的袜子"；给孩子戴手环时，可以说"这个手环戴在你的左手上"；拉孩子的左手；让孩子用左脚跳、用左脚踢；走路时，只向左转弯。总之，随时随地都在强调"左边"。

经验 + 语言 = 理解

就这样不间断地一再重复，孩子将"左边"这个概念与实际生活联系起来。有一天，他们自己就会把左脚放进左脚的鞋子里。之后，就可以让孩子关注"右边"这个概念，在所有事情上都开始强调"右边"。

其实，这个方法的原理很简单，即运用各种感觉、动作、视觉和听觉提示，不断强化左右概念与身体之间的联系，即：经验 + 语言 = 理解，孩子们在不同的语境中实践动作就会真正理解抽象的概念。

第三单元

实施"智慧的脚步"活动

循序渐进地进行"智慧的脚步"活动，可以满足孩子成长过程中天然的动作需求，促进他们身体和大脑发育，为婴幼儿的早期学习做好准备，同时培养他们直面挑战的信心。

这些活动可以让孩子在家做，也可以在托育中心和幼儿园里让孩子们一起进行。

实施"智慧的脚步"活动的三个核心要素：
- "我能做"原则，可以作为可观测性的评估标准；
- 有计划且循序渐进地学习动作，能让孩子在可接受的挑战中获得成就感；
- 通过老师的协助，孩子获得积极的活动体验，并发挥其主动性，从而提高孩子的基础体能。

实施"智慧的脚步"活动的三个关键步骤：
- 观察与评估
- 行动起来
- 回顾总结

第一步：观察与评估

我们在"智慧的脚步"活动中采用渐进式教学法，它是让学习者从已知到未知、一步一步地学习新知识的一种教学法。

在开始实施"智慧的脚步"活动之前，请您先评估、确定孩子的起始水平。您可以参考第一单元中"我能做"的动作发展路径，也可以看"我能做"活动观察指南（见第48~49页）。请您注意，本指南中有三个连续的阶段，即"我在活动""看我成长"和"我已掌握"，这是按照儿童的六个动作发展阶段进行进阶排序的。而50个"智慧的脚步"系列活动也是按照同样的进阶阶段来撰写，每个系列都配有从新生儿到奔跑者的18个游戏活动。

什么是"营养均衡"的动作套餐

- 在开始之前，您需要观察孩子的动作，然后确认孩子在"我能做"活动观察指南中所处的阶段。比如说，您发现孩子可以独立坐起，但还未开始爬行，那么他就处于小爬虫阶段的中期，即"看我成长"阶段。
- 接下来，确定最适合孩子发育阶段的动觉模型，为他选择"营养均衡"的动作套餐。比如说，感官类、平衡类、直觉类游戏对小爬虫阶段的孩子有极高的价值。因此，您可以着重选择这几类活动。

有了这些信息之后，您就可以自行选择活动了。在具体操作时，请您参考"我能做"活动观察指南。请注意，该指南不是用来比较同龄的孩子发展水平的工具，也不是孩子的打分卡。

> "我能做"活动观察指南不是用来比较同龄的孩子发展水平的工具，也不是孩子的打分卡。

制定"营养均衡"的动作套餐

我们希望的理想状态是在一天中让孩子获得充分的身体体验，保持精力充沛的活跃状态。

我们设计"智慧的脚步"活动的初衷在于让孩子在游戏活动中做那些符合他们成长所需的各种动作，就像他们需要摄取营养均衡的食物一样,我们也需要确保他们每天、每周、每月和全年吸收均衡的动作营养,从而均衡地发展。

当您确定了孩子所需的动作套餐后,就可以寻找适合他们玩耍和娱乐的游戏和活动了。在选择活动时,请您尽可能采用多样化原则。

动觉族群

我们是按照六个身体特征去设计活动,每一个身体特征对应一个动觉族群,而每个活动都包含多个动觉族群。为此,我们还为每个活动编写了可视化的指南,能让您一眼就看到同一个活动中都有哪些动觉族群。

我们将这些活动分为三个水平(高、中、低),用三个大小不同的图标来表示。

低　　中　　高

第二步:行动起来

接下来就是有趣的部分啦。首先请您选择一种与孩子的发育阶段相匹配的活动,例如,新生儿需要大量的感官类、平衡类和直觉类的活动,因此您可以从其中选择一种。

接着,请您在"我能做"活动观察指南中甄选活动,比如,新生儿在"看我成长"这个阶段。然后,请和孩子一起去玩吧!

如果您发现这个活动孩子做起来有些费劲,可以退回到前面第 1~2 个步骤,让孩子可以顺利地进行。请记住,千万别让孩子沮丧太长时间,还不如换一个更容易的活动(例如,从"我已掌握"退回到"我在活动"或者"看我成长")。请一定不要让孩子失去信心,它是孩子发展的动力。

相反的,如果您发现孩子轻而易举地完成了那些活动动作,而且是多次,那么我们就多给他一些挑战,或让他做下一阶段的活动。要知道,过于简单或者难度太大都会让孩子提不起兴致。

第三步：回顾总结

"智慧的脚步"活动是以顺应孩子的天性、追随他们成长的脚步而设计的。

那么，我们如何判断孩子的能力已经提升到足够进入下一个阶段了呢？以下是一些信号和迹象，表示孩子可以进入下一个阶段了。

- 不再向你寻求帮助
- 动作完成得很快
- 不需要太全神贯注（已达到动作自动化）
- 向你展示他可以独立完成这个动作
- 反复做这个动作
- 能寻找和发现新的挑战

以上这些迹象意味着孩子可以迎接下一个阶段的挑战了。反之，则意味着孩子还未准备好，那我们需要耐心等待时机成熟，才能让他进入下一阶段。

"我能做"活动观察指南

我在活动

游戏阶段	在活动中学会的新技能
新生儿时期 （从出生到能翻身） 大约年龄：0~6月龄	出生时的原始反射 第一次尝试头部控制 喜欢被触摸、按摩和肌肤护理
小爬虫时期 （摇摆、爬行，学会坐起来） 大约年龄：6~14月龄	抓握 用嘴咬东西（模仿嘴部动作） 匍匐爬行（在地板上探索）
走不稳时期 （可以扶着走） 大约年龄：9~24月龄	定位小空间 扶着站立 边走边玩 需要辅助地蹲下、起来
淘气包时期 （跳和跑） 大约年龄：20月龄~三岁半	跑 无需辅助地蹲下、起来
奔跑时期 （跑跳和攀爬） 大约年龄：3~4岁	惯用手的早期信号 单腿平衡（有意识地用惯用手、惯用脚）
跳跃时期 （跳跃，跑动，团体游戏，跳舞） 大约年龄：4岁以上	站式跨步 交叉走路（一脚前一脚后）

看我成长	我已掌握
通过玩耍、探索、体验来不断成长	技能潜意识化，建立信心，愿意尝试更多
对头和脚的认知开始 抬屁股，尝试翻身 用感官探索，特别是用嘴探索	被各种人脸迷住了（学习面部表情） 独立翻身 依靠肚子挺身 姿势反射出现，同时原始反射减少
四肢支撑 摇摆 抓放自如 换手	爬行 对捏 推手坐起来
无需辅助地站起来 攀爬家具或者楼梯	眼手协调，可以自己进食 无需辅助地走路 摇摇晃晃地走路
用双腿跳 上肢力量发展 （可以支撑自己的体重）	向前或向后跳 支配技能出现 瞬间意识出现（尝试追、踢、拍球）
快走 单腿跳 动作协调地攀爬	跑动 人体中央轴出现 惯用手、惯用脚发展
跨越式跑 快速移动	协调动作潜意识化， 例如跳舞、跳绳等

活动实施策略

以下是"智慧的脚步"活动的实施策略,在孩子日常的学习生活中,灵活地安排这些活动,使其发挥最大的效果。

针对新生儿和小爬虫阶段的实施策略:

·**内容:**每次活动10分钟(取决于孩子的情况)。多次、重复的活动可以让孩子受益,同时我们要回应孩子在玩耍时的反应和需求。

·**时间:**根据孩子的状态选择活动。在孩子清醒和活跃的时候,我们可以和他们玩一些活动量大的、有趣的游戏。在他们小睡时间之前,我们可以选择一些安静的活动。

·**地点:**室外和室内。尽可能在室外进行"智慧的脚步"活动。

·**怎么做:**选择一系列"营养均衡"的高效能运动套餐来满足孩子的发展需求。

针对淘气包、走不稳、奔跑者、跳跃者阶段的实施策略:

·**内容和时间:**少量多次。每天多次进行"智慧的脚步"活动,每次15至30分钟。这些游戏活动可以融入孩子现有的运动活动中。可以在一天中孩子的精力最旺盛的时间段进行,也可以在想要孩子振作精神的时候进行。

·**地点:**室外和室内。尽可能在室外进行"智慧的脚步"活动,但也不局限在室外,主动学习可以在任何环境中进行。

·**怎么做:**注意多样化。可以每天着重进行两三个活动,并在一天内重复几次。除此之外,还可以根据孩子的反馈,多次重复某个活动。

其他注意事项：

- **一对一**　关注在某个活动中做动作有些"费劲"的孩子，并对其进行一对一辅导，这将有助于增强他的信心。
- **随时随地**　"智慧的脚步"活动随时随地都可以进行，可以贯穿在孩子一天的学习生活中。
- **充电**　可以用任何一个"智慧的脚步"活动来调节孩子的学习生活节奏，为孩子的精力充电。
- **活动项目系列**　将几天或几周的活动内容整理成一套有序的活动项目系列，鼓励孩子去迎接挑战。
- **与家人一起**　提倡孩子与家人一起做"智慧的脚步"活动。反复练习是孩子完成动作自动化的关键，让大家一起动起来吧！

与家人分享

您可以每天或者每周与孩子的父母分享您对孩子的观察记录，这有助于让他们了解运动对孩子成长的意义。以下是对记录观察要点的一些建议。

请您把记录写得尽量简单，一项记录专注于一个活动。

请您用照片记录孩子的进步，并建立可视化档案。对孩子来说，回顾自己的进步过程是一件很有趣的事情。

以下是从孩子的角度撰写的示例：

今天我头朝下地滑落在安全垫上，好兴奋。头朝下的动作能让我更好地控制自己的身体，也可以帮助我保持平衡，专注力更久。在家里的话，我也可以做头朝下的动作，比如弯腰、从两腿之间向上看或者倒着看电视。

材料清单

实施"智慧的脚步"活动需要以下材料。在开始之前,请您采购相应的材料来确保活动能顺利开展。

- 动物卡片
- 苹果(颜色、大小各异)
- 装饰盒子用的美术材料
- 平衡木
- 气球和装气球的袋子
- 球(各种类型、不同大小、各种纹理)
- 单杠
- 篮子
- 洗澡海绵
- 浴缸
- 球棒(材质为塑料或硬纸板)
- 珠子
- 沙包
- 板凳
- 自行车轮胎(不同大小)
- 毛毯
- 眼罩
- 积木
- 书籍或其他阅读材料
- 扫帚
- 毛刷
- 吹泡泡枪
- 吹泡泡的溶液
- 吹泡泡的小棍
- 水桶
- 蜂鸣器
- 摄影机
- 汽车轮胎
- 纸箱
- 纸板管
- 卡片纸
- 婴儿车
- 玻璃纸
- 椅子(办公室旋转椅或座椅)
- 家庭照
- 衣夹
- 钱币
- 锥体
- 指示箭头(印有一只手或一只脚的图片卡纸)
- 绘图工具
- 鼓(玩具鼓或易拉罐)
- 鼓槌(玩具鼓槌或其他类似物)
- 面粉
- 各种颜色、各种尺寸的羽毛
- 手指画材料
- 健身球或其他大球
- 手电筒
- 苍蝇拍
- 食用色素
- 飞盘
- 电吹风
- 帽子
- 冰激凌棒
- 索引卡
- 洗衣篮
- 记录日志

第一部分　让身体成为大脑的老师

- 垫子（各种尺寸）
- 金属物品（例如汤匙或硬币）
- 牛奶瓶
- 镜子
- 泥浆
- 天然物体（例如石头、鹅卵石、松果、树叶和树枝）
- 光滑的木棍（直径为2.5厘米或1.9厘米的实木，打磨光滑）
- 油漆
- 纸（薄纸、新闻纸、信纸、图纸、笔记本等）
- 纸碟
- 降落伞
- 从杂志或照片上剪下来的图片
- 枕套
- 抱枕
- 管道清洁剂
- 木板
- 塑料球
- 塑料球拍（轻便）
- 带安全盖的塑料瓶
- 各种尺寸的塑料容器
- 塑料杯
- 塑胶片
- 塑料汤匙
- 塑料盆
- 锅盖
- 摇铃
- 音乐磁带
- 米饭
- 绳子
- 地毯
- 沙子
- 沙盒
- 丝巾
- 剪刀
- 床单
- 鞋盒或其他收纳盒，可以用于存放孩子收集的各种物品
- 滑梯
- 袜子（颜色和尺寸各异）和其他衣物
- 贴纸
- 直木梯（1.8米至2.4米长）
- 吸管
- 彩带
- 皮箱
- 秋千
- 胶带
- 时钟
- 计时器
- 火炬
- 毛巾
- 水
- 口哨
- 木勺
- 手腕铃铛或脚腕铃铛

第二部分

"智慧的脚步"游戏

"智慧的脚步"游戏指南

	游戏	主题	语言点
感觉	1. 像鹰一样的眼睛	眼部训练	睁开、闭上
	2. 谁的耳朵灵？	听觉训练	朝向
	3. 不一样的鼓手	听觉学习概念	相同、不同
	4. 井然有序！	视觉学习概念	相同、不同、之前、之后
	5. 有趣的团纸球游戏	感官发展	向上、在里面、在上面
	6. 感官花园	感官系统发展	宽、窄、上
	7. 色彩派对	专注学习：识别各种颜色	相同、不同，描述颜色的词（如：红色）
	8. 走！去纸箱乐园！	感官游戏：让孩子们尽情发挥想象力！	里面、外面、穿过
平衡	9. 一起来孵蛋！	动态平衡：运动中的平衡	在上面
	10. 爱打滚的小狗洛夫	侧身翻滚	翻滚

第二部分　"智慧的脚步"游戏　57

目标	游戏重点	页码
让眼睛变得更加灵活：快速聚焦、协同运作、专注和视线追踪。		64~65
听力训练很重要哦！这个游戏能够帮助孩子感受声音的变化，并从不同的声音中分辨出重点。		66~67
通过感官来学习：听辨能力对于培养批判性思维和解决问题很重要！		68~69
通过感官来学习：通过丰富的感官体验让孩子理解抽象的概念。		70~71
通过触摸，孩子能学习到很多东西！		72~73
通过感官来学习：在课堂的热身阶段做这些游戏！		74~75
沉浸式学习：如何在课堂上使用专注学习法？		76~77
少即是多：通过想象和自主游戏培养孩子自主学习的能力。		78~79
稳定性训练：在动态环境中让孩子们接受平衡训练，有助于培养他们在身体、认知和情绪方面发展的稳定性。		80~81
通过平衡训练，提升学习能力。		82~83

	游戏	主题	语言点
平衡	11. 爱旋转的小陀螺	旋转：挑战方向感	环绕、向前、向后、从一边到另一边
	12. 像猫王一样舞动	旋转：垂直方向	环绕、左边、右边
	13. 过桥游戏	平衡木：培养专注力	踩上、沿着走、跨过
	14. 你好，八爪鱼！	平衡感和方向感：重新认识重力	停止、前进、环绕
	15. 龟兔赛跑：比赛之后	动态平衡：快一点！慢一点！停下来！	快、慢、停
	16. 龟兔赛跑：再次开赛	动态平衡：区分地形	上、下、在、跨过、在上面、在下面
直觉	17. 一起来摇摆	身体意识：身体构成	内部、外部、匹配
	18. 认识你自己	身体意识：探索身体	环绕、通过、在上面、在下面
	19. 穿越隧道	空间意识：钻爬隧道	通过、在里面、在外面
	20. 罐头里的沙丁鱼	理解大小和体积	小、中、大、长、高、宽、太小、太多、正好
	21. 木板上的毛毛虫	力量管理：推和拉	通过、沿着、向上
	22. 杰克和吉尔	力量管理：理解轻和重	推、拉、轻、重
	23. 游戏日	理解边界	环绕、在里面、在外面

第二部分 "智慧的脚步"游戏

目标	游戏重点	页码
自主运动：孩子们天生爱旋转，利用好这一点，孩子们会非常喜欢你的课堂！		84~85
让我们一起跳舞吧！		86~87
关注孩子迈出的每一步：鼓励孩子积极、用心地参与游戏。		88~90
自我控制发展：培养平衡感和方向感。		91~93
速度会影响平衡能力：锻炼孩子在保持平衡的同时还能控制速度。		94~96
在不断变化的地形中前进是培养孩子内在平衡感的有效方法。		97~99
身体的各个部位是如何协同运作的，让这些游戏来告诉你！		100~101
自我意识：认识自己的身体，以及我们随身携带的GPS系统——直觉（本体感受）。		102~103
认识空间：实际体验空间概念。		104~106
数学学习准备：了解尺寸和体积的抽象概念。		107~109
身体直觉发展：渐进式身体调整运动。		110~112
通过对重量的实际体验来学习相同与不同的概念。		113~115
在游戏中了解界限。		116~118

	游戏	主题	语言点
直觉	24. 辨识方向	方位感	内、外、前、后、在中间、通过、上、下、缠绕
力量	25. 拔河大比拼	上半身力量	向上、翻过
	26. 一起来玩侧手翻	发展核心力量	从一边到另一边、倒立、在……上、右、左
	27. 小手抓抓!	手部力量	上、下
	28. 不要丢下小狐狸	了解自己的力量	在……之下、在……之间、环绕
	29. 逃离动物园	耐力训练	上、下、在里面
	30. 跳房子	全身运动:跳跃	在里面、在外面、围绕、在上面
	31. 障碍挑战赛	全身协调:跨越障碍物	高、低、在……之上、在……之下、通过
	32. 泡泡破啦!	柔韧性和敏捷度	通过、到……里面
协调能力	33. 疯狂的小爬虫	身体协调性:不同阶段的爬行	表示方向的词汇(在里面、在外面、在上面、在下面,等等)
	34. 三腿小怪兽	人体中央轴发展:同侧运动	左边、右边、上方、底部、前面、后面
	35. 鳄鱼爬	人体中央轴发展:偏侧运动	左、右
	36. 沙包游戏	人体中央轴发展:交叉运动	在上面、跨过、在后面

第二部分 "智慧的脚步"游戏

目标	游戏重点	页码
"上面"在哪里？通过具象的物理环境来了解语言在不同语境下的含义。		119~121
增强体力和耐力。		122~124
技能准备：为难度更高的技能（比如侧手翻）做准备。		125~127
肌肉的精细动作：通过增强力量和耐力来控制手部动作。		128~130
自我意识：了解自己的优势。		131~133
坚持不懈：增强体力和保持稳定的情绪状态。		134~135
掌握单脚跳的新技能！		136~137
全身协调：孩子在跨越障碍物的运动中增强了自信。		138~140
反应迅速，并精准地做出动作。		141~142
爬行：非常有助于孩子在身体和认知方面的发展。		143~145
提高控制和活动身体某一部位的能力。		146~147
偏侧协调运动能够促进孩子大脑发育。		148~150
交叉动作对孩子未来进入正式学习阶段有着重大的意义。		151~153

游戏	主题	语言点
37. 农场大门	复杂的协调运动	打开、关上、向左、向右
38. 一起来跳踢踏舞	身体韵律	沿着、轻柔的
39. 抢食大战	时空意识	停、走、现在
40. 抛接球游戏	连续的运动	一边、前面、后面
41. 小跳蛙	综合协调运动：跳跃	向前、向后、在上面
42. 学习打沙滩球	眼睛与身体其他部位的协调和控制	在上面
43. 手指游戏	操作游戏	抛起来、在里面、在上面
44. 牛仔竞技	学习改变方向	左、右、前、后
45. 交通堵塞	节奏：调节自身能量分配	停止、通行、等待
46. 来玩橡皮泥	认识压力和力量	拉、推、滚动
47. 牢固的黄绳子	动态平衡：运动中的稳定性	宽、窄、在上面
48. 逐渐缩小的目标	渐进式策略：调整动作难度	在中间、向前、向后、向左、向右
49. 交换鸡蛋	解决体能问题	通过、在里面、在……中间
50. 完成任务：成为可能	同步化	在下面、在上面、穿过

协调能力（37–41）

控制能力（42–50）

第二部分 "智慧的脚步" 游戏

目标	游戏重点	页码
让身体的各个部位同时进行不同活动，非常有助于发展人体中央轴。		154~156
培养内在的时间感，促进身体动作的协调发展。		157~159
动态判断：在静止或运动的状态下对速度和距离做出判断。		160~162
提升身体的协调能力，对大脑的思考能力、推理能力以及创造能力都有十分重要的影响。		163~165
身脑合一：通过全身运动和全脑参与，为孩子的推理能力和创造能力打基础。		166~167
提高眼睛和身体其他部位的协调能力，精准完成游戏动作。		168~169
灵巧的手：灵活使用手和手指（以及脚和脚趾），为以后的书写打基础。		170~172
做决定：学会独立思考。		173~175
学习如何控制自己的速度，提高注意力、耐力和身体的控制力。		176~178
通过玩橡皮泥来理解力量是如何起作用的。		179~181
保持控制：学习在变化中控制自己的动作。		182~184
学习逐步控制的能力。		185~187
在动态环境中快速思考，进行推理和调整。		188~190
可以独立完成任务或与他人协作完成任务。		191~193

1 感觉

像鹰一样的眼睛
眼部训练

温克和布格是两只迫切想要展翅高飞的小鸟。学习飞行前的第一要务是要擦亮眼睛，看清飞行的方向，不然的话很容易误伤自己。让我们帮助温克和布格为第一次飞行做好准备，把眼睛练得更加锐利吧！

准备材料
- 不同颜色和大小的羽毛
- 音乐

活动目标
- 让眼睛变得更加灵活（快速聚焦、协同运作、专注、视线追踪）
- 眼手协调
- 全身协调发展
- 独立动作

游戏语言
睁开、闭上

游戏安全
1. **关于宝宝**：请始终密切关注宝宝的状态。一旦宝宝表现疲惫的样子（典型表现如：烦躁、注意力不集中等），就停下来。请给宝宝一定的休息时间。
2. 密切关注宝宝和羽毛互动的全过程。确保在过程中，宝宝不会被羽毛伤到眼睛，或者将羽毛放入口中。
3. **关于不同阶段的宝宝的活动情况**：不管宝宝在哪个阶段，你都应当让他以舒适的姿势进行活动，例如躺下、坐着或者站着。
4. 确保宝宝在一个安全、空旷的场地上进行活动。因为当宝宝活动时，注意力全在羽毛上，很难注意到有障碍物。

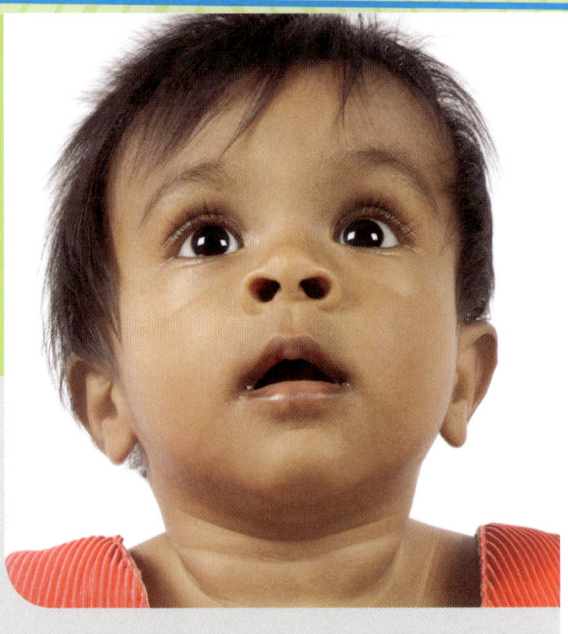

教学重点
这个活动的目的在于加强宝宝的眼部肌肉力量和提高眼球灵活性。请你不要太过介意宝宝是否看对了方向，而将关注点放在宝宝是否将视线移向不同的方向。

我在活动　　　　　　　　**看我成长**　　　　　　　　**我已掌握**

新生儿阶段
此阶段的宝宝才睁开眼睛，开始关注这个世界。如何控制眼部肌肉运动，按照意愿来移动视线是他此时学习的重点。

游戏1：看！羽毛！
引导宝宝关注一根颜色亮丽的羽毛，例如用羽毛轻缓地触碰宝宝的小鼻子，并把它拿到约30厘米之外（宝宝的视野之外）。当宝宝关注到这片羽毛的时候，请向他讲述他看到的是什么（反复2~3次）。

游戏2：移动的羽毛
用羽毛吸引宝宝的注意，将羽毛放在他的眼前停留一会儿。然后，左右移动羽毛，让宝宝的眼睛跟着羽毛进行移动，例如向左、向右、向上、向下移动羽毛。请把动作做得缓慢一些，并向宝宝讲述他看到了什么（重复3~4次）。

游戏3：羽毛飞舞
宝宝保持躺卧的姿势。在空中扔一些羽毛，让宝宝看到羽毛在空中飞舞，向宝宝讲述他看到了什么。你可以轻轻抓着他的小手，帮他去抓和触碰，让他感受这些羽毛（重复3~4次）。

小爬虫阶段
宝宝的眼睛开始逐渐适应周边环境。当宝宝可以独立动作时，他对视力的需求和依赖就会变得越来越强。这就需要宝宝多活动眼球，眼睛与身体其他部位协调动作，进行视觉追踪练习。

游戏4：羽毛的艺术
用一根羽毛在空气中画出简单的形状（如：圆圈、三角形、波浪）来吸引宝宝的注意力。这将促使宝宝把眼睛看向不同的方向。（重复3~4次）

游戏5：羽毛好痒！
用羽毛轻轻滑过宝宝的鼻子和脸颊，逗宝宝眨眼睛。然后把羽毛从宝宝的脸上移开，再重复刚才的动作，以训练他的聚焦能力。（重复3~4次）

游戏6：羽毛飞啦！
在宝宝躺着或坐着时，将羽毛扔到空中，鼓励他试着抓住飘落的羽毛。在宝宝抓羽毛的同时鼓励他，并向他讲述他正在做的动作以及羽毛掉在了什么地方。（持续2~5分钟）

我在活动	看我成长	我已掌握

走不稳阶段
此阶段的重点是帮助宝宝提升眼部即时控制力。此时宝宝的能力正逐步提升，随着他接触到越来越多的东西，眼睛与大脑之间的神经联系也变得更加紧密。

游戏7：羽毛在哪儿？
把羽毛扔到空中，鼓励宝宝在地板上尽可能寻找到掉落的羽毛。（活动时长：2~5分钟）

游戏8：羽毛飞满天
把羽毛扔到空中，鼓励宝宝在羽毛还在空中飞舞时就抓住它们。当宝宝抓住羽毛后，鼓励他将羽毛再次抛到空中。（活动时长：2~5分钟）。

游戏9：羽毛来啦！
让宝宝闭上眼睛。然后，把羽毛抛向空中，让宝宝睁开眼睛去抓取落下的羽毛。（重复3~4次）

淘气包阶段
此阶段的重点是鼓励孩子专注于某一物体并活动眼球，让孩子在保持头部不动时进行眼球自主运动，这是为日后的阅读做的必要准备。

游戏10：眼睛你好！
让孩子把手举至身体两侧（做侧平举动作），然后让他把头向左转，挥动左手，向他的眼睛问候。（一边挥手一边说："眼睛你好！"）然后让他把头向右转，重复动作。接下来，手的位置不动，面朝前，让他只用眼睛去看左边和右边。（重复3~4次）

游戏11：眼睛再见！
请孩子做以下动作：把双手向前举起指向天花板，再落向地板，让孩子关注自己手部的起伏。（同时说："眼睛拜拜！"）接下来，让先他抬头再低头，然后保持头部不动，眼睛向上看，再向下看。（重复3~4次）

游戏12：眼睛飞啦！
让孩子把双手向前举起，与肩同宽，两手相握，眼睛盯着双手。然后让他用胳膊环成一个圈，先向右转，再向左转。（一边做一边说："眼睛飞啦！"）接下来，让他把头先顺时针转动，再逆时针转动。最后，保持身体其他部位不动，让孩子转动眼球，先是顺时针转动，再逆时针转动。（重复3~4次）

奔跑者阶段
眨眼睛对成人来说似乎很容易，但对孩子来说却是一个非常复杂的动作。此阶段的重点是让孩子学会眨眼睛。有些孩子在做这个动作时会有些困难，让我们慢慢来，试着让这个眼部运动更有趣一些！

游戏13：单眼飞行
让孩子伸开右臂向上举再落下。然后，抬起右膝向上提再放下。孩子能否同时做这两件事呢？现在让孩子站直，把右眼闭上，他还能同时做以上两件事吗？左半边身体也如此重复。（重复2~3次）

游戏14：懂音乐的眼睛
播放一首节奏较慢的音乐，让孩子坐下来，试着眨一下右眼，然后眨一下左眼。孩子在保持身体不动的情况下，跟着音乐节拍交替眨左眼和右眼。（选一首短歌）

游戏15：会跳舞的眼睛
让孩子采用一个舒适的姿势（坐着、躺着或站着），这样他就能更专注于你的指令。从几个简单的步骤开始，然后逐渐增加一些难度，这样有助于他增强信心。让他做各种各样的眼部动作，比如：左右交替眨眼睛；睁开双眼，闭上双眼；睁开一只眼睛，再闭上这只眼睛，睁开另一只眼睛，再闭上那只眼睛，两只眼睛都睁开！不断地眨眼！（重复2~3次）

跳跃者阶段
眼部和其他部位协调动作是实现眼睛自主运动的关键。请再次注意，让我们慢慢来，给孩子们更多的练习机会！

游戏16：冻住了！
温克和布格都被冻住了！他们全身只有眼睛能动！当你下达一个开始口令时，孩子们必须立刻像木头人一样在原地不动，只能动他们的眼睛。本活动下达的口令有：闭上眼睛，睁开眼睛，眼睛向上看，眼睛向下看，眼睛向左看，眼睛向右看，眼睛顺时针或者逆时针转圈看。（重复2~3次）

注意："冻住了"这个游戏适用于活动身体的任何部位。（右脚、左臂，等等）这是一个非常有趣的、挑战身体双侧发展（镜像动作）的游戏。

游戏17：眼睛韵律操
让孩子们坐下来，跟着下面这首儿歌的节奏来活动眼睛：

向上看来向下看，
然后眼睛转一转，
向左看完眨个眼，
右看眨眨真好玩！

游戏18：眼部动作和腿部动作要协调
让孩子们伴随下面这首儿歌的节奏，一边眨眼一边跺脚：

向上看来向下看，
然后眼睛转一转，
向左看完眨个眼，
右看眨眨真好玩！

谁的耳朵灵?
听觉训练

当你想让孩子们认真聆听的时候,就唱《耳朵灵的小老鼠》给他们听吧!

准备材料
- 毯子
- 摇铃
- 音乐
- 任务箱
- 木棍、树叶、松果和其他天然材料

- 可选:用来做声音提示的不同音色的乐器(摇铃、哨子、蜂鸣器等)
- 金属物品(如勺子或硬币)
- 眼罩

活动目标
- 识别声音
- 听力辨认(将指定声音从背景声音中辨别出来)
- 听觉追踪
- 声音排序
- 全身协调发展

游戏语言
朝向

游戏安全
- **关于宝宝**:不要让宝宝抓住如石头、棍子、硬币或其他容易放入口中或易吞食的小物件。在使用这些小物件时,请一定对宝宝保持密切关注。
- **关于大一点的孩子**:请确保这些天然材料(木棍、松果等)不会戳伤孩子。
- **关于所有阶段的孩子**:如果孩子被蒙住眼睛觉得不舒服,那就不要蒙住他们的眼睛。确保孩子在闭上或蒙住眼睛时身边有人看护,且周围没有障碍物。

教学重点
我们对视觉学习习以为常,其实从充满声音的环境中获取信息也是一种学习方式。对于孩子来说,即使是只听过一次的声音也会在大脑留有印记,促进他们未来在口语和写作方面的发展。所以,给孩子创造一个充满声音的环境吧!多说话,向孩子讲述身边的一切!哦对了,唱歌给孩子听也很重要哦!

我在活动   **看我成长**   **我已掌握**

新生儿阶段
建立声音意识。给宝宝不同的声音体验,让宝宝学会区分不同的声音。

游戏1:这,就是耳朵!
你可以在说话唱歌时轻轻抚触宝宝的耳朵,观察宝宝的反应。你可以轻轻地吹宝宝的耳朵,鼓励他抚摸自己的耳朵和你的耳朵,然后向宝宝讲述你所听到的声音。(持续5分钟)

游戏2:高高低低的声音
让宝宝躺下来,从头到脚,轻柔地抚触宝宝、和宝宝说话或唱歌。当你抚触宝宝的下肢时,请把声音降低;当你抚触到宝宝上半身的时候,请把声音提高。请尽量让宝宝趴着,重复上述动作。(持续2~3分钟)

游戏3:声音是从哪里来的?
让宝宝躺在地板的毯子上。当你在房间里走动时,你可以说话、唱歌或发出其他声音。鼓励宝宝朝发出声音的方向看。一定不要走太远,要让宝宝能够看得到你,并且能看到你在发出声音。(持续2~3分钟)

小爬虫阶段
声音和动作。用声音刺激宝宝做动作,同时锻炼他听声音和辨别声音的能力。

游戏4:忽高忽低的声音
请你唱歌给宝宝听。你在唱歌的同时,每隔一段时间就用手轻轻捂住宝宝的耳朵。这会让宝宝意识到被捂住耳朵时声音虽然模糊但仍在持续。重复该动作,让他能在一首歌中听到不同音量的声音。(持续1~2分钟)

游戏5:摇,摇,摇起来!
给宝宝1~2个摇铃,让宝宝在不同的位置摇响它:把它举高摇,放低摇;在身体前面摇,在侧面摇等。打开音乐,让宝宝跟着节拍摇摇铃吧!(持续2~5分钟)

游戏6:躲猫猫
当宝宝来爬去的时候,你可以躲到一个他看不到的地方,呼唤他,让他朝你的声音爬去。如果宝宝没有找到,那你就多提示宝宝几次,直到他找到了为止。重复这个游戏,再次躲起来让宝宝来找你。(持续2~5分钟)

我在活动	看我成长	我已掌握

走不稳阶段
认识声音的强弱。孩子们通过理解音高和音量来学习控制自己的声音。

游戏7："声音任务"箱
在你的任务箱里装满能发出声音的物品。让孩子认真听，辨别这些物品发出的声音有什么不同。例如："这个东西的声音很大""这个东西的声音很高"，等等。当他辨别了每一个发声物品单独发出的声音后，用几种物品制造一些和声让他听。（持续2~5分钟）

游戏8：木棍的声音
在户外找一根木棍，用木棍敲击不同地方，例如地面、树皮等，辨别声音有什么不同。再用不同的物体（例如树叶、松果等）重复上述动作，仔细分辨各种声音。（持续5~10分钟）

游戏9：安静和吵闹
让孩子假装自己是一只安静的老鼠：轻声说话，踮脚走路，记住，一定要非常、非常的安静！再让孩子假装自己是一只非常吵闹的猫，一边大叫一边跺脚！喵呜！喵呜！一定要非常大声地叫哦！（持续2~5分钟）

淘气包阶段
当孩子能够区分不同种类的声音后，下一步，你就可以让他们尝试着将指定声音从背景声音中分辨出来了。（这就是所谓的听觉分辨）

游戏10：寻音之旅
在户外进行一次寻找不同声音的旅行，聆听各种各样的、源自自然或是人为制造的声音。
"你能听见麻雀在叫吗？""你会学麻雀叫吗？""麻雀在哪儿呀？""让我们离麻雀近一点儿，听！麻雀的叫声变大啦！"（持续10~15分钟）

游戏11：声音对抗赛
给孩子一个声音（如铃声或哨声）。让孩子每次听到这个声音的时候，做出特定动作（例如拍手或跺脚）来回应。当孩子做到了，换一个声音重复这个游戏。（持续2~3分钟）

游戏12：小老鼠，耳朵灵！
让孩子通过做动作（例如拍手或跺脚）来制造1~2种声音。然后带孩子唱《耳朵灵的小老鼠》这首歌，一边做动作（例如拍手或跺脚）一边唱。对于一组孩子来说，可以让他们各自做不同的动作制造出不同的声音，就像不同种类的乐器合奏一样！（重复2~3次）

奔跑者阶段
在我们的学习和生活中，理解声音的复杂性非常重要。比如，识别话语中的音调变化能够更好地理解别人的意思。

游戏13：落针可闻
在儿歌《耳朵灵的小老鼠》里，小老鼠们非常非常的安静，空气中静得连一根针掉下来都能听到！让我们也模仿一下这样的场景吧！让孩子闭上眼睛，我们先用一把勺子来做这个游戏。让勺子掉落在房间的不同位置，并让孩子指出发出声音的方位。重复做这个游戏，但要不断更换成自重轻一些的物体来替代勺子，发出越来越轻的声音，目的是让孩子的耳朵越来越灵！在游戏的最后你会发现，孩子真的可以听到针掉落的声音！（重复2~3次）

游戏14：谁拿到了奶酪？
让孩子们围成圈，并为每一个孩子指定一个特定的声音。让三个孩子出列，走到圆圈里面扮演老鼠，并戴上眼罩。随机给其中一个孩子一袋豆子来代表奶酪。拿着奶酪的"老鼠"需要发出自己被指定的声音，并让另外两个孩子猜拿到奶酪的"老鼠"是谁。猜完后把奶酪传给另外一个戴眼罩的"老鼠"，继续这个游戏。（持续3~5分钟）

游戏15：寻音躲猫猫
你发出一种能够引起孩子注意的有趣的声音（比如像鸭子一样嘎嘎叫），并让孩子也来模仿这个声音。选出三个孩子让他们找地方藏好，让其他的孩子捂住眼睛。藏起来的孩子需要发出刚才模仿的声音，让其余的孩子来找（他们躲在哪里了）。这个游戏还可以提高难度。三个孩子每个人模仿一种不同的声音。给这三种声音排序，并让孩子按照这个排序，依次寻找对应（发出该声音）的孩子。（重复3~5次）

跳跃者阶段
在嘈杂的环境中让孩子练习听出指定声音，是培养优秀聆听者的好方法。

游戏16：喧闹的农场
让孩子们扮演动物，并发出相应的叫声。确保在游戏中，每种动物至少有两个孩子扮演。（比如两个小狗、三只鸭子等。）游戏开始，让孩子学自己扮演的动物叫，并寻找与自己扮演一样动物的伙伴。让孩子们试试看，能不能像他们扮演的动物一样，边走/跳/跑边叫呢？（持续2分钟以上）

游戏17：小老鼠找朋友
选三个孩子来做小老鼠，让其他孩子围圈站好，并为每个孩子指定一种动物叫声。三只"小老鼠"站在圆圈里，给他们带上眼罩。游戏开始，让围圈站的孩子们开始一起学动物叫，你向三只"小老鼠"提问："公鸡在哪里？""奶牛在哪里？"等等。（持续3~5分钟）

游戏18：声音转转转
重复"小老鼠找朋友"的游戏，只不过围圈站的孩子们动起来了！让他们先顺时针移动，然后是逆时针！向圈内的"小老鼠"们提问某个小动物的位置，看看还能找到吗？让孩子们在移动的时候一边叫一边学动物跑、跳，移动的速度由慢渐快，但是叫声却要越来越小。（持续5~7分钟）

67

3 感觉

不一样的鼓手
听觉学习概念

锵咚咚！咚咚锵！没有什么比等待花车游行队伍更开心啦！仔细听，他们来了！

准备材料
- 不同类型的音乐
- 羽毛
- 鼓
- 塑料勺
- 手腕铃铛或脚踝铃铛
- 洗澡海绵
- 鼓槌
- 刷子

活动目标
- 时间意识
- 辨别声音
- 听觉记忆
- 音乐：感受节拍
- 说话声或音乐的力度：快速、轻柔、舒缓等

游戏语言
相同、不同

游戏安全
- 请密切关注宝宝与羽毛互动的全过程。确保在活动中，宝宝不会被羽毛伤到眼睛，或者将羽毛放入口中。
- 确保孩子在使用鼓槌时不会伤到眼睛，以及不会将鼓槌放入嘴巴。
- 确保每个孩子在敲鼓时都有足够的活动空间，不会误伤到别人。

教学重点
- 平时注意收集罐子、水壶、平底锅、木勺、刷子和其他类似的物品，这样就可以随时开始你们的演奏啦！
- 可以把塑料桶改造成演奏用的鼓。
- 鼓励孩子们动手制作和装饰自己的鼓。

我在活动 | **看我成长** | **我已掌握**

新生儿阶段
开启对声音的探索。宝宝在出生后就能听见声音了。每天花上几分钟和宝宝一起探索有趣的声音，帮他在大脑里建一座声音图书馆吧。

游戏1：侧耳倾听
帮助宝宝侧躺，用手半遮他的耳朵，扶好宝宝以防他滚动。保持好姿势后，放音乐、唱歌或说话给宝宝听。（持续2~5分钟）

游戏2：一起来跳舞
用不同的姿势抱着宝宝，但一定要确保你始终支撑着他的整个身体，尤其是他的头颈部。用你的身体带动他的身体，一起跟着起伏的音乐节奏摇摆起来吧！（持续2~5分钟）

游戏3：小脚丫，响叮当
将脚踝铃铛套在宝宝的小腿上，并鼓励宝宝使劲踢。把宝宝的小脚举起来轻轻摇动，告诉他声音是从他的小腿这边传来的。（持续2~5分钟）

小爬虫阶段
熟悉节奏、旋律和节拍可以帮助宝宝掌握许多复杂的推理技能，比如分类、模仿和排序。

游戏4：拍拍"肚皮鼓"
打开音乐，跟着节奏用羽毛等柔软的物品轻轻敲打宝宝的小肚子。可以在不同的场景里玩这个游戏，比如在给宝宝洗澡的时候用洗澡海绵或者手指轻轻地敲打。你也可以让宝宝翻过身来，把宝宝的后背当小鼓。（持续2~3分钟）

游戏5：我的第一只鼓
让宝宝坐在你的两腿中间，把一只鼓放在宝宝面前，教他认识什么是鼓。辅助宝宝用手指敲鼓，并敲出不同的速度（快敲或慢敲）。在宝宝熟悉之后打开音乐，辅助宝宝跟着节拍来敲鼓。（持续2~5分钟）

游戏6：我的第一套组合鼓
向宝宝展示可以敲出不同曲子的组合鼓（罐子或平底锅、一个自制塑料小鼓，等等）。尝试用手击鼓来发出不同的声音。现在放音乐，让宝宝跟着音乐的节奏来敲出节拍吧！等宝宝熟悉这些后，就可以向宝宝展示鼓槌了（你可以用真的鼓槌，也可以用木勺子、塑料餐具代替，等等）。（持续2~5分钟）

| 我在活动 | 看我成长 | 我已掌握 |

走不稳阶段
身体也可以做乐器。用身体做乐器来创作音乐会给孩子带来身体和感官上的双重体验，同时也会加深孩子对身体和感官的认知。

游戏7：鼓手来啦！
让孩子坐着或躺着。一边唱《鼓手来啦》这首歌一边合着拍子轻轻敲打孩子的后背、肚子或者身体其他部位。当你唱"锵咚咚"的时候用掌心来敲打，当你唱"锵咚锵"的时候请用指尖来敲打。（用不同的节奏重复2~3次）

游戏8：小手拍拍
一边唱《鼓手来啦》一边鼓励孩子随着节拍拍手。除了用拍手来和歌曲的节拍，还可以跺脚、拍手肘、拍膝盖、拍拍肚肚等。当你和孩子用身体的各个部位来完成这首歌的时候，别忘了为自己鼓掌哦！（持续2~3分钟）

游戏9：有趣的回声
发出一些有趣的声音（比如拍手、学动物叫、亲吻的么么声等），并鼓励孩子模仿你。让孩子先来模仿，然后你来重复他的声音。这样他就会明白交流是双向的事情。持续2~3分钟。

淘气包阶段
给声音分类。我们通常认为"分类"是一项视觉活动，通过分辨不同的声音让孩子尝试用听觉进行"分类"。

游戏10：身边的声音
请在房间里放一些发声物品，和孩子来聊一聊这些发声物品发出的声音是什么样的？声音有什么不同？鼓励孩子用这些发声物品来创作一首曲子吧！（持续5~10分钟）

游戏11：相似的声音
在孩子的面前放一些发声物品，并和孩子一起来探索这些物品所发出的声音。帮助孩子找出发音相似的物品，并和孩子探讨：哪些物品发出的声音很大？哪些很轻？哪些声音高？哪些声音比较低？讨论完后，和孩子一起将这些发声物品分类。（持续5~10分钟）

游戏12：我是鼓手！
让孩子试着在一个鼓上打出不同的声音。并试着用身体的不同部位（手指、手肘、脚等）或是不同材质的"鼓槌"（木棒、塑料勺、刷子、羽毛等）来敲鼓。问问孩子：你可以敲出多少种不同的声音呢？（持续5~10分钟）

奔跑者阶段
变化的声音。学会辨别声音和语气能够让孩子更加明白如何向别人来表达自己。

游戏13：自己造词
说出一个词或者一句话，最好这个词的发音好笑或者怪异一点。试着用不同的语速念出来，再试试用高音或者低沉的声音说出来！如果鹦鹉说这个词（或句子）它会怎么说呢？妈妈会怎么说呢？（持续2~3分钟）

游戏14：情绪变化
现在，我们试着用不同的情绪（快乐、兴奋、悲伤、滑稽、生气、担心）来说出刚才那个词（或句子）。在带入情绪说出词（或句子）的时候，你可以加入一些肢体语言，这样孩子就能更清楚地区分不同的情绪了。（持续2~3分钟）

游戏15：听歌填词
选一首你和孩子都熟悉的歌曲，并和孩子一起来唱。当唱到第二遍的时候，随机漏掉一个词，并让孩子说出那个词是什么。这不仅挑战了孩子的听觉记忆能力，还能让孩子自豪地向你展示他都记得。（重复3~4次）

跳跃者阶段
声音（歌曲或是旋律）中的连贯性不仅能够帮助孩子理解生活中的秩序感，也能够促进孩子提高口语和写作能力。

游戏16：敲出节奏
唱一首歌，让孩子跟着音乐的节奏拍手。在唱第二遍的时候，用鼓槌在地板上敲出节奏。然后用同样的节奏来唱孩子的名字或者一段孩子喜欢的旋律。想想看，用这个节奏还能唱出什么来呢？（持续2~5分钟）

游戏17：连字成歌
和孩子围圈坐下来，一起来唱一首喜欢的歌曲。接下来让孩子们轮流来唱这首歌的一个字：比如唱《三只盲鼠》这首歌，第一个孩子唱"三"，第二个孩子唱"只"，第三个孩子唱"盲"，第四个孩子唱"鼠"。（如果玩游戏的只有一个孩子，就和他一个词接一个词地唱。）这个游戏可以帮助孩子提高听力、记忆力和排序能力，加深对句法的理解。（持续3~5分钟）

游戏18：鼓手来啦！
给每个孩子一个小鼓，并让他们围坐成圈。让一个孩子敲出一个节奏，其他的孩子来模仿和重复。注意，要给每个孩子敲鼓的机会。（持续3~5分钟）

4 感觉

井然有序！
视觉学习概念

我们需要一个小小"分类员"来让环境变得井然有序！准备好了吗？让我们一起来分类吧！

准备材料
- 胶带和线绳
- 全家福照片
- 塑料杯
- 水
- 吸管
- 大号塑料碗
- 彩虹飘带（如果自己制作，可以剪下相同宽度、宽度最好在30cm~45cm之间的不同颜色的玻璃纸，拼接成一条彩色的飘带，把这条飘带固定在一个棍子上就可以了）
- 椅子或箱子
- 手电筒
- 音乐
- 不同尺寸和重量的石头
- 桶
- 红苹果和绿苹果
- 袜子和衣服
- 纸张和绘图工具
- 从杂志或照片上剪下来的图片

活动目标
- 排序
- 眼部适应
- 位置
- 物体存继性

游戏语言
相同、不同、之前、之后

游戏安全
- 请把小物件放在孩子们够不到的地方。
- 时刻留心，孩子们不能把东西塞进嘴里。玩"味觉测试"时，一定要先检查孩子对游戏中使用的食物是否过敏。
- 确保孩子们有足够的活动空间，不会相互碰到或撞到。

教学重点
- 生活是重复的。对有些人来说，生活就是日复一日地例行公事。但对孩子来说，探索生活中的固定模式和既定秩序让他感到兴奋和有趣，而这种探索也会培养孩子重要的生活管理技能。

我在活动 | **看我成长** | **我已掌握**

新生儿阶段
视觉的发展。通过简单的、近距离的刺激和与父母或看护人的互动，宝宝加深了对世界的感官理解。

游戏1：照片"风铃"
把几张全家福照片悬挂在宝宝的摇篮上方，确保宝宝可以看到这些照片（与宝宝的视线距离约30cm~45cm）。向宝宝讲述照片中的人物关系，比如："这是你的哥哥马可。"（持续2~3分钟）

游戏2：认识泡泡
把宝宝抱在大腿上，告诉他怎么做出泡泡：往塑料杯里倒入肥皂水，插入吸管就可以吹出泡泡！你可以给宝宝吹大泡泡、小泡泡，快速吹出一串泡泡，慢慢吹出一个一个的泡泡，等等。（持续2~3分钟）

游戏3：水花飞溅
坐在地板上，把宝宝放在两腿之间。在面前放一个装满水的大塑料碗。帮宝宝往碗里扔小物件来溅起水花。每当水花飞溅，就和宝宝一起欢呼吧！（持续3~5分钟）

小爬虫阶段
随着孩子的感官发展，他们对事物的认知和理解在一点一点地增强。

游戏4：彩虹飘带
让宝宝躺下，在他的身体上方悬挂一条彩虹飘带，让宝宝看到。让他趴着，在他的面前摇晃彩虹飘带，鼓励宝宝往前爬来抓住这条彩带。（持续3~5分钟）

游戏5：彩虹躲躲猫
在宝宝的面前舞动彩虹飘带，让宝宝透过彩虹飘带的不同颜色来看世界。然后让宝宝闭上眼睛再睁开，用彩虹飘带来玩躲猫猫的游戏吧！（持续3~5分钟）

游戏6：彩虹通道
找一个可以做成"通道"的椅子或是无底无盖的盒子，用彩虹飘带盖住入口和出口，让宝宝爬着穿过这条"彩虹通道"。（持续3~5分钟）

我在活动	看我成长	我已掌握

走不稳阶段
变化的环境。只要对环境做点简单改变，比如调节一下光线，就能让孩子感知到事物是在变化的。

游戏7：奇妙光影
你可以把室内灯光调暗，打开手电筒，（用手势）在地板上做出不同形状的影子。鼓励孩子一边爬一边去抓影子。（持续3~5分钟）

游戏8：彩虹迪斯科
你可以打开音乐，把灯光调暗，然后让一束光通过彩虹飘带打在墙面上。让墙上的彩虹光带随着音乐舞动，同时鼓励孩子一边摇摆着身体一边去抓墙上的彩色光影。（持续3~5分钟）

游戏9：寻找影子
在一个阳光明媚的日子里，带孩子去户外寻找自己的影子。让孩子试试能不能抓住自己的影子？能不能踩住同伴的影子？如果站到阴凉处还有影子吗？再回到阳光下，看看自己的影子是不是又回来啦？它在哪儿呢？（持续5~10分钟）

淘气包阶段
做分类——两个东西虽然不一样，但属同一类（例如：苹果和橙子都是水果）。

游戏10：同中存异
把收集来的石头（小石片、圆形小石头、又重又沉的石头，等等）平均放进三个桶中，然后把每个桶里的石头倒出来以不同的方式堆成柱状。例如，桶1是把圆形石头放在下面，堆出来的石柱是什么样的？桶2是把重一些的石头放在石柱最上面，这个石柱又会发生什么？如果想堆一个很高的石柱，那么最好的堆石头方法是什么样的？（持续10~15分钟）

游戏11：花园里寻花儿
到花园里去。（要小心，尽量不要踩到小草哦！）每个孩子都找到自己最喜欢的花儿后，和他们谈论这些"最喜欢的花儿"的香味、外形和给自己的感受，有什么相同和不同，并为这些孩子们"最喜欢的花儿"编舞。（如果没有条件去花园，只能室内活动，可以把游戏中的花儿换成水果。）（持续10~15分钟）

游戏12：味觉测试
让孩子首先品尝一个没削皮的红苹果，再尝一个没削皮的绿苹果。（确保苹果没削皮，这样孩子可以看出两个苹果的区别）。和孩子谈论这两个苹果在香味、口感和颜色上有什么不同。然后再给孩子两块削了皮的苹果（一块红苹果、一块绿苹果），让孩子品尝并说出两块苹果的不同之处，并猜测哪一块是红苹果，哪一块是绿苹果。（持续3~5分钟）

奔跑者阶段
我们的大脑要先掌握了一定信息才能决定下一步的行动。知道什么是"正确"或"错误"是拥有良好的记忆和推理技能的表现之一。

游戏13：穿戴改错
让一个孩子做模特，把衣服胡乱穿在他身上（例如：把袜子套在他的头上，裤子穿在他的手臂上，等等）。穿戴错误越多越好！然后让其他的孩子来纠正，帮助他重新穿好衣服。（持续5~10分钟）

游戏14：消失的物品
请在桌子上放置5个物品。你和孩子谈论这些物品，但不要碰它们。让孩子闭上眼睛，拿走一个物品。当他睁开眼睛的时候，让孩子说出哪样儿物品不见了。添加1个物品，变成6个物品，再玩一次这个游戏。也可以不断提高难度（比如增加物品数量，如变成7个或8个物品，或者拿走2个或者多个物品）来挑战孩子的记忆力。（重复2~3次）

游戏15：白袜子转！
这是一个团体游戏。选取一种颜色和一种服饰（例如：白袜子），并让所有穿白袜子的孩子做同一个动作（例如"白袜子转"）。然后选出另一种组合（例如："红衣服跳"）。确保所有的孩子都可以参与这个游戏。一再重复，看看孩子是否记得住这些动作。这是一个非常好玩的过渡环节的游戏。（持续5~10分钟）

跳跃者阶段
"构建模式"和"排序"对提高孩子的记忆力和推理技能十分关键。

游戏16：重复中构建模式
让孩子在几张纸上画出不同的图形，然后在地板上重复画出相同的图形（如圆、正方形、三角形）。接下来，让孩子踩在地上的图形上，一边踩图形一边喊出图形的名称。你也可以将这个游戏中的图形换成颜色。（持续3~5分钟）

游戏17：之前和之后
在经历一件事情后，让孩子以画连环画的方式记录下这件事情（每张画用一张纸）。把孩子画好的几张画混在一起放在地板上，让孩子按照他画的顺序重新将这些画整理好。用"之前"和"之后"这两个词梳理孩子经历的这件事情。比如："你和吉姆正在玩沙盘。在那之前你在干什么？在那之后你又干了什么？"（持续5~10分钟）

游戏18：照片配对
找12张图片，并把它们放在地板上。为其中的3张图片取名并告诉孩子。你说出名称，并让孩子踩到对应的图片上。然后选取4张图片重复这个游戏，然后5张、6张……以此类推，看孩子能够玩多久不出错。每次游戏时都要打乱图片在地板上的位置。（重复2~3次）

5 感觉

有趣的团纸球游戏
感官发展

一天，一个手脚灵活的破坏大王偷偷潜入造纸厂，把很多很多的纸都团成了纸球！工厂里到处都是纸球，真是乱七八糟！大家都来帮忙，你也来吧！让我们一起开始工作吧！

准备材料
- 纸巾
- 吹风机或风扇
- 篮子或桶
- 报纸或卫生纸
- 信纸或笔记本纸

活动目标
- 培养触感，体会不同的质感
- 抓握、夹取

游戏语言
- 向上
- 在上面
- 在里面

游戏安全
- 对于年龄较小的孩子，需使用质地柔软的纸，如纸巾或者卫生纸。对于年龄较大的孩子，则可用信纸或者笔记本纸来做折纸或撕纸等手部精细动作。
- 确保孩子的活动空间里没有障碍物。

教学重点
在游戏结束后，向孩子们展示如何用这些揉皱了的纸来做出一件工艺品或一系列艺术作品。

SARAH WHITING

我在活动   **看我成长**   **我已掌握**

新生儿阶段
用触摸感受世界。通过轻柔的刺激唤醒宝宝的触觉，令他感知到自己的身体和周围的世界。

游戏1：纸巾球
把纸巾揉成球状或条状。让宝宝张开手掌，将纸球放在宝宝的手掌上滚动。在宝宝的脚、腿、胳膊、肚子、后背等部位重复这个动作。（重复2~3次）

游戏2：纸巾雪
把一些纸巾落在宝宝身上，向宝宝描述纸巾落在他身上的哪些地方："看，纸巾落在你的手上（腿上、脚上）啦！"（持续2~3分钟）

游戏3：纸巾条
取一张柔软的纸巾放在宝宝的胳膊上或者手上，轻柔地搓成条状。像用针缝补一样，轻柔地把这根纸条绕进宝宝的手指间，再拉出来。同样的，在宝宝的脚趾间重复这个动作。（重复2~3次）

我在活动	看我成长	我已掌握

小爬虫阶段
体会不同的质感。把纸揉皱的过程不仅让宝宝感知到事物的变化，也给他带来多感官（视觉、声音、质感）体验。

游戏4：皱皱的纸球
先让宝宝触摸柔软的平整的纸（如纸巾或卫生纸），然后将纸揉皱成皱皱的一团，并在他的身上来回滚动，让宝宝感受纸张揉皱后的不同质感。（持续2~3分钟）

游戏5：爬过皱纸团
找一些柔软的纸，揉成一团一团地堆在地板上。鼓励宝宝爬过这些纸球。在宝宝爬的时候，把几个纸球落在宝宝的身上。（持续2~3分钟）

游戏6：皱纸团盒子
找一些柔软的纸，揉成一个团一个团的，再装进一个大盒子里，把盒子装满。鼓励宝宝爬进大盒子，用整个身体去感受纸球的质感。（持续3~5分钟）

走不稳阶段
运动时体验不同的质感。将全身运动与质感体验结合起来，有利于大脑和感官协调发展。

游戏7：纸球的声响
让孩子光脚站在地上，把一个纸球滚到孩子脚旁。接下来，鼓励孩子用脚踩这个纸球。让孩子仔细感受和倾听，踩着这个纸球是什么感觉？这是什么样的声响？（持续3~5分钟）

游戏8：纸球小路
在房间里用纸球铺成一条小路，引导孩子压着纸球爬或光脚走。鼓励孩子踩在每一个纸球上，或者一边走一边把这些纸球捡起来。（持续3~5分钟）

游戏9：起风啦！
把纸球堆在地板上。用吹风机或者风扇将纸球吹得满屋都是，再让孩子去把这些纸球捡回来，或者光着脚丫去踩这些纸球。（持续3~5分钟）

淘气包阶段
用整个身体去感受质感。质感探索游戏通常锻炼的是手部，但是我们应当想方设法，让孩子全身都参与到对质感的探索之中。

游戏10：制造褶皱
让孩子用双手把纸揉皱。然后向他展示用身体的其他部位（例如用手腕、手肘、脚等）也能把平整的纸做出皱巴巴的效果来。帮助他用手指折出小小的褶皱。（持续3~5分钟）

游戏11：别让纸球掉下来！
给孩子一个纸球，让他把纸球传给你或者其他孩子，在传递过程中不能让纸球掉下来。你可以让孩子用身体不同的部位来传纸球，比如手、脚、头或膝盖。（持续3~5分钟）

游戏12：把皱巴巴的纸弄平整！
把皱巴巴的纸放在地板上，给孩子一根铅笔，让他用笔杆把皱巴巴的纸擀平。鼓励孩子去想想看，还有什么方法可以把皱巴巴的纸弄平呢？（持续3~5分钟）

奔跑者阶段
通过讲故事和角色扮演的方式进行感觉体验，可以激发孩子的想象力，提升孩子探索的兴趣。

游戏13：撕纸和折纸
向孩子展示如何把信纸折成四等份，然后沿折印撕开。拿出四份中的一份，让孩子把它揉成非常小的小纸团。（持续5~10分钟）

游戏14：废纸回收车
把皱纸堆在地板上，在不远处放一个篮子当回收站。让孩子假装自己是回收车，通过各种方式（例如爬、跳或螃蟹走）把皱纸一一拿到篮子里。（持续3~5分钟）

游戏15：铲车真灵活
把皱纸堆在地板上，让孩子在皱纸堆不远处坐好，并在他身边放一个小桶。让孩子假装自己是回收车，用光着的小脚丫把皱纸一张一张夹出来，再放进他身旁的小桶里。如果孩子做得很好，你可以让孩子加快速度，锻炼他脚部的灵活性。（持续3~5分钟）

跳跃者阶段
精细动作。在探索不同的质感上，纸球无疑是一个理想的教具。

游戏16：灵活的脚指头
让孩子将纸张对折、撕开，然后让他用脚指头把一张纸揉皱！鼓励他用双脚把纸揉成纸球。（持续3~5分钟）

游戏17：弹纸球
设定一段距离和方向。向孩子们展示如何用大拇指和中指弹一个纸球（类似弹弹珠）。试试看，团得紧实和团得松散的纸球被弹出的距离会有什么不同呢？然后，让孩子们自己来试着弹纸球吧！（持续3~5分钟）

游戏18：纸球投篮
在地板上放一个篮筐，让孩子站在一定距离外，用手向篮筐投掷纸球（就像投篮一样）。然后，让孩子把纸球放在脚前，向篮筐里踢纸球。接下来，让孩子用他的脚趾夹起一个纸球并丢进篮筐中。（持续3~5分钟）

6 感觉

感官花园
感官系统发展

无论是在室内还是室外，我们的感官系统都在时时刻刻地工作着，帮助我们了解自身和外部世界。感官系统就像一座花园，让我们漫步其中，去探索感受视觉、听觉、嗅觉、味觉和触觉吧！

准备材料
- 羽毛
- 毛巾或浴巾
- 纸
- 指绘颜料
- 海绵
- 泡沫
- 浴缸
- 沙箱
- 沙土或泥浆
- 水
- 多种不同质地的材料
- 用婴儿专用的洗发水/沐浴露制作泡泡水。
- 游戏时请密切关注宝宝的动作和行为，防止他们将颜料或者其他游戏材料放进嘴里。同时也要确保游戏中所使用的材料都是安全无毒的。

活动目标
- 由具象至抽象
- 感官意识
- 想象力
- 团队合作
- 肢体语言

游戏语言
宽、窄、上

游戏安全
- 密切关注宝宝与羽毛互动的全过程。确保宝宝不会被羽毛伤到眼睛，或者将羽毛放入口中。

教学重点
- "数土豆"的游戏规则：让孩子们双手握拳（一个拳头代表一个土豆）围圈站立。选定一个孩子出列，来数一数一圈共有多少个"土豆"。在"数土豆"的时候，要将两拳轻轻相碰同时报数："1个土豆，2个土豆，3个土豆，4个土豆，5个土豆，6个土豆，7个土豆……"当孩子数不下去的时候就要出局，重新选定一个孩子出列来"数土豆"。最后只剩下一个孩子时游戏结束。
- 玩泥浆游戏，可以在雨天进行，或是在沙箱中加些水（自制泥浆）。

我在活动 | **看我成长** | **我已掌握**

新生儿阶段
抓握反射是宝宝与生俱来的手部和手指肌肉的锻炼方式。

游戏1：蝴蝶之吻
轻柔地打开宝宝的手掌，用你的睫毛给宝宝一个"蝴蝶之吻"（即眨动眼睛，用睫毛轻轻地拂过宝宝的掌心）。在宝宝的脚心上重复"蝴蝶之吻"这一动作。（持续1~2分钟）

游戏2：羽毛来啦！
取一根羽毛，慢慢地刷拂宝宝的手指。用羽毛拂过宝宝的左手掌心，鼓励宝宝用手抓住羽毛。当宝宝抓住羽毛后，轻轻拉动羽毛，让宝宝的手指感觉到张力。在宝宝的右手上重复这一动作，然后在宝宝的双手上重复这一动作。在宝宝的脚上亦复如是。（持续2~3分钟）

游戏3：粗糙质感
剪下一小块毛巾，弄湿并冻硬。让宝宝用他的手和脚来触碰粗糙的、凉凉的毛巾。然后用这块毛巾和宝宝玩一场温和的拔河游戏，先是用单手，然后用双手。在游戏结束后，一定记得把宝宝的小手和小脚暖热。（持续2~3分钟）

小爬虫阶段
随意涂鸦不仅为宝宝提供了全新的、重要的感官体验，同时教会宝宝如何在世界上留下属于他自己的独特印记。

游戏4：脚趾画
首先让宝宝坐在你的大腿上，在你们面前放一张白纸。然后用他的脚趾蘸取指绘颜料，扶着他在白纸上"行走作画"。可以辅助他用脚指头点点、"跳舞"旋转来画出圈或波浪线。（持续3~5分钟）

游戏5：海绵画
让宝宝用手指摸摸指绘颜料。然后给宝宝一块海绵，让他试着用海绵来"作画"。引导宝宝用拍、转、抹等方法用海绵来蘸取不同的颜料作画！（持续3~5分钟）

游戏6：创意画
在地上铺上一大张白纸，准备各种画画工具。宝宝可以用身体部位，例如他的膝盖或手肘来作画，也可以用塑料气泡、皱纸球、羽毛或者彩带等来画。（持续5~10分钟）

| 我在活动 | 看我成长 | 我已掌握 |

走不稳阶段
感觉变化。引导孩子体会当周围环境改变时自己的感受也在发生变化。

游戏7：玩泡沫
给孩子一团泡沫。你可以让孩子尝试单手戳泡沫，双手搓泡沫，甚至把泡沫涂在膝盖上、脚上……甚至涂在你身上！还可以让孩子创作泡沫画，把泡沫涂在墙上或者浴缸上。（持续3~5分钟）

游戏8：变湿了！
让孩子坐在沙箱里，引导孩子用手和脚来感受干爽的沙子。往沙箱里注入少量的水，让孩子感受此时沙子有什么不同。继续向沙箱里注水，让孩子仔细体会沙子由干到湿的状态变化。（持续3~5分钟）

游戏9：小手变干净了！
让孩子坐在你的大腿上，和他一起来用手指作画。在身边放一碗干净的水，画完画后用这碗干净的水来冲洗他的小手，向他展示他的手是如何由脏变干净的，而水又是如何由干净变脏的。（持续3~5分钟）

淘气包阶段
关注感官感受。通过多种方式来强化某一种感官感受可以提高孩子察觉事物细微变化的能力。

游戏10：泥地脚印
在泥地上印下自己的脚印。在泥地上，用不同的方式留下印记，比如用脚指头点在泥上、使劲在泥上踩踏，甚至用脚在泥上划之字形等。向孩子指出泥地上的哪些印记是他留下的。（持续3~5分钟）

游戏11：怪兽"泥多"
鼓励孩子想象出一只叫"泥多"的怪兽来，并问孩子："泥多的脚有多大？泥多的脚印又是什么样的？泥多有几只脚？泥多是怎样在泥地里行走的？泥多今天要去哪里呢？"（持续3~5分钟）

游戏12："泥多"来了！
鼓励孩子画一幅怪兽"泥多"在泥地里的图画，你可以用如下问题来引导孩子："泥多在泥地里做什么呢？""你可以画给我看吗？""泥多喜欢在泥地里奔跑吗？喜欢踩泥巴吗？""泥多喜欢坐在泥地里吗？""泥多喜欢跳吗？""他喜欢转圈圈吗？""泥多是不是在自己的身上涂满了泥巴？"（持续3~5分钟）

奔跑者阶段
感知物理概念。通过感官来认知、理解物理概念对于孩子来说会容易得多。

游戏13：宽还是窄？
和孩子们讨论"宽"和"窄"这一相对概念，并用生活中的场景来举例。让孩子们展示他们身体的"宽"和"窄"。你可以通过举例示范来引导孩子们认识这些概念。在引导孩子们认知其他有关"尺寸"的概念（如高/矮、大/小）时，你也可以使用此方法。（持续5~10分钟）

游戏14：上面是什么？
让我们来玩"叠手游戏"。伸出一只手，然后让孩子把他的一只手放在这只手的手背上，你再把另一只手放在他的手背上，再让他用另一只手盖住你的手。不断重复这一动作，向他展示"上面"这一概念是如何不断变化的。还有什么是"上面"呢？你可以把你的手放在头顶上、你的脚上、桌子上，等等，这样都可以让孩子理解"上面"这一概念。在教孩子认知"方位"概念（如下面、旁边、对面）时，你也可以使用此方法。（持续2~3分钟）

游戏15：叠罗汉
我们从"叠手游戏"开始。接下来，我们可以再尝试一下"叠脚游戏"（方法同"叠手游戏"）。当孩子们已经很熟悉这个游戏时，让我们来玩"叠罗汉"。让一个孩子平躺在地板上，另一个孩子交叉叠在第一个孩子身上，再让第三个孩子压在第二个孩子身上。和其他的孩子讨论：谁在上面，谁在中间，谁在下面。然后让这三个孩子相互交换，再来讨论他们的位置问题。（持续3~5分钟）

跳跃者阶段
感官学习法。孩子们通过身体的各种感受来"认识"新的知识。

游戏16：数土豆
"数土豆"这一经典动作游戏就是一个通过肢体动作来学习数学的好例证。鼓励孩子们在数土豆的时候要大声数出来。除了数土豆，我们还可以玩"数番茄"。（持续3~5分钟）

游戏17："X"姿势
让孩子坐在地板上，双腿交叉成字母"X"形。你向孩子提问："你还可以用身体的哪些部位摆出字母'X'的形状？"让他们交叉手臂、手指、脚趾，背着手交叉胳膊也算一种。然后两两一组，看他们可以一起摆出多少种字母"X"的姿势。你还可以把字母"X"换成字母表中的其他字母来玩这个游戏。（持续3~5分钟）

游戏18：感官花园
把各种各样的感官游戏道具放在一起。让一个孩子任选一样并进行相应操作（例如摇沙锤）。第二个孩子在重复上一个孩子的操作后再选取另外一样进行相应操作（例如挥舞彩带）。第三个孩子重复之前两个孩子的动作，然后再想出一个新动作。这个游戏可以不断地进行下去。（持续5~10分钟）

75

7 感觉

色彩派对
专注学习：识别各种颜色

让孩子在五颜六色的环境中来学习识别颜色是一件非常困难的事。但如果孩子每次只专注学习某一种颜色会不会容易些？让我们开一场色彩派对来验证一下吧！

准备材料
- 不同颜色的物品：玻璃纸、纸、彩带、围巾、羽毛、塑料球、环形圈（黑胶唱片或是纸做的环形圈）
- 塑料浴盆
- 袜子和其他衣物
- 任务箱
- 不同颜色的纸碟
- 绳子
- 沙包
- 索引卡片
- 帽子

活动目标
- 视觉分辨
- 运动能力
- 精细动作发展

游戏语言
相同、不同、描述颜色的词（如：红色）

游戏安全
- 孩子们在水里或在水边玩耍时一定要确保始终有人照看。千万不要让他们独自行动。
- 不要让宝宝把小物件放进嘴里。

教学重点
- **专注学习**："色彩派对"是我们所说的专注学习（PFL）的一个游戏范例。专注学习法这一概念的提出是基于：当孩子们在一段时间内不断重复和体验某个单一概念时，他们的认知也会更加具体和深入。我们以色彩这一主题来举例说明。请注意，这个游戏的要点在于：每次活动时须关注点集中在某一种颜色，而不是几种颜色上。在设计颜色认知的游戏活动时，一般会为孩子创设学习颜色的认知环境，让孩子一个接一个地探索美丽的色彩。而专注学习法则希望孩子能够专注沉浸在为其布置的某一认知要素的环境当中。专注学习法将会从这些游戏活动开始，并渗透进日常生活之中。例如，在认知红色的时候，举起一个红色的指示牌，吸引孩子的注意；让孩子聚在红色的地毯上；坐在红色的毛绒玩具旁边；让孩子们无论什么时候看到或听到"红色"这一词汇时就鼓掌，等等。你将一整天，时时刻刻都在使用"红色"这个词汇——"我举着红色的标志，这个红色标志是什么意思呢？""你能把红色方块堆在一起吗？"

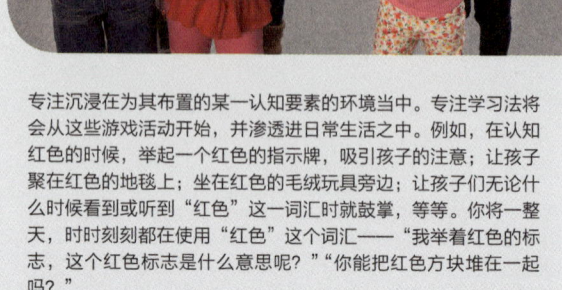

  甚至，你可以考虑举办一个"红色日"，在这一天，所有的孩子都穿着红色的衣服，吃红色的零食，玩红色的玩具，用红色的铅笔书写，用红色的笔画画……你还可以与孩子们探讨有关"红色"的种种话题，例如，粉色属于红色家族吗？这种沉浸式的、不掺杂其他色彩的红色主题体验非常纯粹，是强化认知某一概念的好方法，可以运用在多种学习和生活情境之中。一旦孩子们表现出完全掌握这一主题时（例如，他们可以将已知的红色主题学习经验迁移到未知的红色主题学习上），你就可以开启下一个主题了。

  注意：专注学习法可以应用在许多领域的概念学习之中，如数字、字母、形状或方向等。

- **与孩子谈论颜色**：研究表明，表示颜色的词在句中的位置会对孩子的学习和理解造成影响。对孩子来说，请尽量避免在名词前使用表示颜色的词作为形容词，比如"一个红球"。孩子们很难将"红"（形容词）和"球"（名词）区分开来。你可以换一种方式向孩子表达同样的意思："这个球是红色的"，这样就好多了。

我在活动　　　　看我成长　　　　我已掌握

新生儿阶段
认识色彩。经过最初几个月的成长，宝宝逐渐可以分辨出颜色了。对色彩的认知将会帮助宝宝更快速地识别出物体。

游戏1：彩色玻璃窗
每周将不同颜色的玻璃纸贴在玻璃窗上，你把宝宝抱到窗前，让宝宝透过覆着彩色玻璃纸的玻璃窗观察外面的世界。（持续2~3分钟）

游戏2：认识色彩
让宝宝躺好，在他视线范围内挂一些不同颜色、色彩鲜艳的吊饰。每周选取一种颜色的吊饰，去吸引宝宝的注意力，并向孩子描述吊饰和这种颜色。鼓励宝宝去抓这些吊饰。（持续 2~3 分钟）

游戏3：寻找色彩
抱着宝宝在室内或室外寻找颜色相同的物品，比如："这个枕头是红色的。""这个苹果是红色的。""这朵花是红色的。"（持续 3~5 分钟）

我在活动	看我成长	我已掌握

小爬虫阶段
体验色彩。颜色是宝宝较早用来辨别事物之间的差异和相似性的一种方式。

游戏4：彩色小路
用纸、彩带、围巾、羽毛以及其他材料在地板上为宝宝铺设一条小路，所有物品的颜色要保持一致。当宝宝在用眼睛看、用手抓、用身体的各个部位去感受这条小路时，和他说说这种颜色。（持续3~5分钟）

游戏5：彩色浴缸
在宝宝的小浴缸里放满颜色相同的塑料小球或防水色卡纸。让孩子坐在浴缸里玩耍，并和他说说这种颜色。（持续3~5分钟）

游戏6：色彩弹跳
在地板上铺上不同颜色的色卡。从宝宝的腋下托起他，辅助宝宝在不同颜色的色卡上"跳来跳去"，宝宝跳上哪张，就说出哪张的颜色。然后，单独选取某一种颜色的卡纸让宝宝来"跳"。（持续3~5分钟）

走不稳阶段
识别色彩。要在孩子的心里种下色彩识别和认知的种子。

游戏7：颜色配对
把彩色的袜子套在孩子的手上或者脚上。看到孩子同样颜色的物体时，就让孩子把袜子和那个物体碰一下。（持续3~5分钟）

游戏8：衣服的颜色
给孩子和你自己穿上相同颜色的衣服并站在镜子前面。跟孩子说说他和你穿着的衬衫、裤子、袜子和帽子的颜色："你的衬衫是红色的。我的衬衫也是红色的。"

游戏9：水中的颜色
把红色的手绘颜料涂在袜子上，用肥皂水洗袜子，和孩子一起看着肥皂水也慢慢变红了。然后用红色的衣夹好袜子晾在晾衣绳上。

淘气包阶段
彩色图案。颜色能够帮助孩子们认知图案，而图案则能够潜移默化地帮助孩子们提高思维和推理能力。

游戏10：单色图案
选取一种颜色，在地板上画直线、圆圈、折线等。鼓励孩子沿着你画的图案走线。（持续3~5分钟）

游戏11：踩彩线
选取两种颜色，在地板上画圈圈。鼓励孩子沿着你画的图案走线，一边走一边喊出他脚下走线的线条颜色。接下来，鼓励孩子只走一种颜色的线，不要踩到另一种颜色的线。（持续3~5分钟）

游戏12：色彩舞
重复"踩彩线"游戏，但这次走线时要在不同的颜色上做不同的动作（比如走红色线时摇摆身体，走在黄色线时跳着走）。接下来让孩子只走一种颜色的线，但要一边走一边做两种动作（摇摆身体和跳跃交替进行）。

奔跑者阶段
颜色辨别和分类。根据颜色对物品进行分类是孩子们学习将物品分组和排序的早期方法之一。

游戏13：找颜色
在任务箱中放上各种颜色的物品，并把任务箱交给孩子，让孩子将同色的物品挑出来。（持续5~10分钟）

游戏14：挑颜色
在任务箱中放上各种颜色的物品。告诉孩子几种颜色，并让孩子从任务箱中挑出那些没有被刚才提到的颜色的物品。（持续5~10分钟）

游戏15：颜色排序
收集一些颜色相同的物品，跟孩子说这些有相同颜色的物品有什么不同，并将这些物品排序（例如从大到小或从高到低排序）。（持续5~10分钟）

跳跃者阶段
体验色彩。围绕色彩做的游戏活动旨在巩固孩子对色彩的理解与认知，同时培养孩子的匹配技能。

游戏16：目标颜色
找一根绳子，在绳子上吊一排颜色相同的纸碟。把这根绳子系在与孩子视线齐平的地方，发给孩子几个与纸碟颜色相同的沙包，让孩子退后几步，用沙包砸盘子。接下来把绳子上的纸碟摘掉一个，换上一个其他颜色的纸碟，继续游戏，让孩子避免将沙包砸到新换的、不同颜色的纸碟上。在孩子熟悉这个游戏后，不断换掉原来的纸碟，换上其他颜色的纸碟，直到只剩下一个原来颜色的纸碟子。（持续5~10分钟）

游戏17：你演我猜
分给孩子们一些色卡。找一些颜色相同的物品，让孩子们把物品画到色卡上。把画好的卡片放到帽子里，让每个孩子抽一张卡片并放好，不要被别的孩子看到。让孩子们不要说话，用动作表现出卡片上画的是什么，并让别的孩子来猜。（持续5~10分钟）

游戏18：单色派对！
规定某一天为单色日，比如在"红色日"里，每个人必须穿一身红色的衣服，在脸上涂上红色，吃红色的食物，用红笔作画，搭建红色的积木塔，讲带有红色元素的故事，等等。唱一首关于红色的歌，跳一曲关于红色的舞蹈。在地板上走红色的线，组一个带红色的词等。简而言之，要让一整天都是红色的！

8 感觉

走！去纸箱乐园！

感官游戏：让孩子们尽情发挥想象力！

出大事了！古默·埃伯先生把纸箱乐园里的想象力都偷走了！现在，纸箱乐园里死气沉沉的，一点生机也没有！快！让我们去重建纸箱乐园吧！

准备材料
- 大纸箱
- 音乐
- 毯子
- 装饰盒子的材料

活动目标
- 感官游戏
- 想象力
- 空间意识

游戏语言
里面、外面、穿过

游戏安全
- 确保孩子们有足够的游戏空间。
- 在"邮箱投递"游戏中，你可以为孩子们用纸箱制作一个简易邮箱（在纸箱子上切一个投信槽、钻一些孔等），并进行简单的装饰。

教学重点
- 在游戏中，请使用不同尺寸、形状、颜色和质地的盒子，为孩子提供丰富的感官体验。
- 花些时间和孩子们一起来装饰游戏中使用的盒子，游戏结束后将盒子收好，在以后的其他活动中重复再使用，同时向孩子们传达一个物品可以有多种用途这一观点。

我在活动 | **看我成长** | **我已掌握**

新生儿阶段

感官游戏。在我们所生活的、充满感官刺激的环境里，要让宝宝的感官得到充裕的休息，这对宝宝非常重要。

游戏1：感觉的世界
不要说话，把宝宝抱在你的怀里，用微笑吸引他的注意，享受这安静的时光。然后换一种宝宝在你怀里的姿势，让他看不到你，温柔地哼唱一首安静的曲子。最后将光线调暗，抱着宝宝轻轻地摇晃。（持续5~10分钟）

游戏2：空间感
把宝宝抱进一个安静的房间里，并将他放在铺上毯子的地板上。站在他看不到你的地方并保持安静，让宝宝用自己的眼睛观察他所在的空间。站着不动，温柔地哼唱一首安静的曲子。然后，重新回到宝宝的身边，轻柔地从头到脚抚摸宝宝。（持续5~10分钟）

游戏3：盒子里的感觉
找一个干净的、可以容下宝宝躺卧的、没有盖子的大盒子。在盒子里铺好毯子，然后把宝宝放进盒子里，让宝宝感受盒子里的空间。站在他看不到你的地方，温柔地哼唱一首安静的曲子。然后移动盒子：向前推，向后拉，向左推，再向右推，记得动作一定要轻柔。（持续5~10分钟）

小爬虫阶段

束缚感。在生命之初，宝宝就会被适度的束缚感（或拥抱）所抚慰。

游戏4：宝箱里有什么？
在宝宝的身边放几个箱子，每个箱子里都有一个玩具。鼓励宝宝打开箱子拿出玩具。重复玩这个游戏，不过这次要把箱子放得远一些，鼓励宝宝爬过去。（重复3~4次）

游戏5：纸箱汽车
把宝宝放进一个大纸箱里，绕着房间推大纸箱，由慢渐快，让纸箱里的宝宝逐渐适应。添加一些有趣的音效，比如，一边推箱子一边发出汽车的喇叭声（嘀嘀）、火车的鸣笛声（呜呜），等等，这会让宝宝更快乐。（持续3~5分钟）

游戏6：砰！黄鼠狼跑了！
把宝宝放进你面前的大纸箱里，唱"砰！黄鼠狼跑了！"这首歌给宝宝听。当唱到"砰"的时候，就把宝宝从纸箱里举起来。举起来的时候，你还可以加上一声"飞！"重复唱这首歌曲，重复这一系列动作，注意看宝宝对"砰"这一声的期待。（持续3~5分钟）

78

我在活动	看我成长	我已掌握

走不稳阶段
掌控感。想象一下生活在周围都是巨人的世界里是什么样的感受。日常生活中，房间里的大部分东西都是为大人设计的，是适合大人的尺寸。而在小小的空间里，孩子们感到自己瞬间变成了大人。

游戏7：盒子塔
向孩子演示如何将纸盒子堆成盒子塔，然后把时间交给孩子，让他自己来尝试。当盒子塔堆好后，鼓励孩子把塔推倒重建。在把塔建好和把塔推倒的时候，请和孩子一起来欢呼吧！（持续5~10分钟）

游戏8：盒子迷宫
在地板上散放一些盒子，将房间变成一座迷宫。鼓励孩子在迷宫中穿梭爬行，甚至从大一些的盒子上爬过去！除了爬之外，还可以鼓励孩子扶着盒子站起来。（持续5~10分钟）

游戏9：纸箱隧道
剪掉纸板箱的上下两端，让孩子从箱子里爬过去，再拼接一个同样有两个开口的纸板箱，一条隧道出现了。你可以用不同大小尺寸的纸板箱来为孩子的爬隧道游戏增加难度。（持续5~10分钟）

淘气包阶段
角色扮演。当孩子们在扮演不同角色的时候，他们会自然改变行为方式，而这可以帮助他们更加深入了解自己的身体。

游戏10：邮箱投递
让孩子收集一些可以投进邮箱的物品。鼓励孩子将他收集来的物品以不同的姿势投进邮箱里——用右手投、用左手投、用脚投。在投递完成后，将投进邮箱的物品取出来，放归原处。（持续5~10分钟）

游戏11：来自机器人的问候
在孩子的一条胳膊上套上一个前后开口的盒子（比如装麦片的盒子），让孩子假装自己是机器人。让他尝试做出像机器人一样地握手等动作，并想出一句独特的机器人问候语。把盒子套到孩子的另一条胳膊上试试看！（持续5~10分钟）

游戏12：机器人跳舞
把孩子的手臂、腿、躯干和头部都套上盒子，让他假装自己是机器人，并像机器人一样走路和说话。教给孩子一些简单的舞步，然后放上音乐，让孩子跳机器人舞！（持续5~10分钟）

奔跑者阶段
藏猫猫游戏。当孩子们把自己藏起来的时候，他们会有一种掌控感，因为孩子们会觉得自己知道一些大人所不知道的事情！

游戏13：海龟停下！
让孩子做手膝爬准备（手和膝盖着地，腹部离地），并把一个大盒子放在孩子的背上。让孩子像海龟一样慢慢向前爬，同时不能把背上的盒子掉到地上。然后，你给孩子下达"停止"的指令，让孩子把手脚蜷缩，"躲进"他背着的"壳"（盒子）里。（重复3~5次）

游戏14：海龟在哪里？
在房间里放一些大盒子，让孩子们玩躲猫猫游戏。一个孩子当"海龟"并躲起来（以海龟一样的姿势躲进一个盒子里），其他孩子来找——先闭起眼睛数到10，然后倒计时10秒去找躲起来的"海龟"。哪个孩子先找到"海龟"，自动成为下一场躲猫猫游戏的"海龟"。（重复3~5次）

游戏15：音乐跳盒
请你找一些大小不同的盒子，并摆成一个圈。开始播放音乐，让孩子们跳进盒子，再从一个盒子跳到另一个盒子。当音乐停止时，让孩子们立刻在盒子里蜷缩四肢趴下，把自己藏好！（重复3~5次）

跳跃者阶段
想象力。纸箱子如同空白的画布，可以让孩子们在上面尽情地发挥想象力。不要干预，看异想天开的孩子们能够创造出怎样奇妙的作品吧！

游戏16：走！去纸箱乐园！
剪掉纸箱的上下两端，让孩子们在纸箱里有充分的活动空间。他们可以用各种艺术材料来装饰他们的大纸箱，让纸箱成为小汽车、卡车等任何他们想要驾驶的车辆。向孩子们重申交通规则和提供配套设施——限速标志、红绿灯、通行道等，让孩子们可以开着这辆车到"纸箱乐园"去！

游戏17：欢迎来到纸箱乐园！
给每个孩子发一个两端开口的纸箱子，并让孩子们在纸箱的四面画上不同的建筑物。让孩子们通过排列、组合这些（画着建筑物的）箱子，建造纸箱乐园。鼓励孩子们为纸箱乐园编一个故事，并通过角色扮演的方式演绎出来。你可以通过以下问题来引导孩子们：纸箱乐园里有哪些人？他们都做什么工作？等等。（持续10~30分钟）

游戏18：纸箱乐园里的人们
找三个纸箱，并把三个纸箱竖着摞起来。让孩子们在纸箱的四个面上分别画上四个人物或是动物，可以画自己，也可以是家人或某种动物。要求是：在最上面的纸箱上画人物或动物的脑袋，中间的纸箱上画身体躯干，最下面的纸箱上画上腿和脚。旋转箱子，打乱脑袋、躯干和腿脚的原始组合方式，让孩子向你讲述纸箱乐园里人们的故事。（持续10~30分钟）

79

9 平衡

一起来孵蛋！
动态平衡：运动中的平衡

鸡妈妈正在孵一颗很大很大的蛋！为了让蛋里的小鸡快点出生，鸡妈妈不断地摇晃鸡蛋，坐在蛋上、站在蛋上，甚至让这颗蛋弹弹弹！让我们一起来帮助鸡妈妈，快点孵出一只快乐的小鸡来吧！

准备材料
- 可选项：音乐
- 玩具
- 健身球或半圆平衡球
- 沙包或其他易抓握的玩具

活动目标
- 平衡感与方向感
- 身体控制

游戏语言
在上面

游戏安全
- 在任何时候都要牢记：孩子在不稳定的表面做动作时，请使用与孩子的能力、年龄相匹配的安全辅助措施。千万不要让孩子在无人看护的情况下来进行此类活动。
- 在活动中加入某种新的姿势（比如跪着或蹲着）时，先让孩子在平稳的地面上做这个动作。这样不仅能让孩子有敢于做新动作的信心，也能给大脑一些时间去适应做新动作所带来的体验和感受。

教学重点
- 在辅助孩子做倾斜的姿势时，动作要缓慢，以免让孩子受到惊吓。让孩子来主导游戏，并根据孩子的表现和适应程度及时做调整。
- 如果孩子表现出抗拒，千万不要强求孩子。
- 当引入某种新体验时，为了避免过度刺激孩子，请先试做一次，且动作幅度要小。这一点对幼儿来说尤其重要。在一天当中，你可以给孩子若干次短暂的小幅度平衡体验！

我在活动　　　　**看我成长**　　　　**我已掌握**

新生儿阶段
引入平衡体验，为宝宝日后通过运动习得平衡感打好基础。

游戏1：摇来摇去
把宝宝抱在臂弯里，让他面朝你。记住要始终支撑着他的脖颈和头部。抬高你的胳膊，让宝宝的头斜靠在你的胳膊上（头高于脚）；再反方向倾斜，把宝宝的脚举过头顶几次。（持续1~2分钟）

游戏2：在"肚肚时间"摇来摇去！
在"肚肚时间"让宝宝面朝下，重复玩"摇来摇去"这个游戏。你可以一边唱歌（或播放音乐）一边跟着节拍和宝宝玩这个游戏。（持续1~2分钟）

游戏3：我的第一次"孵蛋"游戏
让宝宝趴在健身球上，一定要护住他。通过非常轻柔地摇晃健身球，给宝宝来自左右、前后、对角线方向的摇摆体验。（持续1~2分钟）

我在活动	看我成长	我已掌握

小爬虫阶段
先天反射帮助胎儿顺利通过产道来到人间。这种反射也会刺激宝宝独立做出动作。

游戏4:"孵蛋"游戏升级!
重复"孵蛋"游戏。这次,要给宝宝大幅度的前后摇摆体验。当你在向前/向后摇晃健身球时,让宝宝努力用手/脚接触到地面。(持续1~2分钟)

游戏5:"孵蛋"游戏再升级!
"孵蛋"游戏升级!这次,你要给宝宝更加大幅度的左右摇摆体验。当你在向左/向右摇晃健身球时,让宝宝伸出胳膊,用手接触到地板并推离地板。这个动作也会给宝宝带来降落伞反射(详见术语表)体验。(持续1~2分钟)

游戏6:3-2-1孵蛋!
"孵蛋"游戏再升级!向后摇晃健身球,让宝宝的脚着地,膝盖弯曲,但身体还趴在球上。观察宝宝能否自己双脚蹬离地面,向前滚动健身球,让自己重新爬到球上。如果成功了,那就和宝宝一起来欢呼吧!(持续1~2分钟)

走不稳阶段
纵向平衡。平衡支撑着我们日常生活的方方面面,是孩子全面发展的关键。

游戏7:鸡蛋转转转
让宝宝坐在健身球上,让宝宝面朝前,用手扶住他的腋下,给他足够安全的支撑。先向前、向后、向左、向右地摇晃他,等宝宝适应后,让宝宝坐在球上转圈摇晃!(持续1~2分钟)

游戏8:鸡蛋弹弹弹
先玩"鸡蛋转转转"游戏,接下来,轻柔地重复举起放下动作,让宝宝体验屁股不断地在球上弹的感觉。让宝宝背对着你,再次重复这个游戏。(持续1~2分钟)

游戏9:我跳起来啦!
用你的双膝固定住健身球。让宝宝站在球上,你抱住他的腰,轻柔地重复举起放下动作,让宝宝在球上"蹦跳"。(持续1~2分钟)

淘气包阶段
动态定位。让孩子在动作中体验不同的姿势,为他以后做出更复杂的动作做好准备。

游戏10:手抓玩具
让孩子趴在健身球上,你把球向前倾斜,然后再回到原位。你把一个玩具放在球的前面,再次把球向前滚动,让孩子努力用手抓到玩具。(持续1~2分钟)

游戏11:脚夹玩具
重复"手抓玩具"的游戏,只不过这次把手换成脚。让孩子躺在健身球上,试试看,双脚配合能不能夹到玩具呢?(持续1~2分钟)

游戏12:滚动"鸡蛋"
请用双膝夹住健身球,好让孩子趴在球上。辅助孩子向左倾斜或者滚动几秒钟,回到原位,然后再试试向右倾斜或者滚动吧!(重复2~3次)

奔跑者阶段
动态平衡是指在运动时无论以什么姿势(直立或是倒立或是倾斜等),都能保持平衡。

游戏13:母鸡孵蛋
让孩子抱膝坐在健身球上,紧握孩子的腰并让他闭上眼睛。准备好之后,你可以大幅度摇晃健身球,让孩子做环"球"体验。接下来,让孩子睁开眼睛,把手夹在腋下,学母鸡挥动翅膀一样挥动自己的胳膊(不要忘记一边挥"翅膀"一边学母鸡"咯咯哒"叫哦)。(持续2~3分钟)

游戏14:准备孵蛋
让孩子跪坐在球上,屁股坐在脚后跟上。请你扶好孩子,大幅度摇晃健身球,让孩子做环"球"体验。接下来,让孩子把手夹在腋下,挥动自己的胳膊,再次在球上摇晃。(持续1~2分钟)

游戏15:孵蛋成功
让孩子双膝跪在球上,屁股不要坐在脚后跟上。扶好孩子,大幅度摇晃健身球,让孩子做环"球"体验。然后让孩子把手夹在腋下,挥动自己的胳膊,最后让孩子把胳膊举到头顶,孵蛋成功!让我们再玩一次这个游戏吧!(持续2~3分钟)

跳跃者阶段
控制力和自信心。让孩子们在不平整或移动的表面上练习保持平衡,会让效果加倍哦!

游戏16:小鸡学步
首先在地板上练习。让孩子蹲下,把手夹在腋下(模仿小鸡的翅膀),像小鸡一样摇摇晃晃地走路。之后,把孩子抱上健身球,让他保持小鸡走路的姿势,扶住他的腋下,大幅度摇晃健身球,让孩子做环"球"体验。(持续3~5分钟)

游戏17:孵蛋日
同样先让孩子在地板上练习。请他双脚分开站立,把手臂夹在腋下(模仿小鸡的翅膀),然后晃动"翅膀",摇摆着从房间的一边走向另一边,然后摇摆着绕圈。接下来,让孩子站在健身球上,扶住他的腰。让孩子晃动"翅膀",而你轻轻地摇晃健身球,让孩子做环"球"体验。(持续2~3分钟)

游戏18:孵蛋快乐
重复"孵蛋日"的游戏。接下来,请你用双膝双脚固定住健身球,牢牢扶住孩子的腰,让孩子在球上弹跳。(重复2~3次)

10 平衡

爱打滚的小狗洛夫
侧身翻滚

洛夫是一只非常喜欢打滚的小狗。它可以打着滚前进，打着滚抓玩具，不用说，它最喜欢的歌当然是《翻滚歌》啦！

准备材料
- 毯子
- 球
- 标准尺寸的降落伞
- 围巾
- 柔软的玩具
- 绳子
- 书籍或其他阅读材料

活动目标
- 平衡感
- 身体意识
- 身体控制
- 核心力量
- 视觉发展

游戏语言
翻滚

游戏安全
- 确保有足够宽敞的空间让孩子们滚来滚去。地面要平坦、软硬合适，且没有障碍物。
- 当孩子们转圈后停下来时有可能会头晕站不稳，要随时准备好去扶住他们。
- 千万不要让孩子在架高的平面上（如床上）翻滚，以免不小心滚下来摔伤。

教学重点
- 每天花些时间来刺激宝宝的前庭系统，要少量多次、循序渐进。
- 确保两个方向（向左或向右）的侧身翻滚训练是均衡的。
- 当两个或两个以上的孩子朝同一个方向侧身翻滚时，可以在孩子的左手或右手贴上标签，便于孩子确认方向。对于大一点的孩子，你可以使用命令词（向左/向右）来确保孩子的翻滚方向是一致的。

我在活动　　　　**看我成长**　　　　**我已掌握**

新生儿阶段
释放先天反射。在刚出生的几个月，宝宝从先天反射过渡到姿势反射，从而为他们的站立和独立动作做准备。

游戏1：脊柱按摩
请你慢慢地用两根手指，从头至脚沿着宝宝的脊柱进行按摩。先按摩脊柱右侧，再换脊柱左侧，注意你的力度，以宝宝不觉得痒为宜。（重复1次）
请注意：在按的时候你可能会看到宝宝有轻微的蠕动，这是他先天反射活跃的标志。

游戏2：翻身技巧
让宝宝躺好，轻柔地抬起宝宝的右腿放在他的左腿上面，让他的身体向左侧倾斜。然后在另一侧重复同样的动作。当宝宝已经完全适应了两侧动作时，辅助宝宝做一个侧翻，最后呈趴姿。（重复2~3次）

游戏3：裹起来啦！
在地板上铺一个毯子。让宝宝躺着，把他抱到毯子的一边。鼓励和帮助宝宝侧身翻滚，肚子着地。伴随着侧翻，毯子也跟着裹在了他的身上。接下来，顺着宝宝翻滚的方向温柔地用毯子把他卷起来。
注意：当宝宝被毯子包裹时，要保证始终有人在照看他。下次做游戏时，让宝宝向相反的方向翻滚（比如这次是向右边滚，下次就向左边滚）。（重复1次）

小爬虫阶段
翻滚者。宝宝需要先了解自己的头、脚的空间位置，才能独立进行侧身翻滚。

游戏4：一起翻滚
你用胳膊肘撑住地面，让宝宝躺在你身体下方的地板上。抱住宝宝，和宝宝慢慢一起侧身翻过来，这样，他就会趴在你身上，和你肚子对肚子了。要注意，不要只向一侧翻滚，两侧都要照顾到。（重复2~3次）

游戏5：翻滚寻物
让宝宝平躺在地板上，把他喜欢的玩具放在他能够不到的地方，鼓励宝宝通过侧身翻滚来拿到玩具。（重复2~3次）

游戏6：找妈妈还是追球？
让宝宝平躺在地板上。你躲起来，叫宝宝的名字，鼓励宝宝通过侧身翻滚、爬行等动作，来找你。你躲在藏身的地方不要动，向另一个方向滚一个球。现在，就等着看吧，宝宝是来找你，还是去追球呢？（持续3~5分钟）

| 我在活动 | 看我成长 | 我已掌握 |

走不稳阶段
独立翻滚。孩子的前庭系统日益发展完善的一个标志，是他可以自己翻滚了。

游戏7：小狗在床上！
让孩子躺在地板上（注意不是床上），你来唱《翻滚歌》。唱第一遍的时候，让孩子只向右滚，唱第二遍的时候，让孩子只向左滚。（持续3~5分钟）

游戏8：小狗洛夫在打滚！
让孩子躺在地板上，帮助孩子以脊椎为轴，左右摇摆身体；然后让孩子翻身趴在地板上，帮助孩子再次左右摇摆身体；接下来，让孩子以身体一侧为轴，左右摇摆身体；最后辅助孩子侧身翻滚，身体一侧触地（比如上胳膊和左腿）时停住，保持几秒钟。（持续2~3分钟）

游戏9：镜子里的小狗洛夫！
你和孩子面对面，鼓励孩子模仿你的动作，比如四肢着地爬行、像小狗一样蹲坐、挠耳朵，当然还有不断地翻滚！在做动作的时候，别忘了学小狗洛夫一样汪汪叫哦！（持续3~5分钟）

淘气包阶段
练习翻滚可以强化孩子的核心肌肉群，给前庭系统以刺激，从而让孩子可以更好地控制自己的身体。

游戏10：铅笔运动
让孩子们站好，双手举起并在头顶交叉，现在孩子们看起来就像是一根铅笔。然后让孩子们向右看，并慢慢地向右（顺时针）原地转圈。（向右转2~3次，向左转2~3次）接下来，让孩子们抬头看向他们交叉着的双手，原地转圈；再看向脚，原地转圈。（重复2~3次）

游戏11：翻滚不用手
让孩子躺在地板上，双手放在身体两侧，双腿伸直，脚踝并拢。用肩膀和臀部的力量带动身体向一侧翻滚，注意尽量保持身体笔直。反方向做同样动作。接下来，让孩子们在翻滚时将注意力集中在腿和脚踝上（保持双腿伸直，脚踝并拢），重复上述动作。（两个方向分别重复5次）

游戏12：滚动的铅笔
把一根长绳子放在地板上。让孩子们与绳子垂直躺在地板上，举起双手，以手碰到绳子为宜。然后让孩子们先向右滚，再向左滚，翻滚时保持手碰到绳子，并将注意力放在保持身体笔直上。然后让孩子们再把注意力放在保持膝盖和脚踝并拢上。最后试试看，如果把绳子撤掉，孩子们是否可以像之前一样笔直地左右滚动。（重复5次）

奔跑者阶段
培养专注力。前庭系统的发展是孩子能够保持专注的基础。

游戏13：一只裹在毯子里的猪
在地板上为每个孩子都铺上一条大毯子或是一个降落伞。让孩子躺在毯子的一边，肩膀压住毯子。让孩子用手抓住毯子的边，通过侧翻把自己卷起来，然后再把自己放开。（重复2~3次）

游戏14：两只裹在毯子里的猪
重复"一只裹在毯子里的猪"游戏，只不过这次两个孩子共用一条大毯子或是一个降落伞。让两个孩子分别躺在毯子的两边，向毯子中间滚动，身体挨到时就再各自滚回两边。让孩子们尝试加快速度，试着快一点滚，再试试慢一点滚。（重复2~3次）

游戏15：翻滚阅读
当你在讲故事的时候，让孩子们仰面躺在地板上，竖起耳朵仔细听。每当听到你翻书页的声音，他们就需要翻个面。（从躺着侧滚变成趴着，或者从趴着侧滚变成躺着。）当故事讲完的时候，让孩子们尽情翻滚吧！（持续5分钟以上）

跳跃者阶段
团队合作。当孩子们一起玩游戏时，他们就会开始试着互相配合，虽然他们的动作慢了下来，但这也意味着他们会更仔细、更认真。

游戏16：洛夫，洛夫，滚过来！
让孩子们头顶头躺在地板上。给两个孩子一条围巾，每个孩子用双手握住围巾的一端，这样，两个孩子就被连在一起了。站在几步远之外，让孩子们一起滚向你。一旦他们可以拉着围巾一起滚向你时，可以加大难度，让孩子们把双手举过头顶互相拉住手，一起滚向你。（顺时针/逆时针滚动，每个方向重复3次）

游戏17：一起翻滚
让孩子们肩并肩躺在地板上。确保肩膀之间没有空隙。当你鼓掌时，孩子们朝一个方向滚动；再鼓掌，孩子们停止滚动。（顺时针/逆时针滚动，每个方向重复3次）

游戏18：传送带
重复"一起翻滚"游戏来进行热身，然后开始"传送带"游戏：把一个柔软的毛绒玩具放在第一个孩子的肚子上，让孩子们通过朝一个方向翻滚，把毛绒玩具传递到最后一个孩子的肚子上，直至把玩具"传"到地板上。（顺时针/逆时针滚动，每个方向重复3次）

11 平衡

爱旋转的小陀螺
旋转：挑战方向感

让我们来认识一下爱旋转的小陀螺吧——他们到哪里都转个不停！即使他们还在距离你一公里开外，你就能听到他们快乐地唱着"小陀螺，转呀转"的歌！

准备材料
- 旋转椅
- 圆点不干胶贴纸
- 呼啦圈

活动目标
- 核心力量
- 身体控制
- 平衡
- 耐力

游戏语言
环绕、向前、向后、从一边到另一边

游戏安全
- 让孩子来主导游戏。如果孩子暂时不想玩这个游戏，那么不要强求，可以过段时间再试试看。时刻留心，保证孩子在旋转时的安全。
- 为了防止头晕或是失控，孩子一定要慢速旋转。建议速度是每8秒转1圈。如果孩子感到头晕就停下来，在孩子再次开始游戏前，一定要让他恢复方向感。
- 时刻看护好孩子，并在他旋转时（比如坐在转椅上旋转）给予足够保护。

教学重点
保持静止是平衡的最高级表现和状态，这也是孩子们很难长时间保持静止状态的原因。慢慢地旋转可以强化前庭系统，大多数孩子会喜欢旋转带来的感觉。所以，如果你想让孩子们安静地坐好，那就要让他们多练习旋转！

我在活动 | **看我成长** | **我已掌握**

新生儿阶段
早期平衡。平衡感是通过运动发展起来的，对于宝宝来说，这种运动其实从他被抱在怀里的时候就开始啦！

游戏1：第一次旋转体验
竖抱宝宝，先让宝宝贴着你的身体，你慢慢地原地旋转（速度控制在每8秒转1圈）。先顺时针旋转，再逆时针。接下来，保持抱着宝宝的姿势，但让宝宝离你的身体有一点距离，重复旋转动作。（持续1~2分钟）

游戏2：第一次摇晃体验
你坐在地板上，把宝宝放在你的膝盖上。给宝宝的头部和脖颈足够支撑后，先前后摇晃你的身体，再左右摇晃你的身体，给宝宝摇晃的体验。（持续1~2分钟）

游戏3：第一次弹跳体验
让宝宝面朝你坐在你的膝盖上。双手抱在宝宝的腋窝下，给他足够支撑。先做上下弹跳动作，再左右摇晃你的膝盖。然后让宝宝背朝你，重复上述动作。（持续1~2分钟）

小爬虫阶段
旋转。旋转，尤其是慢速旋转可以帮助大脑更好地吸收和消化身体的感觉。

游戏4：我的第一把转椅
你坐在转椅上。先让宝宝坐在你的大腿上面朝你，缓慢地（速度控制在每8秒转1圈）顺时针旋转，再逆时针旋转；然后让宝宝背朝你，重复该旋转动作；再次让宝宝躺在你的大腿上，重复该旋转动作；最后宝宝趴在你的大腿上，重复旋转动作。（持续1~2分钟）

游戏5：倒过来，转转转
你坐在转椅上，让宝宝躺在你的大腿上，双脚抬起，抵着你的胸部。先顺时针方向旋转，再逆时针旋转。注意在这个过程当中，你要用手托着宝宝的脖子和头部。重复旋转动作，但这次要让宝宝的头向后仰过你的膝盖，让宝宝有倒立着旋转的感觉。（持续1~2分钟）

游戏6：小飞机，飞得高
你坐在转椅上，把宝宝托举起来"飞行"，注意用手支撑住他的胸部和臀部。当你慢慢旋转时，不断改变宝宝"飞行"的高度和方向——宝宝面朝上是"起飞"，面朝下是"降落"。一起来感受飞行的快乐吧！（持续1~2分钟）

我在活动　　　　　　　　看我成长　　　　　　　　我已掌握

走不稳阶段
方向感。良好的平衡感意味着在运动时具备方位感。

游戏7：垂直旋转
扶住宝宝的腋下把他举起来，先顺时针旋转，再逆时针旋转。接下来，让宝宝弯曲手肘，握住他的手肘，再次重复双向旋转动作。（重复2~3次）

游戏8：水平旋转
把宝宝面朝上水平抱起，支撑他的背部和膝盖，缓慢旋转；然后让宝宝面朝下，支撑他的胸部和大腿，再缓慢旋转；接下来让宝宝面向你，你和他的肚子相贴，护住宝宝缓慢旋转；最后让宝宝面向外，你的肚子和他的背部相贴，缓慢旋转。以每个姿势旋转时，请缓慢、双向（先顺时针再逆时针）旋转。（重复2~3次）

游戏9：倒立旋转
你可以抓住宝宝的腰让他头朝下，扶好宝宝后缓慢、双向旋转。如果这个姿势让他感到不舒服，那就把他扛在肩上，让宝宝头朝下旋转。（重复2~3次）

淘气包阶段
身体控制。当孩子可以自己旋转时，说明他已经掌握了一定的方向感、平衡感和自我控制等重要技能。

游戏10：我的尾巴在哪里？
把一条假尾巴别在孩子身上，让他站进放在地板上的呼啦圈里，并在呼啦圈中通过不断地向左、向右爬来找自己的"尾巴"。（持续2~3分钟）

游戏11：鼻子也会转！
在呼啦圈中间放一个圆点贴纸，让孩子站进呼啦圈中，双手捂住圆点贴纸，绕着圆点爬。接下来让他把鼻子贴在圆点上，重复这个游戏。（持续2~3分钟）

游戏12：我的第一次陀螺转！
让孩子仰面躺下，双臂抱住大腿后侧，用双脚带动身体轻柔地旋转。先向左，再向右。慢慢开始，然后逐渐加速。你可以在他旋转的时候唱"小陀螺，转呀转"的歌。（持续2~3分钟）

奔跑者阶段
节奏、速度和平衡。在运动中，协调地调动身体各个部分需要复杂的技巧和能力。

游戏13：高处旋转击掌
让孩子坐在转椅上，慢慢地将椅子向右旋转。你来唱"小陀螺，转啊转"来配合他的旋转。每次旋转时，让孩子在与你面对面时和你击掌。在向左旋转时重复上述动作。（每个方向两分钟）

游戏14：低处旋转击掌
重复"高处旋转击掌"游戏，但是这次让孩子趴在转椅上，头垂下来比椅低。你来唱"小陀螺，转啊转"来配合他的旋转。每次旋转时，让孩子碰到你时和你击掌。在向左旋转时重复上述动作。（每个方向两分钟）

游戏15：旋转的小陀螺
唱"小陀螺，转啊转"，每唱一句歌词，就让孩子先向左旋转，然后向右旋转。当唱到"不停转转转"时，就笑着倒在地上。接下来，让孩子自己唱，并邀请另一个小伙伴边唱歌边旋转。（持续3~5分钟）

跳跃者阶段
核心力量。只有强壮的核心肌肉与大脑和身体的其他部分协同工作，身体才能在运动中始终保持平衡。

游戏16：小陀螺，前后摇
让孩子们坐在地板上，双手在弯曲的膝盖下交叉抱紧，用脚推地面前后摇摆。接下来，你可以让他们试一试，不要让脚碰到地板。然后让他们伸直腿，再试一次。（持续2~3分钟）

游戏17：小陀螺，左右摇
让孩子们坐在地板上，双手在弯曲的膝盖下交叉抱紧，让他们双脚离地，左右摇摆。接下来你让他们把腿伸直，再次左右摇摆。（持续2~3分钟）

游戏18：小陀螺，摇起来！
让孩子们坐在地板上，双手在弯曲的膝盖下交叉抱紧，让他们向前、向左、向后、向右摇晃，最后回到原始状态，过程中保持双脚离地。让孩子们像陀螺一样一圈圈地摇摆旋转，从房间的一边旋转到另一边！（持续3~5分钟）

12 平衡

像猫王一样舞动
旋转：垂直方向

听到音乐，身体自然会摇摆起来，尤其是会跳猫王舞步的时候！来，让我们一起跳舞吧！

准备材料
- 毯子
- 秋千
- 四轮推车或手推婴儿车
- 音乐

活动目标
- 平衡感
- 身体控制
- 身体节奏

游戏语言
环绕、左边、右边

游戏安全
- 孩子们在旋转时很容易摔倒，请确保孩子们有充分的活动空间、有人实时看护、有柔软的保护垫等。
- 让孩子来主导游戏的节奏，不要在孩子不想旋转的时候强迫他们玩旋转游戏。

教学重点
- 让孩子们慢速旋转（每8秒转1圈），这个速度对构建平衡感比较合适。
- 沿一个方向旋转几圈，然后反向旋转。
- 不同的孩子对旋转的适应性是不同的。有些孩子喜欢旋转，但有些孩子却并不喜欢，甚至拒绝旋转。如果一个孩子并不想玩旋转游戏，那么千万不要勉强他，寻找适当时机，让孩子以非常缓慢的速度来旋转。请始终关注孩子在旋转时的舒适程度。

我在活动   **看我成长**   **我已掌握**

新生儿阶段
模拟子宫。舒缓、轻柔的动作会让小婴儿感到就像在妈妈子宫里一样的舒适和温暖。

游戏1：边走边摇
把宝宝抱在手臂中，慢慢踱步、轻摇。轻摇的同时加入转圈动作，先顺时针转圈，再逆时针转圈。（持续1~2分钟）

游戏2：肩部轻摇
抱起宝宝，让他保持身体直立，但头靠在你的肩膀上，眼睛看向地板。重复"边走边摇"游戏中的动作，与此同时，和宝宝说话或者唱歌来安抚他。（持续1~2分钟）

游戏3：倾斜旋转
托抱宝宝，让他面朝上。慢慢倾斜你的胳膊，让他的头部位置低些、脚部位置高些，并重复"边走边摇"游戏中的动作。在你转圈的时候不断改变抱他的姿势，让他在直立和倾斜的交替中感受变化。让宝宝面朝下，重复上述动作。（持续1~2分钟）

小爬虫阶段
舒缓的运动。慢速旋转可以在刺激前庭（平衡）系统的同时让宝宝安静下来。

游戏4：旋转飞毯
在光滑、坚硬的地板上铺一条毯子，让宝宝躺在上面。轻柔地转动毯子，这样宝宝就可以感受到除了被抱着移动之外的新的移动方式。让宝宝趴在毯子上，重复转动毯子的动作。（每个方向重复2次）

游戏5：旋转推车
当你把宝宝放在婴儿车里带他出去散步时，你可以偶尔旋转推车。一定要事先告诉宝宝你要做什么，并在旋转时用声音安抚他，让他放心。让我们试着来旋转吧！（每次散步时重复1~2次）

游戏6：侧向旋转
你站立，抱起宝宝，让宝宝面向你。让他缓慢向一侧倾斜，使他的右耳与地板平行。你原地旋转，先顺时针旋转，再逆时针旋转。现在，让他向另一侧倾斜，使他的左耳与地板平行，重复上述动作。（持续2~3分钟）

我在活动	看我成长	我已掌握

走不稳阶段
垂直旋转。这是学习保持平衡非常重要的一步。

游戏7：荡秋千新星
在公园里，让宝宝坐在婴儿秋千上，轻柔地推他荡秋千。在推宝宝荡秋千的时候，永远不要放开秋千。（重复1~2次）

游戏8：舞蹈新星
扶着宝宝，让他背靠你的身体，踩在你的脚上。你来负责向前走和旋转。（顺时针、逆时针各重复1~2次）

游戏9：溜冰新星
把宝宝抱在怀里，让他用腿勾住你的身体。缓慢地顺时针旋转，再逆时针旋转。鼓励宝宝向后仰，使头和地面平行。适应一段时间后，让他继续向后仰，倒挂在你的身上，你继续缓速旋转。（如果你或者宝宝感到头晕，那么立刻停下来！）（重复1~2次）

淘气包阶段
有力量的核心肌肉能够帮助身体保持平衡。在这个阶段，孩子可以自己旋转了。

游戏10：舞动手臂
在热身阶段，向孩子示范如何在摇摆时向前、向后、向左、向右地舞动手臂。打开音乐，让我们一起舞动起来吧！（持续2~5分钟）

游戏11：扭动身体
指导并辅助孩子脚不动，只向左或向右扭动身体躯干。接下来，加入刚才在"舞动手臂"中练习的动作，保持双脚位置不动，脚后跟离开地面。（持续1~2分钟）

游戏12：扭扭舞
重复"扭动身体"的动作，这次允许双脚跟随身体向左或向右扭转。（就像猫王或恰比·切克一样！）接下来，在扭转中弯曲膝盖，即一边扭一边蹲下，然后再站起来。打开音乐，让我们扭起来吧！（持续3~5分钟）

奔跑者阶段
连续动作。和小伙伴们一起来做动作，孩子们可以用口头语言或身体语言进行交流。

游戏13：围圈圈
让两个孩子面对面、手拉手围成圈，并沿同一个方向走（俯瞰就是一个旋转的圈）。接下来依旧手拉手，沿着同一个方向跳。然后让孩子们背对背、手拉手围成圈，并沿同一个方向走。（持续2~3分钟）

游戏14：做圆心
让两个孩子手拉手，一个孩子做圆心，抬起脚尖，用脚跟站立原地旋转，另一个孩子沿同一方向围着他走。然后让两个孩子互换位置。鼓励孩子试着抬起脚跟踮着脚尖原地旋转，或者一只脚叠在另一只脚上原地旋转。（持续2~3分钟）

游戏15：交叉旋转
向孩子示范如何把左右脚交叉。当孩子可以保持平衡时，示范如何踮起脚尖并转动身体，将身体转到相反方向。帮助孩子完成动作后，交换双脚的交叉位置再来一次。（持续2~3分钟）

跳跃者阶段
控制旋转是平衡感的一种高级表现方式，它是孩子能够控制自己身体的信号。

游戏16：像陀螺一样旋转
向孩子示范如何单脚站立旋转：胳膊和身体向右扭转，右脚放在左脚后边。再次向右扭，然后借助反推力，胳膊向左挥动，以左脚为轴逆时针旋转。鼓励孩子们尽可能旋转的角度大些，再大些！往另一个方向重复上述动作。（持续3~5分钟）

游戏17：练习专注
在墙上贴一个圆点，让孩子们将目光集中在那个点上。给孩子们发出指令（如向前迈步、向左/右迈步、蹲下、爬、站起来、侧弯腰等），让孩子们的身体动起来的同时，眼睛要始终注视着那个圆点。（持续2~3分钟）

游戏18：旋转和专注
在墙上贴一个圆点，让孩子们旋转，但要尽可能地将目光集中在圆点上。当孩子背冲圆点时，向他们示范如何在旋转中头尽量保持不动，通过转动脖子带动身体旋转。加入上述动作，让孩子们再来玩一次"交叉旋转"游戏和"像陀螺一样旋转"游戏。循序渐进，经常重复这个动作。（每次持续2~3分钟）

13 平衡

过桥游戏
平衡木：培养专注力

从前，有一条非常淘气的小溪。与其他小溪不同，这条小溪会任性地改变自己的流经路线！当你遇到这条任性的小溪，想要跨过它，还不能湿鞋，你需要走过一座木板桥——这就是"过桥游戏"啦！过桥之后，淘气的小溪就会再次改变自己的流向！让我们一起迎接挑战吧！

准备材料
- 音乐
- 木板（约20厘米宽）
- 可选：粉笔
- 平衡木（约10厘米宽）
- 桶
- 健身球
- 玩具
- 沙包
- 眼罩

活动目标
- 平衡感
- 身体控制
- 空间意识

游戏语言
踩上、沿着走、跨过

游戏安全
- 确保在任何时候都要看护好孩子以免其摔伤，尤其是当孩子沿着平板/平衡木等设施行走的时候。
- 支撑孩子身体的两侧而非一侧。例如，双手同时扶住孩子的腰部，或者拉着他的两只手（而不是只握住一只手）。
- 确保每次只有一个孩子站在平板/平衡木上。注意：我们建议让在走不稳阶段的孩子从比较宽的木板开始练习。无论何时，只要孩子站在平板/平衡木上，就一定要保证有人时刻看护孩子的安全。
- 如果孩子们对戴眼罩或者对眼睛被遮住感到不舒服，那就不要这样做。在给孩子戴眼罩或者让孩子闭上眼睛活动时，确保给孩子充分的安全保障。

教学重点
- 所有游戏都需要孩子光脚进行。
- 让孩子感受倾斜时，从小幅度倾斜开始，随着孩子逐渐适应，再增加倾斜幅度。
- 当孩子在平板/平衡木/倾斜的表面上行走时，始终给孩子足够的安全保护。
- 有些孩子会快速通过木板/平衡木，因为这样更容易些。鼓励孩子走得慢一些，这样大脑控制身体的能力与孩子自身的平衡力会得到更多锻炼。

| 我在活动 | 看我成长 | 我已掌握 |

新生儿阶段
脚部意识。用双脚保持平衡的前提，是对脚部有充分的认知。

游戏1：你好，脚指头！
用说或唱的方式，温柔地跟宝宝说说他的脚指头，同时弯曲他的脚指头。比如，玩经典的"这只小猪"手指操游戏，边唱边弯宝宝的脚指头，先右脚，再左脚，最后两脚一起来。（持续1~2分钟）

游戏2：小脚丫，拍、拍、拍！
让宝宝光脚平躺下来。一边唱（比如："小脚丫，拍、拍、拍"）一边抓着宝宝的双脚，用他的脚趾打节拍。重复这个动作，但把脚趾换成脚跟。再次重复这个动作，换成一个脚的脚趾拍另一个脚的脚跟。最后，把宝宝的小袜子套在你的手上，给宝宝不同的感官体验。（持续1~2分钟）

游戏3：你好脚跟，我是脚趾！
让宝宝光脚平躺下来。把他的右脚放在左脚前，有节奏地用他的右脚跟轻轻敲打左脚趾（拍、拍、拍）；左右脚换位置，用宝宝的左脚跟轻敲打右脚趾（拍、拍、拍）；最后，左右脚不断交替，和着节奏互相敲打。（持续1~2分钟）

小爬虫阶段
身体拉伸。宝宝在可以控制头部、使头部与躯干保持直线后，才能够在爬行和走路时保持平衡。

游戏4：伸展运动
让宝宝平躺下来。轻柔地把宝宝的胳膊举过头顶，做过一定的拉伸后，再把宝宝的胳膊放回原位。接下来抓住宝宝的脚踝，再次轻柔地拉伸宝宝的双腿。最后拉伸宝宝的躯干。（持续1~2分钟）

游戏5：摇晃运动
在宝宝准备爬行之前，他会将四肢放在预备爬的位置。在最初阶段，你可能会看到宝宝晃动自己的四肢，但并未进行真正的爬行。这一系列预备动作都有助于宝宝更好地控制自己的头部。打开音乐，帮助宝宝摆好预备爬的姿势，你也趴在宝宝旁边，和他一起跟着节奏来摇摆吧！（持续2~3分钟）

游戏6：顶球运动
在宝宝前方放一个健身球。当宝宝向前爬行时，鼓励他用头顶球。（持续2~3分钟）

走不稳阶段
维度体验。沿着倾斜的表面移动可以帮助宝宝来理解世界并非一成不变的平面，这让宝宝对深度和高度有了初步的感知。

游戏7：爬过木板
在地板上放一块厚木板，鼓励宝宝爬过这块木板。在他爬的时候护在他左右。将木板抬离地面一段距离，护住宝宝的腰部，让他再次爬过这块木板。（重复2~3次）

游戏8：爬上木板
把木板的高度调到和宝宝的腰部齐平。沿着木板放上一排玩具，鼓励宝宝沿着木板走，边走边敲打木板上的玩具。在游戏时，宝宝可能很想爬上木板。在宝宝往木板上爬的时候护在他左右，当宝宝爬上木板后，把他的身体转过来，让宝宝的脚先着地，这样他就可以自己从另一边下去了。（重复2~3次）

游戏9：走过木板
在地板上放一块厚木板。站在宝宝的前面，抓住他的双臂，鼓励他走木板。当宝宝已经适应这个动作后，将木板抬离地面一段距离，让宝宝来回走过木板。始终抓着他的双臂，给他足够支撑。如果宝宝想倒着走，鼓励他！（重复2~3次）

淘气包阶段
脚步位置。行走时落脚的位置会影响身体能否保持平衡。

游戏10：走线
在地板上用粉笔画一条线（或者在地面上找一条裂缝）。让孩子们踩着线走，一个走完了下一个再走。孩子在走线的过程中，要始终保持一只脚踩在线上。（持续2~3分钟）

游戏11：沿边走
在地板上用粉笔画一条线（或者在地面上找一条裂缝）。让孩子们沿着一边走。右脚在线的右侧，左脚踩在线的左侧。（持续2~3分钟）

游戏12：线上交汇
在地板上用粉笔画一条线（或者在地面上找一条裂缝）。让两个孩子站在线的两端，沿着线面对面走。在他们相遇的时候，鼓励他们每个人在至少有一只脚踩在线上的情况下绕过对方，并继续走向线的另一端。（持续2~3分钟）

89

我在活动　　　　　　　　看我成长　　　　　　　　我已掌握

奔跑者阶段
改变想法。一些简单的改变，如地形的改变，也会让孩子们重新思考他们该如何做动作。

游戏13：从脚跟到脚尖
在地板上用粉笔画一条线（或者在地面上找一条裂缝）。向孩子们示范在走路时如何让脚跟先着地，脚掌逐步落下，脚尖最后着地。要始终保持走在线上，且每一步都要脚跟先着地，再脚尖着地。让孩子们踩着线一个一个地走。走的同时配合胳膊动作：在起点时胳膊平举，边走边把胳膊往下放，到终点时胳膊恰好落到身体两侧。（持续2~3分钟）

游戏14：走钢丝
在距离地面几英寸的地方架一块宽木板。让孩子们按照先脚跟着地再脚尖着地的走路方式，一个接一个地通过这块木板。给孩子足够的安全保障。待孩子们熟练后，把木板换成更窄一些的。在走钢丝这个游戏中，要确保孩子们始终是在快乐地、有信心地走木板。（持续2~3分钟）

游戏15：走斜坡
用宽木板搭一个45度角的斜面。给孩子足够的安全保障。鼓励孩子走上木板，转身，再走下木板。在孩子熟悉后，让他按照先脚跟再脚尖着地的走路方式再次重复这个动作。（持续2~3分钟）

跳跃者阶段
随着平衡感的进一步发展，用更具挑战性的活动优化孩子的平衡能力。

游戏16：障碍平衡木
在狭窄的平衡木上放上若干沙包，保证沙包和沙包之间是等距的。鼓励孩子避开沙包走过平衡木。给孩子足够的安全保障。接下来，让他按照先脚跟再脚尖着地的走路方式再次避开沙包，走过平衡木。（持续2~3分钟）

游戏17：像火烈鸟一样！
让孩子以先脚跟再脚尖着地的走路方式，从平衡木的一端走到中间停下。接下来，鼓励他一条腿站直，另一条腿的膝盖抬起来，然后保持不动。完成后两条腿交换姿势。在孩子熟悉这个动作后，让孩子模仿火烈鸟站姿（一条腿抬起，膝盖弯曲，并将脚压在另一条直立腿的膝关节后）。（持续2~3分钟）

游戏18：平衡木游戏
你可以用平衡木这一道具为孩子设计出许多挑战游戏。每当孩子完成一个挑战，就给他一个新的挑战！（持续2~3分钟）
一些点子供参考：

· 瞄准游戏——把平衡木上的沙包踢下去！
· 顶沙包游戏——在走平衡木的时候头顶一个沙包，且沙包不能掉落。
· 独眼过平衡木——在走平衡木的时候用一只手捂上一只眼睛。
· 闭眼过平衡木——戴着眼罩，或者闭着双眼走平衡木。注意：不要让孩子在没有看护的情况下做这个游戏。
· 失衡过平衡木——单手拎着一只小桶（增加一侧的重量）走平衡木。
· 单边过平衡木——沿着平衡木的左边/右边走。
· 倒走平衡木——做上述的走平衡木游戏，但让孩子倒着走。注意：密切注意孩子的安全。

90

你好，八爪鱼！
平衡感和方向感：重新认识重力

让我们来和八爪鱼打个招呼吧：你好，八爪鱼！八爪鱼非常友善，它会挥动八条胳膊来打招呼！八条胳膊同时挥向不同的方向，看起来确实有点笨拙。让我们来看看能不能帮助八爪鱼保持平衡，以一个更优雅的姿势来挥动胳膊吧！

14 平衡

准备材料
- 洗衣篮
- 转椅
- 桶
- 篮子
- 画图工具
- 毛巾或床单
- 毯子
- 小玩具
- 勺子
- 枕头
- 卡纸

活动目标
- 团队合作
- 警惕和专注
- 姿势

游戏语言
停止、前进、环绕

游戏安全
- 在游戏时，慢速旋转应以每8秒1圈的速度进行。
- 当孩子在倒立时，确保有大人在旁边看护其安全。

教学重点
- 你可以让孩子尝试在一天内以不同的姿势来进行日常活动，比如躺着画画、倒立着听故事等。
- 平衡感和方向感是不可分割的两种能力。在本篇中，我们提供了一些在任何时候都能做的平衡活动。
- 在孩子们配对进行背靠背向前走的活动时，要考虑他们的身高、体重、能力水平等，这样才能给孩子们找到合适的游戏伙伴。

我在活动　　**看我成长**　　**我已掌握**

新生儿阶段
方向感。我们置身的3D世界存在各种不同的方向，这些从我们生命之初就不断刺激大脑，使大脑逐渐发展出更全面的平衡感。

游戏1：洗衣篮，摇啊摇
把洗衣篮吊起来，并在篮子里铺上柔软舒适的毯子。让宝宝面朝上躺进洗衣篮，注视着宝宝，温柔地左右摇摆洗衣篮。（持续1~2分钟）

游戏2：八爪鱼，转啊转
抱着宝宝坐在转椅上，让宝宝呈竖直姿态，并把他贴近你的胸部。轻柔地伸展他的胳膊和腿，就像雄鹰展翅的姿态一样。托着宝宝的头和后背，缓慢地转向右，再转向左。（重复2~3次）
让宝宝转过身背向你，重复上述动作。

游戏3：八爪鱼，拍拍手
让宝宝躺好，轻柔地将他的双臂向身体两侧伸展，然后回到身体中间，拍拍小手！接下来，轻柔地把他的双臂伸到右侧，拍拍小手！轻柔地把他的双臂伸到左侧，拍拍小手！腿和脚重复上述动作。在游戏结束后，帮助宝宝翻个身，面朝下趴着。（持续2~3分钟）

我在活动	看我成长	我已掌握

小爬虫阶段
垂直平衡。当宝宝在向独自保持直立姿势努力时，其实是在发展他的垂直平衡能力。

游戏4：八爪鱼，站起来
先让宝宝躺好。托住宝宝的后背和脖子把他抱起来，使他与地面平行。轻柔地抬高托他脖子的手，沉下托后背的手，使宝宝与地面垂直。保持几秒钟后，把宝宝放在你的两腿上。休息一下后重复上述动作，只不过这次要让宝宝面朝下。（重复2~3次）

游戏5：八爪鱼，几点啦？
抱起宝宝坐下来，让他面朝你。轻柔地握住宝宝的手臂并摆动，让他的双臂做时针和分针姿势，从12:00开始，依次摆出3:00、6:00、9:00的造型，最后回到12:00。把时间倒回去，再次重复上述动作。（重复1~2次）

游戏6：飞来飞去的八爪鱼！
托住宝宝的腰部把他抱起来，然后"降落"到一些散落放置的玩具上方。鼓励宝宝去抓玩具。当他抓到玩具的时候就把他抱起来，并欢呼宝宝抓到了玩具！以宝宝头朝下的姿势再次抱起他，重复上述游戏。注意：当宝宝已经会玩这个游戏的时候，鼓励他把玩具再扔回地板上或扔进篮子里。（持续1~2分钟）

走不稳阶段
翻滚、旋转和倒立。对于孩子来说，这三个动作在任何发展阶段都对提高他们的平衡能力大有益处。

游戏7：八爪鱼，转起来！
让宝宝面朝你。扶住宝宝的腋下并把他抱起来。缓慢地顺时针转一圈，停下来，再逆时针转一圈。当他已经适应时，再次旋转，每次可以多转半圈或一圈。转最后一圈的时候可以加点速！（持续1~2分钟）

游戏8：翻滚的八爪鱼
让宝宝躺下来。在宝宝身体右侧、手够不到的地方放上他最喜欢的玩具。先向左推他的腿和屁股，让宝宝转向左侧，但头向右扭，看向玩具。然后辅助宝宝向左翻滚，再向右翻滚去找他的玩具。将宝宝的玩具放到他的左侧，再次重复这个游戏。（持续2~3分钟）

游戏9：抓娃娃的八爪鱼！
给宝宝一个小铲子。抱起宝宝让他"飞"起来，然后把他"降落"到一些散落放置的玩具上方。鼓励宝宝用小铲子尽可能多拿一些玩具。在宝宝拿好玩具后把他再次抱起，对宝宝进行表扬和鼓励。以宝宝头朝下的姿势再次抱起他，重复上述游戏。注意：当宝宝已经会玩这个游戏的时候，鼓励他把玩具再扔回地板上或扔进篮子里。（持续1~2分钟）

淘气包阶段
控制身体。学会保持平衡，意味着能够在失去平衡时控制身体，使其再次恢复平衡状态。

游戏10：你好，八爪鱼！
和孩子一起四肢撑地，跪立在地板上。在孩子准备好后轻拍他的左手，让他挥舞左手。与此同时，保持右手和双腿膝关节的平衡状态。回归原位。现在轻拍他的右手，让他挥舞右手。与此同时保持左手和双腿膝关节的平衡状态。再次回归原位。继续游戏，每次举起一条胳膊或一条腿。（持续2~3分钟）

游戏11：挥动双臂的八爪鱼！
重复"你好，八爪鱼！"游戏。接下来，让孩子一次抬起两个肢体，另外两个肢体保持平衡。例如，轻拍孩子的右手和右脚，让他同时举起右手和右脚并晃动；轻拍孩子的左手和左脚；轻拍孩子的双手或双脚等。（持续3~5分钟）你可以继续增加难度，让孩子同时举起胳膊和一条腿（单腿跪）。

游戏12：倒立的八爪鱼
让孩子站好后做下腰动作，双手落地后看向他的双腿之间。以这样的姿势，再玩一次"你好，八爪鱼！"和"挥动双臂的八爪鱼！"游戏吧！（持续2~3分钟）

我在活动　　　　　　　看我成长　　　　　　　我已掌握

奔跑者阶段
姿势控制。能够做出并保持一些有难度的姿势，意味着拥有良好的平衡感、身体控制能力，并且能够集中注意力。

游戏13：八爪鱼，去钓鱼！
把一些玩具散放在地上。让孩子躺下，向他解释你要让他倒立着去钓鱼。抱着他的大腿或大腿以上部位，用你的身体去支撑着他。让他捡起地上的玩具，然后把玩具放入指定的桶里。然后，让他将手弯曲成钩子状，尝试去把地上的玩具钓起来！
（持续 2~3 分钟）

游戏14：八爪鱼，去冲浪！
让孩子们趴在地上，双臂和双腿向上举起（即降落伞姿势）。让他们像八爪鱼一样摇晃自己的胳膊和腿。当你发出"游泳"的指令时，让他们沿一个方向滚过去。当你喊"停"的时候，孩子们需要回到降落伞姿势，并更快速地摇晃自己的胳膊和腿。当孩子的动作熟练之后你可以增加一些难度，将一些枕头放在地板上，让孩子们在"游泳"时翻过枕头。（持续 3~5 分钟）

游戏15：八爪鱼，反应快！
帮助孩子们在四张卡纸上画出两只手和两只脚。现在玩"你好，八爪鱼"的游戏，只不过这次用挥舞卡片代替做动作。当你说"挥舞一只手"的时候让孩子挥舞一张画着手的卡片，以此类推。你下达的指令可以是"挥舞一只手、一只脚"，"挥舞一只手、两只脚"等。（持续 3~5 分钟）

跳跃者阶段
复杂的协调动作挑战着身体的平衡能力。

游戏16：转圈圈的八爪鱼
让两个孩子背靠背、手拉手，胳膊贴在一起。让他们顺时针旋转，像八爪鱼一样挥动手臂，然后再逆时针旋转。（持续 1~2 分钟）

游戏17：八爪鱼跳探戈
重复"转圈圈的八爪鱼"游戏。让两个孩子保持背部靠在一起、手拉手、胳膊贴在一起的姿势，坐在地板上。坐好后，让他们顺时针旋转的同时晃动自己的手臂和腿。逆时针重复上述动作。完成后让孩子们保持上半身贴在一起的姿势，再从地板上站起来。（持续 2~3 分钟）

游戏18：爱倒挂的八爪鱼
八爪鱼喜欢倒挂着玩。辅助孩子用双手抓住单杠，双脚勾住单杠，倒挂 10 秒钟。（重复 2~3 次）

93

15 平衡

龟兔赛跑：比赛之后

动态平衡：

快一点！慢一点！停下来！

你知道龟兔赛跑的故事吗？比赛结束后，乌龟和兔子坐在树下休息聊天。它们谈论了未来的计划：如果有时间有机会，它们想要去哪里，去看怎样的风景……聊着聊着，它们突然想到：不如一起去冒险吧！

准备材料
- 毯子
- 布料
- 斜坡
- 沙包
- 盒子
- 玩具
- 塑料碗
- 胶带或绳子
- 衣物

活动目标
- 集中注意力
- 团队合作
- 安静
- 用脚步来测距离

游戏语言
快、慢、停

游戏安全
当要求孩子们快速做动作时，确保他们有足够的安全保障。

教学重点
- 本篇活动的灵感来自经典寓言故事《龟兔赛跑》。先给孩子们讲龟兔赛跑的故事，再来做本篇的活动，可以让孩子们更好地理解活动中跑得快的兔子和走得慢的乌龟。
- 在"乌龟倒立"游戏中，当孩子倒立时，让另一个大人（或哥哥、姐姐）躺在地板上和他聊天。这不仅增加了动作的难度，也可以让孩子更好地理解"从不同的角度来观察世界"。
- 对于带有语言提示（如"慢—快—慢"）的游戏，当孩子已经学会倾听和响应你的语言指令时，你可以改变提示方式（比如吹口哨、用颜色或数字卡片，等等），促进他听力和记忆力的提升。

我在活动	看我成长	我已掌握

新生儿阶段
最初的运动感觉。虽然宝宝还没有独立行动的能力，但当你抱着他们运动的时候，宝宝的大脑就在获取有关平衡的重要信息。这些平衡信息是宝宝之后运动的重要基础。

游戏1：龟兔赛跑的故事
给宝宝讲龟兔赛跑的故事。当你在讲乌龟时，请把语速放慢；在讲到兔子时，请把语速加快。（持续2~3分钟）

游戏2：龟兔骑单车
让宝宝平躺，握住宝宝的脚绕圈，就像骑单车一样。与此同时，唱"龟兔赛跑"这首歌，唱到乌龟时把速度放慢，唱到兔子时把速度加快。（持续1~2分钟）

游戏3：弹弹弹，骑单车
让宝宝坐在你的膝盖上，唱"龟兔赛跑"这首歌给他听。唱到乌龟时，慢慢地抖动你的膝盖，唱到兔子时，快一些抖动你的膝盖。记得要轻柔地上下抖动，时刻观察宝宝的反应，如果他不喜欢就停下来。（持续1~2分钟）

小爬虫阶段
方向感。让宝宝体验不同的位置，可以促使他更好地适应周围环境。

游戏4：乌龟打滚
在地板上放一个小毯子，把宝宝放在毯子上，连胳膊在内用毯子把他裹成一个卷。一边唱"龟兔赛跑"这首歌中有关乌龟的歌词，一边轻柔地推动他，让他在地上滚一圈。（持续2~3分钟）

游戏5：兔子蹦跳
和宝宝面对面，扶住他的腋下并让他的脚接触地面。唱"龟兔赛跑"这首歌中有关兔子的歌词，轻柔下压，让他膝盖弯曲，然后再把他举起来。重复几次，待他熟悉这个动作后把速度加快，让他感受"跳"这个动作。（持续2~3分钟）

游戏6：乌龟倒立
你坐下来，把宝宝抱在膝盖上，和你面对面。把宝宝喜欢的玩具放在宝宝的身后。唱"龟兔赛跑"这首歌中有关乌龟的歌词，同时，扶住宝宝的肩膀和后背，你向前倾，让他慢慢地向后仰，直到宝宝以倒着的视角看到他的玩具。停留一会儿后回到原来姿势。（重复3~5次）

走不稳阶段
当宝宝能够自由活动并对周围的环境做出反应时，他们不仅能够到达他们想去的地方，而且也对控制自己的身体充满信心。

游戏7：龟壳游戏
当宝宝在地板上爬行时，往他的身上盖上一些衣服，让他试着从衣服里爬出来。接下来，往他的背上放一个毛绒玩具或者一个空的塑料碗（作为他的壳），让他在爬行时有不同的体验。（持续2~3分钟）

游戏8：方向游戏
当宝宝在地板上爬行时，跟在他身后唱"龟兔赛跑"之歌。跟着歌曲的节奏，每唱完一部分，就抱住宝宝的腰把他抱起来，转一圈，然后再把他放下来。这样他就可以继续向前爬了。（持续2~3分钟）

游戏9：追赶兔子
刚学会走路的宝宝最希望得到你的鼓励。你用爬行的方式去追宝宝，隔一段时间就追上宝宝并拥抱他一下。挡住他前行的道路，让他想办法绕过你。把他抱起来转一圈，然后再把他放到地上。看，宝宝又爬走啦！（持续5~10分钟）

淘气包阶段
控制速度是身体能够协调动作的重要基础。在保持平衡的同时还能控制速度，并不像看起来那么容易。

游戏10：龟兔翻越山丘
找一个小山丘，鼓励孩子像乌龟一样慢慢地爬上山，然后像兔子一样快速地跑下山。接下来让他尽快跑上山，然后慢慢地爬下山。在玩游戏的同时唱"龟兔赛跑"这首歌。（持续2~3分钟）

游戏11：慢—快—停！
跟孩子们讲"慢—快—停！"游戏：当你喊"慢"的时候，不管他们在做什么，他们都必须慢下来；当你说"快"的时候，不管他们在做什么，他们都必须加快速度。当你喊"停"的时候，孩子们就要停下来不动。在孩子们玩变的时候随机发出指令。如果孩子们没有按指令去做就提醒他们。（持续5~10分钟）

游戏12：快跑道和慢跑道
用胶带或绳子分割出两条并排的道路——快跑道和慢跑道。让孩子从慢跑道开始，慢慢移动。当你喊"快"的时候，他需要跳到快跑道上，尽可能快地跑。通过下达口令让孩子在慢跑道和快跑道之间交替跑，直到跑到终点。（重复2~3次）

我在活动　　　　　　看我成长　　　　　　我已掌握

奔跑者阶段

快慢交替。在孩子们能够自主控制加速或减速后，为他们制定一个快慢交替变换的速度模式。这不仅能够提高他们的控制能力和平衡能力，还能建立新的认知和肌肉记忆。

游戏13：龟兔打滚

兔子代表快，乌龟代表慢。在孩子翻滚前先约定一个速度模式，比如："兔子—乌龟—兔子"就是"快速滚—慢速滚—快速滚"。让孩子以不同的速度模式来翻滚。（重复3~5次）

游戏14：龟兔交替

让孩子们围成圈，乌龟和兔子间隔排列（即第一个孩子当乌龟，第二个孩子就当兔子，第三个孩子当乌龟）。先玩传沙包游戏——到乌龟手里时就慢慢传递，到兔子手里时就尽可能快地传递。在传递完一圈后就让孩子们交换角色（之前当乌龟的孩子这次当兔子）。（重复2~4圈）接下来，当乌龟的孩子趴下，当兔子的孩子蹲下。"乌龟"把沙包慢慢从自己胸下递给下一个"兔子"，而"兔子"拿到沙包后则需要跳起来再蹲下，然后传递给下一个"乌龟"。在传递完一圈后就让孩子们交换角色。（重复2~4圈）

游戏15：龟兔跳舞

和孩子们一起来编一支舞蹈，舞蹈中快步和慢步交替。让孩子们来跳快的舞步，你来跳慢的舞步。边唱"龟兔赛跑"这首歌边跳这支舞。（持续10~15分钟）

跳跃者阶段

复杂的身体律动依赖熟练的基础动作和内在平衡感与方向感的良好结合。

游戏16：乌龟接力

把孩子们分成两组进行比赛。设置两条跑道，在两条跑道终点分别堆上一叠衣服（衣服的数量=一组孩子的数量），给每组一个盒子。当你说"开始"的时候，排在第一个的孩子立刻趴在地上，并由他的组员将盒子放在他的背上。他必须爬到终点，并把一件衣服放进盒子里后跑回来，把衣服拿出来，并将盒子传递给下一个组员。（重复2~3次）

游戏17：兔子接力

把孩子们分成两组进行比赛。设置两条跑道，在两条跑道终点分别堆上一叠衣服（衣服的数量=一组孩子的数量），给每组一个盒子。当你说"开始"的时候，排在第一个的孩子立刻把盒子放在自己面前并跳过盒子，然后拿起盒子并再次放在自己面前跳过去，直到他跳到终点。他需要把一件衣服放进盒子里后跑回来，把衣服拿出来，并将盒子传给下一个组员。（重复2~3次）

游戏18：脚跟走和脚尖走

在这个游戏中，"乌龟"用脚跟走路（让孩子们练习），"兔子"用脚趾走路（让孩子们练习）。让孩子们排成一队，并给出指令，如"兔子向前、向左/右、向后，停下来！""乌龟向后、向前、向左/右，踏步！"当孩子们掌握好走路平衡后，在"兔子"走时加快速度，在"乌龟"走时放慢速度。（持续5~10分钟）

龟兔赛跑：再次开赛
动态平衡：区分地形

16 平衡

在一个美丽的清晨，乌龟和兔子再度出发。它们翻过一座又一座山坡，跨过一条又一条小河，穿越一丛又一丛的灌木，最后来到了大森林里。大森林里处处充满着挑战和惊喜。让我们跟随乌龟和兔子一起出发吧！

准备材料
- 大自然里的"宝贝"
- 沙盒
- 水
- 小杯子
- 海绵斜坡垫
- 各种材质的材料（地毯、气泡纸、报纸）
- 五厘米左右高的木梁
- 篮子
- 盒子
- 桶
- 铁环
- 绳子
- 各种球
- 网
- 画图工具
- 儿童攀爬器材

活动目标
- 身体意识
- 平衡感
- 解决问题能力
- 姿势
- 集中注意力

游戏语言
上、下、跨过、在上面、在下面

游戏安全
- **对宝宝**：要密切关注宝宝的举动，以防宝宝将小石头、小棍、松果等小东西放进嘴里。
- **对大一点的孩子**：要确保游戏中使用的天然材料（小石头、小棍、松果等）没有尖锐棱角。
- **对所有孩子**：孩子在进行攀爬游戏时，大人要全程监督，并确保有足够的安全垫来保护孩子的安全。

教学重点
- 在不断变化的地形中前进是培养孩子内在平衡感的有效方法，如果再加上速度变量，则能更好地提高孩子的能力。你可以用乌龟和兔子作为提示词来引导孩子调整他们的速度。例如，如果一个孩子动作很快时就喊"乌龟"，让他慢下来；当你需要他加速时，就喊"兔子"。
- 在游戏中，你可以适时引入"龟兔赛跑"这首歌来进行引导。

我在活动　　　　**看我成长**　　　　**我已掌握**

新生儿阶段
身体探索。了解身体是宝宝独立行动的开端。

游戏1：探索身体
让宝宝躺在地板上，握住他的手，把他的手掌打开，引导他来探索你的身体：柔软的头发，起伏的躯体，粗硬的胡楂，会使他发痒的睫毛，温暖的鼻息等。握住他的小脚，重复这一身体探索。（持续2~3分钟）

游戏2：探索自然
带宝宝到户外散步，收集大自然馈赠的宝贝：树叶、小草、树皮等。去观察、探索、闻嗅、感受这些宝贝。你可以用这些收集来的宝贝创造出怎样的音乐？让我们一起来试试看吧！（持续10~15分钟）时刻注意：不要让宝宝把这些小东西放进嘴里。

游戏3：探索房间
把宝宝抱在怀里，带他进行一次"空中漫游"。先把他高举起来，再让他"下降"到低一些的位置。带他看看那些你能看到的东西。开始时走得慢一些，然后逐渐加快步伐。（持续2~3分钟）

我在活动	看我成长	我已掌握

小爬虫阶段
宝宝在大自然中收获了丰富的感官体验——视觉、听觉、嗅觉、触觉，帮助他更好地了解这个世界。

游戏4：认识沙盒
把宝宝带到户外，向他解释什么是沙盒（雨天的时候，你也可以带宝宝在家里玩沙盒游戏）。透过你的指缝，向他的胳膊和腿上撒一些沙子。把他的鞋子和袜子脱掉，把他的脚指头放进沙子里。如果他很喜欢这个游戏，就把他的脚丫、小手也一同埋进沙子里。（注意：在游戏中，确保宝宝没有把手放进嘴里。）加一点水，探索新的质感体验：泥巴！（持续3~5分钟）

游戏5：户外散步
抱着宝宝在户外散步。带着宝宝去感受美妙的大自然——大树、小草、坡道、掩映在树中的小路，等等。采集一些自然中的"宝贝"，并把它们埋进沙箱里。让宝宝坐进沙箱里，和他一起找沙箱中的宝贝。向宝宝示范如何堆一个小沙堆，并用这些宝贝来装饰这个沙堆。（持续20~30分钟）

游戏6：沙中探险
脱下宝宝的鞋子和袜子，让宝宝在沙子上尽情地爬吧！（注意：在游戏中，确保宝宝没有把手放进嘴里。）用小杯子盛满沙子，并往里面加水调成泥。用这些泥堆成泥堆，再教宝宝如何用手把泥堆按平。在泥里添加一些来自自然的宝贝（如松果、树叶、花朵等），给宝宝更多的质感体验。（持续20~30分钟）

走不稳阶段
变化的地形。在此阶段之前，他在什么区域活动大多是由你来决定。当宝宝能够独立行动后，他需要调动早期获得的平衡感、直觉和协调能力，将之运用到之后的行动中。

游戏7：爬坡游戏
在户外找到一个平缓的斜坡让宝宝爬上去。（在室内也可以进行这项活动，你需要在地板上支一个斜坡垫。）当宝宝在爬坡的时候提供必要支持。接下来，在斜坡上铺上一层不同材质的垫子（例如地毯、气泡纸、报纸），鼓励宝宝再次攀爬。（持续5~10分钟）

游戏8：下坡游戏
重复"爬坡游戏"，当宝宝爬到坡顶时，鼓励宝宝倒着从坡上下来，辅助他向后移动他的胳膊和腿。你可以在户外找到一个平缓的斜坡，重复这个游戏。（持续5~10分钟）

游戏9：打滚游戏
让宝宝躺在地板上，鼓励并辅助他在地板上打滚：先从后背着地滚到肚子着地，再翻过来从肚子着地滚到后背着地。让他以不同的速度来打滚。接下来，鼓励他爬上海绵斜坡垫，扶住他慢慢地从斜坡垫上滚下来。你可以在户外找到一个平缓的土墩或斜坡，辅助他重复这个游戏。（持续5~10分钟）

淘气包阶段
崎岖不平的路面。只有身体感知和探索过崎岖不平，才能够理解什么是不可预测。

游戏10：高低走
在地上放一根两英寸（约5厘米）高的木梁。让孩子一脚踩在地面上、一脚踩在木梁上，一脚高一脚低地向前走。之后，两脚交换再走一次，向后倒退再走一次，加快速度再走一次，放慢速度再走一次。当孩子适应后，你可以换更高一些的木梁，让孩子再次挑战这个游戏。（重复3~5次）

游戏11：自己铺石头小路
带上一个篮子，和孩子们一起去大自然中散步。收集不同大小形状的石头、树叶、树皮或树枝，并用它们铺一条石头小路。让孩子们走过他们自己铺的石头小路。（持续20~30分钟）

游戏12：崎岖不平的石头小路
重复"自己铺石头小路"游戏。这一次，在材料中加入更多东西，如结实的盒子、水桶、铁圈、绳子等，铺设更不平整的路面。把小路设计得复杂些，有拐弯、有交叉路口等，并决定在哪一段要走快些，哪一段要走慢些。如果可能的话，你可以让孩子们在一个缓坡上铺设这条小路。（持续20~30分钟）

我在活动	看我成长	我已掌握

奔跑者阶段
规划路线。在游戏中探索、学习过如何跨越障碍，有助于孩子们在日后更好地面对生活中的跌宕起伏。

游戏13：遇到沼泽
乌龟和兔子遇到了一个沼泽！你可以帮助它们通过沼泽吗？和孩子们一起用沙盒来做实验，尝试如何在不接触沙子的前提下通过沙盒。事先给孩子们准备足够的材料，比如垫脚石、木板、绳子等。（持续10~20分钟）

游戏14：发现恐龙蛋
乌龟和兔子发现了一个放着恐龙蛋的窝。你能帮助它们在不踩到恐龙蛋的情况下通过这个窝吗？在地上放一个浅一些的篮子，里面放一个球（作为恐龙蛋）。准备材料（如木板、绳子、盒子等）供孩子们使用。和孩子们一起来想通过这个窝的办法，比如跳过去、互相扶着跨过去，或者搭一座桥。注意：如果你搭建了一座桥或其他通过设施，要在孩子们攀爬之前确保设施的安全性。（持续10~20分钟）

游戏15：穿越灌木丛
乌龟和兔子跑进了一个荆棘丛生的灌木丛，你能帮它们从这个灌木丛里走出去吗？拉一张球网或渔网，和孩子们一起讨论如何从网上或从网下穿过去。考考孩子，让他们尽可能多地想出穿过网的方法。你可以增加难度，让孩子们手拉手通过这张网。（持续10~20分钟）

跳跃者阶段
努力尝试，想出办法。发挥想象力，挖掘意想不到的潜能！

游戏16：摘香蕉
乌龟和兔子都感到饿了。就在这时，它们发现了一棵树顶结满香蕉的香蕉树！乌龟和兔子如何摘到香蕉呢？让我们一起来帮它们想办法吧！为孩子们准备一根攀爬绳，在绳顶拴一根香蕉。帮助孩子们爬上绳子并把香蕉拿下来。在他们攀爬绳子的时候提供必要的安全支持。如果你没有攀爬绳，那么可以用单杠或梯子代替。（持续10分钟）

游戏17：设计探险之旅！
乌龟和兔子将会继续它们的探险旅行。在未来的旅程中它们会遇到什么挑战呢？让我们一起来设想一下吧！鼓励孩子们画一幅有关乌龟和兔子在探险途中遇到困境的画，并同伴们讨论："如果遇到这样的情况，我们该怎么做呢？"（持续20~30分钟）

游戏18：龟兔探险
在孩子们设计好新的探险之旅后，让我们一起把这些变成现实吧！找一块地方，和孩子们一起布置一个由他们自己设计的布满障碍的挑战乐园。大家收集所需材料和设备，确定障碍路线和挑战规则。一定要加入些速度元素，比如在哪一段路快跑，哪一段路减速。待挑战乐园搭建完成，让我们开始吧！（可以是单人，也可以是双人或者团队一起来完成挑战。）（持续2小时以上）

17 直觉

一起来摇摆！
身体意识：身体构成

摇摆是每个孩子一定会做的事。当你知道如何来控制身体摇摆的时候，你肯定会在哪里都想摇摆的！你会摇摆吗？

准备材料
- 镜子
- 身体认知卡片或骰子
- 动感音乐
- 可选项：毛绒动物玩具
- 相机和打印机
- 剪刀
- 沙包
- 桶
- 呼啦圈
- 胶水
- 贴纸

活动目标
- 空间意识
- 视觉记忆
- 适应能力
- 方向意识
- 耐力

游戏语言
内部、外部、匹配

游戏安全
确保孩子们有足够的活动空间。

教学重点
- 不管孩子在哪个发育阶段（包括新生儿阶段），记得要提前告诉孩子你们的计划，会有什么事情发生，以示对孩子的尊重（即使孩子还不能听懂你说的话）。这会帮助你建立和孩子之间的信任，同时也会避免孩子被吓到或遇事犹豫等问题的发生。
- 亲吻游戏对孩子们来说很有趣，但更适合亲子之间玩。如果你和孩子之间并不适合亲吻，那么试着用轻柔地拍、抚摸或挠痒痒（要稍用力，不要太轻），亲吻孩子的睫毛或者飞吻等方式。

我在活动 | **看我成长** | **我已掌握**

新生儿阶段
唤醒身体。即使是简单的动作和轻微的感官体验也能帮助婴儿感知自己的身体。

游戏1：亲吻游戏
让宝宝平躺。（这个游戏需要宝宝光着身子，所以非常适合在换尿布的时候来玩。）在宝宝的胳膊、腿和肚子上亲吻、抚触、轻拍或挠痒痒，给宝宝的肌肤带来不同的感觉体验。（持续3~5分钟）

游戏2：颠倒亲吻
慢慢地出现在宝宝的视野上方，俯下身来，让宝宝看到的你是倒着的。亲吻或者轻吹他的脸颊、胸脯、肚子、膝盖、脚指头，然后再倒着亲回来。接下来跪在宝宝的身边，轻拍他的小手、胳膊、胸脯，以及另一侧的胳膊和小手。（持续2~3分钟）

游戏3：宝贝飞飞
躺在地板上，扶住宝宝的腋下把他举起来。弯曲胳膊让宝宝离你近一些，夸张地向他说"你好！"托举宝宝在你的上空"飞"一圈，再次弯曲胳膊向宝宝说"你好！"（持续2~3分钟）

小爬虫阶段
镜像。宝宝从我们身上学习如何行动、说话和表达自己，而这一切都是从观察我们的脸开始的。

游戏4：面部游戏
抱着宝宝面对镜子坐下，和宝宝一起来探索他的脸。轻轻地触摸他的眼睛、耳朵、鼻子、嘴巴、脸颊和下巴，边触摸边告诉他摸的是什么。接下来把宝宝转向你，引导他用手去触摸你的脸，就像你刚才对他的脸做的那样。（持续3~5分钟）

游戏5：五官认知卡
和宝宝面对面坐下来，帮他在五官认知卡中选一张卡片，或者掷一次五官认知骰子。选定后让他看卡片或骰子上的图画，你来做指向对应部位的动作，边做动作边告诉宝宝你在做什么。（比如宝宝选了一张"眼睛"卡片，你可以边眨眼边告诉宝宝"我在眨眼"。）观察宝宝是否会模仿你的动作。多抽几次卡片或多投掷几次骰子，这样他就可以看到你的多种面部表情。（持续3~5分钟）

游戏6：面部模仿
和宝宝面对面坐下来，鼓励他在五官认知卡中选一张卡片，或者掷一次五官认知骰子。选定后让他看卡片或骰子上的图画，你来触摸自己对应的面部部位。鼓励宝宝学你的样子，比如抽到的是"眼睛"卡片，鼓励宝宝模仿你，也来触摸他自己的眼睛。接下来，你可以边眨眼边告诉宝宝"我在眨眼"，并让宝宝在你说话和做动作时摸你的脸。多抽几次卡片或多投掷几次骰子，这样他就可以看到你的多种面部表情。（持续3~5分钟）

我在活动	看我成长	我已掌握

走不稳阶段
身体构成。让孩子了解身体的构成，对身体的各部分有直观认识。

游戏7：身体拍拍
打开音乐，帮助宝宝选一张身体认知卡或掷一次身体认知骰子。给宝宝看他选的卡片上或掷的骰子上显示的是身体哪一个部位，然后跟着音乐节奏拍他身体的那个部位。鼓励他也来拍自己或你身体的那个部位。多玩几次这个游戏。如果时间充裕，你还可以用他最喜欢的毛绒动物玩具做演示，在玩具身上拍宝宝选中的那个部位。（持续2~3分钟）

游戏8：选中哪里
鼓励和帮助宝宝把身体认知卡或骰子扔到空中，等卡片或骰子落地一起追过去看。给他展示上面显示的是哪个身体部位，并轻拍宝宝身体的那个部位，然后在上面用贴纸做个标记。重复这个游戏。（重复6次）

游戏9：身体拼图
冲印一张宝宝的照片。把照片剪成六片，打乱，再和宝宝一起把照片拼起来。拼照片的时候你可以这样问宝宝："你的胳膊去哪儿啦？腿呢？"（持续3~5分钟）

淘气包阶段
身体细节。人的身体构成是一个非常复杂的设计。以下游戏着重帮助孩子了解自己的身体细节。

游戏10：我也是！
让孩子抽一张"我也是"卡片，或掷一次"我也是"骰子。让孩子辨认卡片或骰子上的身体部位，并在你（或者另一个孩子）身上指出来。与此同时，你也在他身上指出对应部位。（重复6次）

游戏11：两个部位
让孩子抽一张"我也是"卡片，或掷一次"我也是"骰子。让孩子辨认卡片或骰子上的身体部位，并在自己身上指出来。接下来，让孩子同时抽身体认知卡和"我也是"卡（或者同时掷这两个骰子），并在身上指出对应的两个部位。（重复6次）

游戏12：身体动作
将身体认知卡和"我也是"卡片混合起来，随便选一张卡片（或者掷任意一个骰子），让孩子辨认卡片或骰子上的身体部位。在孩子选中的身体部位上放一个沙包，这样他就可以将身体对沙包在这个部位上的感觉和那个部位名称对应起来。向他示范如何把沙包弹掉。在地上放一个篮子，让孩子尝试把身体上的沙包弹到篮子里，或者弹给他的游戏伙伴（让玩伴接住沙包）。（重复6次）

奔跑者阶段
活动身体的不同部位。让孩子对身体各部位的认知付诸实践的一个好方法是利用自己的身体解决问题。

游戏13：呼啦圈1
为每个孩子准备一个呼啦圈并放在地上。让孩子同时抽身体认知卡和"我也是"卡（或者同时掷这两个骰子）。让孩子将两个选中的卡片放在呼啦圈里。然后反过来做，把选中的两个卡片放在呼啦圈外。（重复3~5次）

游戏14：呼啦圈2
在地板上铺满了互相挨着的呼啦圈。让孩子抽一张身体认知卡或掷一次骰子。让孩子们把选中的卡片或骰子放进一个圈里。再抽一张身体认知卡或掷一次骰子，把选中的卡片或骰子放进另一个圈里。（持续3~5分钟）

游戏15：身体贴贴贴
让孩子们排成一队。每个人都来抽一张身体认知卡或掷一次骰子。让选中相同部位的孩子将对应的部位贴在一起（比如肘部对肘部）。保持这个姿势不动，再来抽一张"我也是"卡片或者掷一次骰子，然后让选中相同部位的孩子再次将对应的部位贴在一起（比如脚跟对脚跟）。持续玩这个游戏，直到孩子们无法保持姿势！（持续3~5分钟）

跳跃者阶段
三维的我。孩子在反复练习中掌握做动作的要领。

游戏16：唱"你会摇摆吗"之歌
让孩子们平躺在地板上。指定一个身体部位，一边摇摆着那个身体部位，一边唱"你会摇摆吗"（把这个身体部位带入歌词里）。换一个身体部位，再玩这个游戏。（重复6次）让孩子们翻身趴在地上再来一遍，然后站起来再来一遍。

游戏17：跳"你会摇摆吗"之舞
打开音乐，让孩子们站好。从身体认知卡和"我也是"卡中任选一张（或者掷骰子），再选取一张方位卡（或掷骰子）。让孩子在方位卡指定的位置上摇摆所选的身体部位。合着节拍不停摇摆。再次重复这个游戏。（持续2~3分钟）

游戏18：摇摆不停
重复跳"你会摇摆吗"之舞，这一次，让孩子不断增加摇摆的部位和摇摆的方向。（持续2~3分钟）

18 直觉

认识你自己
身体意识：探索身体

宝宝在刚生下来的时候并不了解自己的身体，这也是宝宝看起来不能很好地支配自己的胳膊和腿的原因。通过运动，孩子们逐渐了解身体的各个部位，以及这些部位如何帮助自己去探知世界。最终，孩子学会了控制自己的身体。

准备材料
- 不同颜色的（半透明）纱巾
- 两把椅子
- 篮子
- 绳子
- 可选项：毛巾

活动目标
- 身体意识
- 方向感
- 批判性思维和解决问题能力
- 精细动作
- 团体合作

游戏语言
环绕、通过、在上面、在下面

游戏安全
- 确保孩子们有足够的活动空间。不要让孩子在无人照看的情况下独自玩纱巾。
- 确保孩子不要把纱巾放在嘴里或绕在脖子上。
- 在把纱巾放在孩子脚下做游戏时，要给予孩子足够的保护，避免孩子滑倒。

教学重点
- 让孩子尝试用身体的不同部位（下巴、脚踝、膝盖窝）相互配合着做动作。孩子对身体的细节部位认识越多，他们就越能控制自己的身体。
- 让孩子光脚来玩这些游戏。尽量让孩子裸露皮肤以强化感官体验。
- 在小组活动中，如果孩子不喜欢被别人碰触，允许孩子独自做游戏。

我在活动 | 看我成长 | 我已掌握

新生儿阶段
开始有身体意识。每天花几分钟让宝宝把注意力集中在自己的身体上，这样可以帮助他来了解他最好的学习工具——他自己的身体。

游戏1：纱巾滑过
让宝宝平躺，用纱巾滑过他身体的不同部位，脚丫、手掌、胳膊、肚子，等等。（持续2~3分钟）

游戏2：你好，手指！你好，脚趾！
用纱巾将宝宝的手指和脚趾绕在一起，像拉手风琴一样向两边拉动纱巾，稍微用力，避免宝宝感觉到痒。（重复一次，让每只手、每只脚都参与这个游戏）

游戏3：纱巾穿引体验
将一条柔软的纱巾穿进宝宝的衣服（不是穿进他的尿布里），这样纱巾就会接触到他的皮肤。把纱巾从一只袖子里穿进去，另一只袖子里穿出来，接下来从领子里穿进去，从裤腿里穿出来。缓慢、轻柔地让纱巾掠过他每一寸肌肤，让他感受自己的身体。（重复1次）

小爬虫阶段
身体范围。宝宝们认知自己的身体总是按照从头到脚、由躯干到四肢的顺序。

游戏4：洗澡游戏
拿一条丝巾假装给宝宝洗澡，轻柔地用纱巾擦拭宝宝身体的不同部位。（当然这个游戏也可以在洗澡的时候玩。）你可以一边玩一边唱洗澡歌给他听。游戏时遵循从中心到四肢的顺序，从宝宝的肚子开始，然后向外扩展，擦拭他的手臂、手肘、手腕、手指。（重复1次）

游戏5：躲猫猫游戏
用纱巾盖住宝宝的膝盖，假装惊呼："哦天哪，你的膝盖去哪儿啦？"将手伸到纱巾下，轻轻拍打宝宝的膝盖，然后掀开纱巾，露出他的膝盖，一边轻拍一边告诉宝宝："你的膝盖在这儿！"（重复2~3次）

游戏6：纱巾瀑布
把几条纱巾系在一根绳子上，再把绳子系在两把椅子上形成"纱巾瀑布"。让宝宝从纱巾瀑布下面爬过。把宝宝的衣服脱下来，宝宝光着身子，这样，在爬的过程中纱巾就能从头到脚滑过他的身体。（持续3~5分钟）

我在活动	看我成长	我已掌握

走不稳阶段
我的下半身。培养宝宝对下半身有强烈的、直观的感觉很重要，因为这样能够让宝宝在运动中更加自信和独立。

游戏7：脚对脚
脱掉袜子，和宝宝脚对脚躺在地板上。用你的脚顶住宝宝的脚，引导他的脚和你的脚在空中"跳舞"。时刻关注宝宝的脚，当你感觉他的脚在独自移动时，跟着他脚的动作走。（持续 2~3 分钟）

游戏8：四条腿
两腿伸直坐在地板上。让宝宝两腿伸直坐在你的大腿上。取一条纱巾，将纱巾从你们俩的双腿中间、双腿下面、双腿上面穿过来，绕过去。感受纱巾带来的质感，并和宝宝说纱巾是如何绕过你们的腿的。（持续 2~3 分钟）

游戏9：我是小海豹！
让宝宝四肢着地。用一条纱巾将宝宝的双脚轻柔地系在一起，就像海豹的尾巴一样。让宝宝像海豹一样向前边爬边叫，向他示范如何像海豹一样挺起胸膛拍手！（持续 2~5 分钟）

淘气包阶段
我的3D体验。因为眼睛长在身体的前面，所以一般来说，我们对身体的前面比对身体的侧面和后面了解得多得多，对于孩子们来说也是这样。通过活动让孩子们对身体的各个面都有所感受和体验（3D身体活动体验），能够增强孩子的自我整体意识，培养他们的平衡感和直觉，有利于他们的人体中轴线发展。

游戏10：身体部位歌
唱身体部位歌："头发、肩膀、膝盖和脚、胳膊、后背……"如果想要提高难度，让孩子们试着在唱歌时做动作，用手去拍身体另一侧的部位。（比如左手拍右胳膊。）（歌曲的每一小节重复 3 次）

游戏11：翻来转去
让孩子们躺在地板上。让他们把胳膊伸向身体外侧拍地板，再把胳膊收回来拍身体。（重复 3 次）

游戏12：洗澡时间
让孩子双手抓着毛巾的两端并绕过后背，假装在擦身体。让孩子一边擦身体后面的部位如肩膀、臀部等，一边唱洗澡歌。注意：洗澡时或在游泳前后非常适合玩这个游戏。（重复 2~3 次）

奔跑者阶段
当孩子明白他的身体和其他人是一样的时，便有了归属感和集体感。

游戏13：西蒙说：我的身体
让孩子们围站成一圈，玩身体部位的"西蒙说"游戏："西蒙说摸摸你的鼻子""西蒙说摸摸你的脚后跟……"如果想要提高游戏的难度，可以一次让孩子摸两个身体部位："西蒙说摸摸你的鼻子和脚后跟。"（持续 2~5 分钟）

游戏14：西蒙说：你的身体
让孩子们两两结对，再玩一轮身体部位的"西蒙说"游戏。这一次，让他们摸同伴的身体部位。"西蒙说摸他的鼻子。"刚开始游戏的时候让一个孩子站着不动，另一个孩子来摸。待孩子熟悉这个游戏后，让两个孩子同时按照指令摸对方的身体部位。（持续 2~5 分钟）

游戏15：贴在一起
让孩子们两两结对。首先说出一个身体部位，比如"手"。这时，孩子们手拉手，且不能松手。然后说出另一个身体部位，比如"膝盖"。告诉孩子们在他们的膝盖贴在一起之前不能把手松开。当他们适应后，一次说出两个身体部位，让他们将这两个身体部位贴在一起。（持续 3~5 分钟）

跳跃者阶段
看看我有多厉害！拥有身体意识是做复杂动作的关键和基础。

游戏16：小小魔术师
给孩子们每人发一条纱巾，让他们把纱巾藏进衣服里，比如塞进衣领、袖子和裤腿等。当孩子们将纱巾藏好后，让他们假装自己是魔术师，把纱巾从衣服里"嗖"的一下拽出来！（持续 3~5 分钟）

游戏17：追尾巴游戏
让孩子们把纱巾藏进衣服里（比如藏进衣领、袖子、裤腿等），但留一条短"尾巴"在外面。让孩子们互相追逐，去抓对方的"尾巴"！重复游戏，但每一轮都让孩子们将尾巴放在另一个位置。（持续 5~10 分钟）

游戏18：接纱巾游戏
给每个孩子一条不同颜色的纱巾。说出一个身体部位，让孩子们把纱巾扔到空中，并用指定的身体部位去接住自己的纱巾。接下来让孩子们两两结对。说出一个身体部位，让孩子们把纱巾扔到空中，让结对的同伴用指定的身体部位接住自己的纱巾。（持续 5~10 分钟）

103

19 直觉

穿越隧道
空间意识：钻爬隧道

我们去探索神秘的隧道啦！穿越隧道的乐趣在于你不知道什么时候能从隧道里出来！让我们穿越隧道，看看能发现些什么吧！

准备材料
- 毯子
- 手电筒
- 书
- 盒子
- 玩具
- 可选项：丝带
- 球
- 玩具隧道（可以自己做也可以去商店买）
- 吱吱响的玩具
- 皱报纸
- 枕头
- 沙包
- 任务箱
- 眼罩

活动目标
- 空间意识
- 耐力
- 身体控制
- 视觉空间认知
- 解决问题能力

游戏语言
通过、在里面、在外面

游戏安全
- 确保宝宝在被裹住的时候呼吸通畅。
- 不要在玩具隧道内使用或放置尖锐物体。

教学重点
- 钻爬玩具隧道这样的活动能够让孩子们学会如何适应封闭、狭窄的空间。这也是他们对空间意识的最初感受。如果可以，让孩子们随时都可以玩穿越隧道的游戏。比如，一进家门口就放一条玩具隧道，让进出门变得更有趣！鼓励孩子们以不同的速度通过隧道。要知道，孩子们爬得越慢，对开发他们的大脑就越有好处；孩子们爬得越快，他们就越兴奋，越快乐！
- 即使孩子们已经会走路了，爬行对他们的发育仍然非常有益。玩具隧道能够让孩子们愿意再次回到地板上爬行。你可以在桌椅下布置一个低矮的小隧道，或者就铺一个毯子也可以成为隧道。用纸板箱或其他材料打造一个大隧道，则可以让孩子在里面进行跑步或跳跃运动。
- 当孩子在隧道里玩时，一定要时刻看护好他们。

我在活动　　　　**看我成长**　　　　**我已掌握**

新生儿阶段
空间概念初探。请让宝宝一点一点地来了解这个世界。

游戏1：裹在一起
躺下来，把宝宝放在你的胸前，你们俩肚子贴肚子。用毯子把你们两个裹在一起，一边轻柔地左右摇晃一边唱歌给他听。如果没有合适的毯子，你也可以用双臂紧紧抱着他，一边轻柔地左右摇晃一边唱歌给他听。（持续5~10分钟）

游戏2：解开束缚
抱着宝宝，轻柔地摇晃。保持眼神接触，和他说话或唱歌的同时不断地稍稍放松包裹宝宝的毯子，让他有越来越大的活动空间。如果没有合适的毯子，你可以把宝宝放在地板上，用你的手环绕他的身体。慢慢地把你的手从宝宝身上移开，让他感受周围的新空间。（持续5~10分钟）

游戏3：亲子空间
让宝宝趴在地板上，依偎在他的身边。在你们俩身上盖一条毯子，营造一种封闭空间的感觉。打着手电在毯子下面给他讲他最喜欢的故事，和他聊天，唱歌给他听。享受一段只属于你们两个的亲子时光。（持续5~10分钟）

我在活动	看我成长	我已掌握

小爬虫阶段
我与空间。孩子们通过将自己的身体与不同大小和形状的空间进行比较，来了解自己身体的大小和形状。

游戏4：宝宝箱
准备3个不同大小的纸板箱，将纸板箱顶部剪掉。鼓励宝宝进每个箱子里待几分钟，感受纸箱子的内部空间。在宝宝钻进纸箱子的时候要和他说话或唱歌，当他表示待够了的时候就把他从纸箱子里抱出来。（持续2~3分钟）

游戏5：不同角度的宝宝箱
鼓励宝宝爬进不同大小的纸板箱里玩，你可以把玩具或丝带挂在箱子里来诱导他。当宝宝探索过各种尺寸的纸板箱后，你可以把箱子放倒，鼓励宝宝从不同的角度再次探索纸板箱里的空间。（持续3~5分钟）

游戏6：穿过身体隧道
在他爬行时站在他面前，鼓励他从你的双腿间爬过去。做俯卧撑，引导宝宝从你的肚子底下爬过去。（重复2~3次）

走不稳阶段
探索新空间。隧道让人明白了大小是相对的：在大空间里，我看起来很小，但在小的空间里，我看起来很大！

游戏7：我的第一条隧道
把宝宝带到隧道的入口，跟宝宝说说隧道，并鼓励他去探索。把你的手放进隧道，然后再把他的手放进隧道里。把他最喜欢的玩具放到隧道中间，鼓励他进去拿。然后走到隧道的出口，鼓励他爬到你这边来。（持续3~5分钟）

游戏8：隧道躲猫猫游戏
利用隧道玩躲猫猫游戏。让宝宝从隧道的一边爬进去，鼓励宝宝爬到你这边来。接下来玩同样的游戏，但是这次你要用手遮住你的眼睛，这样宝宝就看不到你的眼睛了。再玩一次，这次当宝宝快爬出来的时候你躲起来，让宝宝找不到你。（持续3~5分钟）

游戏9：弯曲的隧道
做一个弯曲的隧道，这样当宝宝进入隧道时，隧道的出口是不可见的。一边和他说话、唱歌一边鼓励他爬进这个弯曲的隧道，这样他就能通过声音感觉到你始终和他在一起。（重复2~3次）

淘气包阶段
从隧道游戏中收获新能力。向孩子们展示如何用一件物品做不同的事，进而激发他们的想象力，培养他们从"是什么"到"如果……会怎样"的思维能力。

游戏10：喧闹起伏的隧道
在隧道里摆放一些毛绒玩具、发声玩具、褶皱纸等。在隧道外的地面垫一些枕头，制造出起伏的感觉。孩子每次通过隧道后，往隧道里放更多的玩具来丰富他的隧道旅行，比如放一个大大的毛绒玩具来阻挡他前进的道路，或者放一个玩具笛子供他演奏。（持续3~5分钟）

游戏11：隧道队长
放置多个隧道（你也可以打开纸板箱的两端，和原有隧道接起来形成混合隧道）。排列组合好后让孩子们玩"跟着队长向前冲"的游戏。无论队长去哪里，或者队长怎么前进（跑、爬或者跳），其他人都必须跟着队长一边前进一边做同样的动作。（持续10~15分钟）

游戏12：隧道挑战
让孩子们试着边踢球边通过隧道。（持续5~10分钟）

奔跑者阶段
空间探索。当孩子以不同的方式来探索空间时，他的感受也会有所不同。

游戏13：动物隧道
鼓励孩子模仿不同的动物来通过隧道（比如兔子蹦蹦跳跳、长颈鹿把脖子伸得很长、猫静悄悄地走、小马向前大跨步）。让孩子不仅模仿动物的走路姿势，也要模仿动物的叫声。（持续3~5分钟）

游戏14：超级动物隧道
重复"动物隧道"游戏，只是这次倒着通过隧道。接下来，让孩子们试着两人一组一起通过隧道。"猴子"是如何手牵手通过隧道的？"袋鼠"是怎样成对跳过隧道的？让孩子们来做做看吧！（持续5~10分钟）

游戏15：隧道里的毛毛虫
让孩子们像毛毛虫一样在隧道里扭动向前，但是手不使劲。接下来试试扭动向前，但是脚不使劲。最后来试试手和脚都不使劲，能不能在隧道里扭动向前穿行！让孩子仰面躺着试三次，趴过来再试三次！（持续3~5分钟）

105

我在活动   **看我成长**   **我已掌握**

跳跃者阶段
当孩子们掌握了在狭窄的空间内活动的技巧后，他们到更广阔的空间里活动会变得更加自信。

游戏16：双向隧道

两个孩子站在隧道的两端，让他们同时爬向隧道的另一端。在隧道内碰面后，让他们自己来解决如何避开对方，继续向前爬。接下来再让两个孩子进入隧道，制造隧道内的交通堵塞，让他们自己来解决避让通过的问题。（持续 3~5 分钟）

游戏17：记忆练习

把不同颜色的沙包放在隧道里。你来指定一种颜色，让一个孩子通过隧道，并将该颜色的沙包拿出隧道。接下来指定两种颜色的沙包并重复游戏，每次只允许一个孩子进入隧道。然后让孩子两两结对，指定两种颜色的沙包，让他们一起通过隧道找到沙包。指定更多种颜色的沙包，让孩子们进入隧道来寻找。也可以增加难度，你让孩子们按你喊出的颜色的顺序把沙包从隧道里一一拿出来。（持续 5~10 分钟）

游戏18：隧道寻物

让孩子从任务箱中选择 3~5 个物品，并把它们放到隧道里。指定一个物品让孩子去找，但在他进入隧道之前蒙住他的眼睛。这就要求他利用他的直觉爬进隧道，并通过触摸物品的大小、形状和质地来进行识别。注意：如果孩子对眼睛被遮挡感到不舒服，那就不要蒙住他的眼睛。（重复 2~3 次）

罐头里的沙丁鱼
理解大小和体积

和朋友们一起去旅行最开心啦！在旅途中，我可以把自己像沙丁鱼一样塞进盒子里！你能把自己塞进盒子里面吗？

准备材料
- 玩具（小、中、大）
- 袜子、帽子和手套（不同尺寸）
- 约8厘米大小的塑料球
- 塑料杯
- 沙子
- 塑料玩具船（沐浴玩具）
- 碗
- 纸
- 可选项：羽毛
- 纸箱（大小不同）
- 毛绒玩具
- 洗衣篮
- 不同尺寸的呼啦圈
- 水
- 水桶或盆
- 量杯
- 手指画颜料
- 毯子
- 粉笔或胶带
- 泰迪熊或柔软的玩具

游戏语言
小、中、大、长、高、宽、太小、太多、正好

游戏安全
不要把孩子独自留在水边。孩子在游戏时对其时刻保持监督。

活动目标
- 理解大小
- 自我意识
- 力度管理
- 理解体积
- 身体意识

教学重点
- 鼓励孩子们通过用不同的力度挤压物体来探索物体体积的变化。比如把睡袋放进收纳袋里，或者捡些地上的树叶装进袋子里，通过按压袋子缩减其体积。
- 每天或每周用卷尺测量身边的各种东西。

20 直觉

我在活动 | **看我成长** | **我已掌握**

新生儿阶段
探索东西的大小。探索不同大小的东西会让宝宝对自己身体的大小更有感觉。

游戏1：小号、中号和大号！
在宝宝的手里放一个小号的玩具让他抓握。再给他一个中号的玩具，最后给他一个大号的玩具。向他描述这三个玩具在大小上的差异。（持续2~3分钟）

游戏2：泰迪熊的"手"
把宝宝的手放在你的手里，向他展示你们两个手掌大小的不同。然后把泰迪熊的"手"放进他的手里，让他感受泰迪熊的"手"和他的手在大小上的不同。一边玩一边向他描述"小""较小"和"最小"这三个词的差异。（持续2~3分钟）

游戏3：紧紧拥抱
试着以不同力度去抱宝宝（由紧紧抱着到舒适地抱着再到最后松弛地抱着）。接下来，把宝宝最喜欢的毛绒玩具放在他的肚子上，辅助他用双臂紧紧抱住玩具。把宝宝和玩具一起抱起来，并给宝宝换一个不同大小的玩具，让宝宝感受大小差异带来的不同感受。（持续1~2分钟）

小爬虫阶段
让宝宝从日常的游戏中习得太少、太多和正好的概念。

游戏4：三双袜子
找三双不同大小的袜子（成人的、宝宝的和毛绒玩具的）。给宝宝分别穿上这三双袜子，让宝宝感受这三双袜子带来的不同体验。你还可以把袜子换成帽子和手套。（持续3~5分钟）

游戏5：迷你海洋球
在洗衣篮里装满约8厘米的塑料球，然后把宝宝放进篮子里。辅助宝宝在篮子里扭转摇摆，让宝宝观察篮子中的塑料球因为他的进入掉了出来。不断地向洗衣篮里补充塑料球，因为宝宝会把篮子里的球挤出去。（持续3~5分钟）

游戏6：宝宝爬圈
在宝宝面前竖一个呼啦圈，鼓励他爬过圈去。准备大小不同的呼啦圈让宝宝来爬，这种感觉就像钻隧道一样！（持续5~10分钟）

我在活动	看我成长	我已掌握

走不稳阶段
倒水游戏可以帮助宝宝更直观地感受大小和体积概念。

游戏7：倒水游戏1
给宝宝一个塑料杯子，教他如何倒水。让他试着一次倒一点，慢慢地把杯子倒满。让他继续往杯子里倒水，观察水溢出的状态。在你们玩倒水游戏时，向宝宝阐述"太少""太多"和"刚刚好"的概念。把水换成沙子，再来玩一遍这个游戏。（重复2~5次）

游戏8：倒水游戏2
找两个塑料杯子，让宝宝试着将一个杯子里的水倒进另一个杯子里。在玩这个游戏前，让宝宝练习抓握杯子，以保持在倒水时手的稳定性。向他示范如何将装满水的杯子举起来，把一定量的水倒进另一个杯子里。你可以把水换成沙子或者其他材料。（持续5~10分钟）

游戏9：小船别沉！
在盆里装满水，把一只玩具小船放在水面上。向宝宝示范如何把杯子浸入水里装满水，再把杯里的水倒进船里，直到船沉入水里。接下来，鼓励和辅助宝宝一次只往船里倒一点点水，让船始终浮在水面上。（重复3~5次）

淘气包阶段
测量可以将大小、体积和距离等抽象的概念转化成具象的体验。

游戏10：体积什么样？
往量杯里注入500毫升的水。现在让孩子把量杯中的水倒入碗里。找出各种不同形状大小的容器，看看500毫升的水可以装满多少个容器。（持续5~10分钟）

游戏11：量量手和脚
把孩子的手放在你的手上，比较手掌的大小。在你和孩子的手上涂满颜料，在白纸上按手印，比较你们俩手印的大小。你也可以用这个方法来比较你和孩子脚丫的大小。平躺下来，和孩子比看看，你们的身高差多少？（持续5~10分钟）

游戏12：身体做尺子
从房间的一端开始，让孩子们依次躺在地上，头顶脚、脚抵头，量一量，从房间的一端到另一端可以躺几个孩子。接下来让孩子们肩挨肩躺成一排，数一数这样可以躺几个小朋友。和孩子们讨论这两种不同躺法的区别。除此之外，还可以怎样用身体来测量距离呢？让孩子们试试看！（比如手挨手或脚挨脚等。）（持续10~20分钟）

奔跑者阶段
体积的变化。认识体积和空间的变化能够帮助孩子理解事物的不可预测性。

游戏13：变小！再变小！
给孩子们一条毯子，让他们对折再对折，不断对折到不能折得更小为止。接下来给他们几张纸，让他们尝试折成1/2、1/4、1/8……将折叠好的纸和原来的纸放在一起并比较大小。（持续5~10分钟）

游戏14：舀沙子
把沙子舀进三个桶里：第1个桶里装1/4，第二个桶里装1/2，第三个桶里装满。和孩子们一起来比较这三个桶并讨论以下问题：这三个桶里的沙子一样多吗？区别在哪里？我们怎么能让这三个桶的沙子变得一样多呢？当孩子们往桶里装沙子时，和他们一起来数一数需要往每个桶里舀几勺沙子。你还可以把沙子换成水、羽毛等来进行练习。（持续5~10分钟）

游戏15：形状和大小
用粉笔或胶带在地板上勾勒一个大三角形。让三个孩子沿着边躺下，构成一个三角形。让其他孩子躺进三角形里，把三角形填满。接下来让6个孩子组成一个三角形（每边躺2个孩子），现在看看有多少个孩子可以躺进这个三角形里面。让孩子组成其他形状，重复玩这个游戏。（持续10~20分钟）

我在活动　　　　　　　看我成长　　　　　　　我已掌握

跳跃者阶段
空间概念。当孩子们尝试用各种方法来填充空间时，他们的空间推理能力也在不断提升。

游戏16：变大的圆圈
两人一组，让一个孩子站着不动，另一个孩子以他同伴的脚为圆心画一个圆。现在让三个孩子一组，让两个孩子并排站着，第三个孩子以他们两个为圆心画一个圆圈。把这个圆圈和之前的圆圈进行大小比较。让三个孩子做圆心、四个孩子做圆心……不断增加做圆心的孩子的个数，不断比较画出来的圆圈大小。最后让所有的孩子站在一起，围绕他们画一个大圆圈。最后让所有孩子分散开，手拉手站立，画出一个大圆圈。大家可以在比较圆圈大小的同时讨论多和少的概念。（持续 5~10 分钟）

游戏17：有多长？有多宽？
找一个装电视或冰箱的纸板箱，让孩子们用身体来测量它的大小。例如，孩子们可以用手或脚做单位，或者张开手臂来测量箱子的宽度。他们甚至可以躺在箱子旁边测量它的长度和宽度。让孩子们头顶脚、脚抵头躺在一起，测一测箱子有多深。让孩子们想一想，还有什么用身体测量东西的方法。（持续 5~10 分钟）

游戏18：罐头里的沙丁鱼
给孩子们一些不同大小的箱子，让孩子们想方设法把自己塞进箱子里。找一个装电视或冰箱的纸板箱，让孩子们一同探索如何让所有人都钻进纸板箱里。他们应该站着还是躺下？身体的一部分在箱子里、一部分在箱子外可以吗？在游戏时，只在旁边看护他们，让孩子们自己来探索。（持续 10~15 分钟）

109

21 直觉

木板上的毛毛虫
力量管理：推和拉

一天，毛毛虫卷卷和毛毛虫弯弯站在跷跷板的一端。它们准备比比看，看谁能先爬到跷跷板的另一端去。它们两个都很强壮。虽然跷跷板很长，但是它们一直在一拱一拱地向前爬。不好！有人把它们这一端的跷跷板压了下来！现在，它们发现自己正在向上爬！毛毛虫卷卷和弯弯该怎么向上爬到另一端呢？你来教教它们吧！

准备材料
- 柔软的玩具（不同重量、大小和质地）
- 放玩具的箱子
- 篮子或桶
- 玩具汽车
- 玩具坡道
- 不同质地和纹理的铺垫（地毯或塑料气泡纸）
- 绳子
- 白板
- 木板
- 可选项：粉笔或胶带

活动目标
- 力量和阻力
- 自我意识
- 身体力量
- 团队合作

游戏语言
通过、沿着、向上

游戏安全
- 确保孩子在使用绳子、木板或其他材料时的安全。

教学重点
体验重量、力量和阻力是孩子直觉发展的重要部分。在日常生活中，你可以通过让孩子掂量物品有多重来理解重量概念。

我在活动   **看我成长**   **我已掌握**

新生儿阶段
运动的感觉。尽管小宝宝还没有进行有意识的运动，但是他们已经开始感觉到和运动有关的信息。这些信息是他们未来独立运动的基础。

游戏1：四肢运动
让宝宝平躺在床上，柔缓地将他的双腿弯到他的胸前，然后再放回原位。做动作时推动他的脚底，感觉他双脚的反作用力。双臂也重复这个动作，把双臂从两边拉到胸前叠在一起，然后再次放回原位。（重复1~2分钟）

游戏2：宝宝仰卧起坐
让宝宝平躺。支撑他的头、脖子和肩膀，柔缓地把他的上半身托起来，形成一个坐着的姿势。保持一会儿，向他微笑，和他交谈，然后缓慢地再把他的上半身放下去，让他休息。（持续1~2分钟）

游戏3：宝贝飞飞
你躺在地板上，让宝宝趴在你身上，和你脸对脸。支撑他的胸部，柔缓地将他托举起来，再放下来，让他的小手可以触摸你的脸。在这一过程中保持语言和眼神交流，你还可以唱歌给他听。（重复2~3次）

| 我在活动 | 看我成长 | 我已掌握 |

小爬虫阶段
拿起来，放下去。简单的捡起和放下动作为宝宝进行自我管理、与环境互动奠定了重要基础。

游戏4：捡起来，放下去
让宝宝坐在你的腿上。在你们俩身边堆满柔软的玩具，和宝宝一起来探索。和他聊一聊他拿起来的玩具，然后再选另一个玩具给他看。引导他用双手拿，每拿起来一个就放下一个。你可以把一个玩具举起来让他伸手去抓。（持续 5~10 分钟）

游戏5：这是我的！
让宝宝趴在地板上，你在他面前放几个玩具并一一介绍，看看他会伸手拿哪一个。一旦他抓住一个玩具，就假装要从他手里抢过来（但不要真的把玩具拿走）。他会感受到的拉扯力量，而这可以鼓励他努力地去抓握，并向你移动。（持续 5~10 分钟）

游戏6：我的第一个玩具盒！
在收纳盒里放上几个毛绒玩具。让宝宝坐在收纳盒旁边，鼓励他去翻一翻盒子里都有什么。每当他从收纳盒里拿出来一个玩具时就要欢呼和鼓励。当他把收纳盒里的玩具都拿出来后，继续往里面装上不同大小和质地的玩具，这样他就可以不停地玩下去。（持续 5~10 分钟）

走不稳阶段
了解自己的力量。当宝宝学会站立了，他们对自己的身体力量和独立行动有了新的感受。

游戏7：给你一个吻
让宝宝坐在你的腿上面对你。握住他的手，温柔地把他拉向你，给他一个吻或者一个飞吻，再慢慢把他推开。不断重复这个游戏，直到他明白了你在做什么并开始学你的动作。当他开始主动来吻你的时候，要在保持温柔的同时在推和拉中增加一点阻力。这将会给他一种改变力量、突破阻力的感觉。（持续 2~3 分钟）

游戏8：推车游戏
在地板上边爬边推玩具汽车或卡车是发展宝宝直觉的好方法。你可以通过在地板上铺上地毯或者气泡纸等不同质地和纹理的材料让宝宝推玩具车的速度慢下来。这将迫使他推车推得更用力些。增加一个坡道，这样宝宝就可以向上推车了。你还可以到户外、到小斜坡或小山坡上，到沙地或泥地里让宝宝玩这个游戏。（持续 10~30 分钟）

游戏9：我的第一次倒立
让我们从教宝宝如何像猴子一样走路开始（双手放在地板上、臀部翘到空中，四肢着地、胳膊和腿伸展向前爬着走）。给他足够的时间和空间来学猴子走。当宝宝已经学会后，让他像猴子一样站在你面前背朝你，双手撑地。慢慢把他的双脚抬离地面，让他用双手撑着自己的身体。让他的双脚蹬着你的双腿向上"走"到你大腿上，然后再缓慢地蹬着你的双腿"走"回地面上。（重复 3~5 次）

淘气包阶段
身体造型。空间意识就是身体如何适应以及穿越空间的内在意识，它对理解空间中物体的相互关系十分重要。

游戏10：铺路游戏
让孩子们弯曲手肘趴在地上，手掌放在地板上，靠近肩膀。保持双脚不动，双手推动地面，身体向上，手臂伸直，向前拉动身体，然后趴回地面休息。（持续 2~3 分钟）

游戏11：造桥游戏
用一堵安全的墙作支撑，让孩子们探索用他们身体的一部分或全部来造一座桥。例如，可以双手推墙，可以是一只脚抵墙，双膝弯曲靠墙坐着，或者后背靠着墙等。将一辆玩具车滚到孩子们造的"桥下"，让孩子们感受他们用身体创造的空间。然后让一半的孩子做"桥"，另一半孩子从桥底下钻过去。重复这个游戏，直到每个人都体验过造桥和钻桥这两个动作。（持续 3~5 分钟）

游戏12：建造摩天大楼
让孩子站在白板前，在白板上画一个方框。接下来在一本厚书上搭一块厚木板造一个缓坡。扶着孩子走上木板，在刚才画的方框上方再画一个方框。不断增加坡的高度，看看孩子能画一个多高的摩天大楼。（持续 3~5 分钟）

111

我在活动　　　　　　看我成长　　　　　　我已掌握

奔跑者阶段

探索新空间。在孩子们发展他们的协调能力和身体控制能力时，你可以通过改变他们的活动场地来增加难度和挑战。

游戏13：木板上的毛毛虫

在地上放一块厚木板，让孩子趴在木板上，肚子贴着木板爬过去。接下来，让他扭动后背爬过木板。最后不要让他用胳膊，而像毛毛虫一样一拱一拱地爬过木板。如果他从木板上掉下来，就要重新开始这个游戏。（重复3~5分钟）

游戏14：两只毛毛虫

在地板上放一块长木板（或者用粉笔或胶带在地板上勾勒一条线）。在热身阶段，让两个孩子趴在地上，肚子贴地爬过木板。接下来，让他们头顶脚趾爬在木板上，第二个孩子抓住第一个孩子的脚，一起爬过木板——第一个孩子用他的胳膊带动向前，第二个孩子用他的脚向蹬。让孩子们翻过身，躺在地上再来玩一次。（重复2~3次）

游戏15：爬坡游戏

将木板倾斜支在地面上，高的那端距离地面5~8厘米。让孩子趴在地上，抓住木板两边，用胳膊拉动自己向木板上爬。（双脚应尽量保持不动，或者让他弯曲膝盖，这样双脚就无法用力。）在接下来的游戏中，每次都将斜坡的高度提高几厘米。（重复3~5次）

跳跃者阶段

负重运动可以直接锻炼上半身的力量。以下这些活动既可以在室内进行，也可以在室外进行。

游戏16：绳桥

把一根绳子系在两根结实的柱子上，绳子距离地表大约1米高。向孩子展示如何双手抓握绳子，手换手地沿着绳子向前、向后移动。接下来让孩子在绳子下方盘腿坐下来，让他双手拉住绳子，手换手地向前、向后移动。（重复2~3次）

游戏17：木板和绳子

将木板倾斜支在地面上，高的那端距离地面5~8厘米。将绳子的一头固定在柱子、墙壁或任何其他可以固定的地方。绳子的另一头则垂在木板上。让孩子趴在地上，弯曲膝盖，这样双脚就无法用力了。站在孩子旁边，让他自己通过手换手拉绳子这个动作爬上木板，再从木板上下来。让孩子躺在地上重复这个动作。每次游戏，都将木板垫高一些以增加难度和挑战，并给孩子一些时间来休息。（重复3~5次）

游戏18：绳子游戏

延续"木板和绳子"游戏。接下来，将绳子的另一头系在木板高的那端，让孩子拉住绳子，爬上斜坡。在坡顶休息一下，让他拉着绳子再从斜坡上下来。站在他旁边，随时准备提供支持。你可以将木板垫得高一些以增加难度和挑战。（重复5次）

杰克和吉尔

力量管理：理解轻和重

22 直觉

杰克和吉尔一起拎着一桶水上山。由于水桶太重，杰克不小心摔倒了，吉尔也被带着摔倒了。都怪这桶水太重了！小朋友，你能分辨物体的轻重吗？

准备材料
- 不同重量的球
- 桶
- 各种各样的宝宝玩具
- 用来推的玩具（玩具马车或玩具货车）
- 两个提桶
- 水
- 两个盆子
- 纸
- 鹅卵石或石头
- 玩具船或塑料容器
- 围巾
- 绳子
- 呼啦圈
- 不同大小的物件
- 大纸箱

活动目标
- 强度管理
- 理解重量概念
- 团队合作

游戏语言
推、拉、轻、重

游戏安全
- 不要把孩子独自留在水里或水边。孩子在游戏时对其时刻保持监督。
- 做分组活动时，每个小组的孩子的体重差不多。
- 在游戏中，不要给孩子他拿不动的物品。

教学重点
- 孩子学会如何控制自己的力量将会提高他的生活技能，例如：如何倒牛奶，写字时如何扶纸，甚至拥抱朋友时使多大劲。
- 鼓励孩子自己的东西自己拿（东西的重量是在合理范围内）。
- 许多生活技能要求孩子们了解"太多""太少"或"刚刚好"的概念。通过在游戏中使用不同重量的物体，孩子们能够直接、实际地感受到细微差异，进而帮助他们更好地了解什么是"太多""太少"和"刚刚好"。

我在活动　　　　**看我成长**　　　　**我已掌握**

新生儿阶段
丰富的感觉增强了宝宝的感官意识。

游戏1：压力按摩
让宝宝平躺，从头到脚按摩他的躯干，由轻到稍重，逐渐增加按摩的压力。把宝宝翻过来让他趴在床上，再次从头到脚按摩他的躯干。（持续2~3分钟）

游戏2：脉冲按摩
让宝宝平躺，顺着他的胳膊和腿按摩。轻柔地用脉冲手法按摩：按压－放松－按压－放松。（持续2~3分钟）

游戏3：推手游戏
把你的手掌和宝宝的手掌合在一起。当他推你的手时，让他能够轻松地推开。配合他的力量，轻轻把他的手向后推。慢慢地增加阻力，让他在推你的手时需要用一点力气。双手、双脚重复这个动作。（持续2~3分钟）

我在活动	看我成长	我已掌握

小爬虫阶段
核心力量是发展平衡能力和自主运动的重要基础。

游戏4：降落伞倾斜
你坐在地板上，让宝宝坐在你的双腿之间背靠着你。轻柔地让他向一边倾斜，你用双臂支撑着他的胸部，让他的双手呈降落伞姿势张开。这将促进降落伞反射。另一边同样重复这个动作。（重复1~3次）

游戏5：我的球桶
当宝宝可以独自坐着的时候，让他坐在地板上。给宝宝一个桶，并在桶里装满不同重量的球。鼓励宝宝玩球，探索球的不同重量。向他示范如何把球放到桶里，再把球从桶里拿出来。（持续5~10分钟）

游戏6：当大马
当宝宝在地板上爬来爬去的时候，在他的背上放一个轻一点的玩具，比如一个玩具熊。如果宝宝喜欢这个游戏，那就不断换一些更重的、不同的玩具。然后向他展示如何像马一样站起来，把玩具倒在地上。在他需要的时候帮助他。（持续3~5分钟）

走不稳阶段
胳膊和腿的力量。在与周围环境的日常互动中，宝宝们逐步学会了如何使劲用力。

游戏7：我的第一个俯卧撑
支撑宝宝的胸部和臀部，让他把双手放在地板上。保持这个姿势，并感受他试图推地板的动作。当他推地板时，轻柔地将他的身体向上抬，再向下放。把手换成脚并重复这个动作。（重复2~3次）

游戏8：我的第一个手推车
在他面前大约8厘米的地方放一些他喜欢的玩具。让宝宝四肢着地，举起他的大腿，支撑着他的胸部和臀部，确保他的背部挺直。鼓励他用手向前走，但不要推他。当他拿到玩具时，把他的腿放低一点，这样他就可以玩了。为了增加难度，逐渐拉开他与玩具之间的距离。（持续1~2分钟）

游戏9：推玩具车
给宝宝一个可以推的玩具，比如玩具马车，让他推着玩。再把各种不同的物品放入马车里（这些物品的重量各不相同）。随着马车越来越重，告诉宝宝要多用些力，才能推动马车前进。（持续5~10分钟）

淘气包阶段
拿东西。拿东西这个简单动作会给身体和大脑带来新的运动体验。

游戏10：小小邮递员
在房间里为孩子开辟一个小运动场，沿途设置3~5个停靠点，让孩子先跑一圈热身。给孩子在桶里装3~5个玩具，让他拎着一桶玩具再跑一圈，并往每个停靠点放上一个玩具。然后让他倒着跑，再从每个停靠点把玩具收回来。（持续5~10分钟）

游戏11：杰克和吉尔
游戏开始时往桶里放一点水，让孩子双手提桶，轮流提着水桶穿过房间。重复这个游戏，但要左右手交替提桶穿过房间。逐渐往桶里加水，水桶越来越重。你还可以带着孩子们到户外去，在山坡上玩这个游戏。叮嘱孩子们尽量不要把水洒出来！（持续5~10分钟）

游戏12：杰克和吉尔拎水桶
这个游戏比较适合在户外进行。在活动区的一边放一个装满水的大浴盆，另一边放一个空浴盆。给每个孩子发一个桶，告诉他们如何从大浴盆里舀出来半桶水，然后跑到空浴盆那边再把水倒进去。这个游戏的目的就是让他们把一个盆里的水转移到另一个盆里。接下来，让孩子们两两结对，把桶装满水，一起拎到空盆那边把水倒进去。叮嘱孩子们尽量不要把水洒出来！（持续5~20分钟）

我在活动　　　　　　　　　看我成长　　　　　　　　　我已掌握

奔跑者阶段
比较重量。通过体验不同重量的感觉，来帮助本体感受器来适应不同的外部环境。

游戏13：哪个桶更重？
拿两个桶，一个桶里装半桶皱纸团，一个桶里装半桶水。探索哪个桶更重。然后让孩子提起这两个桶（两手各提一个桶），在地板上沿着线，脚趾贴脚跟地向前走。让他缓缓手再走一次。接下来让孩子自己决定要在桶里放什么，并重复这个游戏。（持续 3~5 分钟）

游戏14：把船击沉
让孩子们收集一些石头。在水池或浴缸里装满水，让一只玩具船浮在水面上。让孩子们轮流在船里放石头，鼓励他们估算一下，如果想要这只船沉到水里需要多少块石头。把石头换成蜡笔或者积木，让孩子们再玩一遍这个游戏。（持续 2~3 分钟）

游戏15：掰手腕
让两个孩子脸对脸趴在地板上。向他们示范如何掰手腕：两个人右手紧握，右手肘始终支在地板上。让他们把左手藏在身体下方，不要使用（这是为了比赛更公平）。要求两个孩子在掰手腕时身体其他部位都保持不动。"1、2、3，开始！"换手重复掰手腕游戏。（持续 5~10 秒 / 轮）

跳跃者阶段
解决问题。集体活动可以提升孩子们的合作意识，领导能力和解决问题能力。

游戏16：拔河
在绳子的中间松松地系一条纱巾，并在地板上放一个小呼啦圈来标识中间位置。把孩子们分成两组，拔河开始。先是每边两个孩子拔河，然后只在一边加一个孩子继续拔河，讨论发生了什么。再在另一边增加一个孩子，保证两边的队伍人数相同。继续拔河，讨论又发生了什么。（持续 5~10 分钟）

游戏17：搬家小能手
为孩子们开辟一个小运动场，沿途设置 5 个停靠点和一个大本营。在每个停靠点都放一个物品，但是要保证这五个物品的重量不同（比如一个球、一大盒羽毛、一桶积木等）。这个活动要求孩子将五个停靠点里的物品拿回大本营，但途中不要把东西弄掉。孩子们需要一起商讨、规划线路，如何把这五个物品一次性拿回来。如果孩子们一次性拿回来有困难，允许他们多次往返。（持续 3~5 分钟）

游戏18：忙碌的公交车
把一个大纸板箱装饰成公交车。和孩子们一起在房间里画出公交行驶路线。鼓励他们先推着空公交车感受一下有多轻。现在让一个孩子上车！剩下的人继续推这辆公交车沿行驶路线行进。每次增加一个乘客，直到他们推不动为止。（持续 5~10 分钟）

115

23 直觉

游戏日
理解边界

游戏日就要到啦！在这一天，小朋友们要聚在一起玩游戏！你最喜欢什么游戏？在开始游戏之前，让我们来唱"一起绕着圆心转"这首歌吧！

准备材料
- 小障碍物（毛巾卷或小枕头）
- 不同材质的物品（报纸、气泡纸、毛巾、毛织物）
- 椅子
- 可选项：毛毯
- 楼梯
- 玩具
- 粉笔或胶带
- 毯子、床单或降落伞
- 呼啦圈
- 绳子

活动目标
- 空间意识
- 时间意识
- 团队合作
- 身体意识
- 遵守规则

游戏语言
环绕、在里面、在外面

游戏安全
- 在孩子爬楼梯时，始终站在孩子身后保护并给予必要支持。不要把孩子独自留在楼梯上或者楼梯附近。
- 在教孩子下楼梯时，要扶着他，让他倒着往下爬楼梯。对于小孩子来说，倒着下楼更安全。

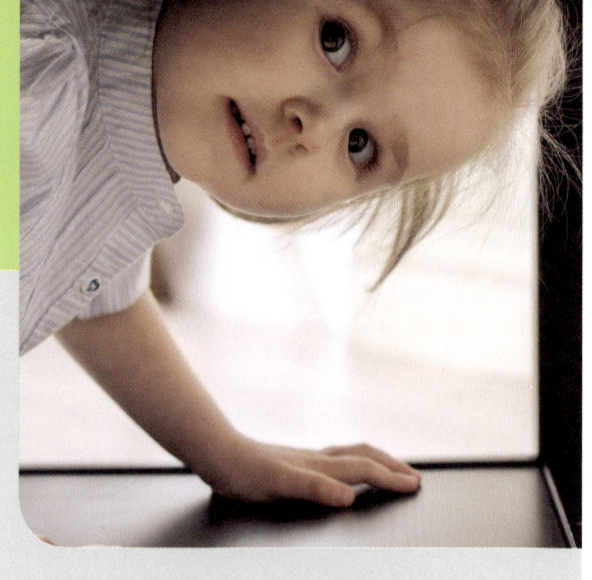

教学重点
玩"冰冻人"游戏：规划游戏区域，选一个小朋友当"冰冻人"来追，其他小朋友跑，不要被"冰冻人"拍到。一旦被"冰冻人"拍到就必须原地"冻"住，直到以下两种情况发生才可以"解冻"：
（1）另一个小朋友从你两腿之间爬过，你就可以"解冻"了。
（2）所有的小朋友都被"冻"住了，游戏结束，并重新选一个"冰冻人"。

我在活动　　**看我成长**　　**我已掌握**

新生儿阶段
认识边界。宝宝对边界的理解始于对身体边界的认知。

游戏1：脸的边界
温柔地抓着宝宝的手，让他摸你的脸。保持眼神交流的同时跟他说他正在摸你脸的哪个部位。接下来，抓着宝宝的手，让他去摸自己的脸，同时跟他说这是他的额头、脸颊、下巴、嘴巴、鼻子等。（持续1~2分钟）

游戏2：身体的边界
柔缓地按摩宝宝的手（一次只按摩一只手），从手腕开始，按摩他的手掌、手背、每一根手指，最后按摩指尖。按摩完后，轻轻拍打或亲吻他的每一根手指。对宝宝的脚重复这些按摩动作。（持续 2~3 分钟）

游戏3：物体的边界
脱下宝宝的袜子，让他背对着你，脚伸向前方。抱着宝宝参观房间，把他的脚放在不同的表面，如墙壁、家具、枕头和地毯等。当你感觉到他的脚正在用力蹬的时候向后退，好像这些表面有弹性，把他弹回来一样。（持续 2~3 分钟）

| 我在活动 | 看我成长 | 我已掌握 |

小爬虫阶段
自由移动。当宝宝们可以独自活动的时候，自然会在生活中遇到各种边界。

游戏4：自由探索
清理地板上的障碍物，给宝宝尽量大的空间来活动和探索。你躲起来，让他找你，看看他会做些什么。（持续10~20分钟）

游戏5：遭遇障碍物
在"自由探索"游戏中，在你和宝宝之间放一个障碍物，比如一个毛巾卷或者一个小枕头。引导宝宝爬过障碍物到你身边来。根据宝宝的需要提供必要支持。（持续10~20分钟）

游戏6：各种物品
在地板上放各种不同材质的物品，比如报纸、塑料气泡纸、毛巾或毛织物。让宝宝四肢着地，你退后一点，鼓励宝宝爬向你。如果他在摸到某种物品时犹豫不决，鼓励宝宝，让他继续爬。（持续10~20分钟）

走不稳阶段
探索边界。在游戏时请注意：千万不要把宝宝独自留在楼梯上或楼梯附近。

游戏7：倒车游戏
把桌子排成一排，在上面盖上毯子，形成一个隧道。让宝宝从隧道的一端（入口）钻进去，当宝宝爬到另一端（出口）后，和他打个招呼，让他倒着进隧道里面，并从入口倒着出来。（持续3~5分钟）

游戏8：爬楼梯
大部分宝宝在学会走路之前就学会了爬。当宝宝表现出向上爬的兴趣时（伸展身体，把腿向上抬起准备攀爬）就可以引入楼梯上的活动了。站在宝宝的身后，给他身体和精神上的双重支持。看他如何抬起膝盖，然后整个身体爬上去。在后面扶着他的腰给他支撑，但是不要干预他的攀爬尝试。每当他爬上台阶就鼓励他，你还可以试着在楼梯上放些玩具，引导他爬得更高、更远！（每次重复2~3次）

游戏9：爬下来
一旦宝宝可以轻松地向上攀爬，你就可以训练宝宝从楼梯上爬下来了。安全见起，让宝宝面朝楼梯，昂着头，倒着爬下来（这样比较容易保持平衡）。把他放在第二级台阶上，扶住他的胸部下方，引导他的一个膝盖退到第一级台阶，然后另一个膝盖也退到第一级台阶上。重复这个动作，直到宝宝沿着台阶下到地面上。（每次重复2~3次）

淘气包阶段
变换活动。用边界限制孩子的动作，这样他就会尝试用新的、不同的方式活动和控制身体。

游戏10：踩轨道
用粉笔（或胶带）在地板或室外地面上画一条长线。让孩子的一只脚始终踩在线上。当你说"嘟"的时候要向前走，说"嘟－嘟"的时候要向后退。如果是一组孩子来玩这个游戏，那么让后面的孩子把一只手搭在前面孩子的肩膀上。（持续2~3分钟）

游戏11：轨道不要踩
在地板或室外地面上画一条弯曲的线——画得越弯曲越好。让孩子沿着线但不要踩到线走。当你说"嘟"的时候要向前走，说"嘟－嘟"的时候要向后退。如果一组孩子来玩这个游戏，那么让后面的孩子把一只手搭在前面孩子的肩膀上。（持续2~3分钟）

游戏12：火车脱轨啦！
当火车脱离轨道时，它会打着滚翻出去！在地板上画一条长长的直线作轨道，让孩子们躺在轨道的一侧，手举过头顶贴在轨道上。给孩子讲游戏的玩法：如果听到"嘟"的声音，意味着他们需要翻离轨道，但要贴在轨道上。听到"嘟－嘟"两声是要翻回轨道上，听到"嘟－嘟－嘟"三声，就要停止翻滚。让孩子们在听你的指令时尽可能长时间地翻滚，并鼓励他们在滚动时保持手臂伸直，脚踝并拢。（持续2~3分钟）

我在活动　　　　　　看我成长　　　　　　我已掌握

奔跑者阶段
遵守界限。当孩子们在游戏中学会不逾越界限，他们就会开始学着遵守规则和尊重他人。

游戏13：一起绕着圆心转
在地板或室外地面上用三种颜色来画三个圆圈。让孩子们手拉手在一个圆圈外围成圈，边绕圈边唱"一起绕着圆心转"这首歌。当孩子们唱到最后一句的时候，给他们下指令，告诉他们到哪个颜色的圈去。等下次再玩这个游戏的时候，让他们换一个动作来玩。（重复3~5次）

游戏14：棋子跳跳跳
在地板或室外的地面上画一个巨大的黑白跳棋棋盘。将孩子们分成两组，在棋盘两边相向而站，排成一行。告诉孩子们需要跳到另外一边，但只能跳进黑方格里。当两个孩子相遇时，让他们想办法在不踩到白方格的情况下交换位置。玩完一局后，你可以让他们换一个动作来重复这个游戏。（持续5~10分钟）

游戏15：猫抓老鼠
让孩子们手拉手围成圈。选一个孩子站在圆圈里面当猫，另一个孩子站在圆圈外面当老鼠。围圈的孩子们需要阻止猫突破圆圈去抓老鼠。如果猫抓住了老鼠，那么老鼠就变成了猫并进入圈内。让围圈的一个孩子出来当老鼠，并再找另一个孩子把圆圈补上。（持续10~20分钟）

跳跃者阶段
变化中的边界。生活中的一些事物并没有明确的边界，通过游戏，让孩子们尝试对不断变化的环境做出反应。

游戏16：赶绵羊
为孩子们划定一块游戏区域，指给他们看游戏区的边界在哪里，在游戏区的一角画一块地方做羊圈。把孩子们分成两组——一组当绵羊，一组当农夫。给农夫组一块大床单，让他们抓住四个角把床单拉平展（这就是移动围栏）。当你下令开始的时候，当绵羊的孩子们就要逃跑，但不能跑出游戏区的边界。农夫们需要想办法，利用他们的移动围栏把所有的绵羊都赶到羊圈里。之后让两组孩子互换，再来玩一次。（持续5~10分钟）

游戏17：躲呼啦圈
给每个孩子发一个呼啦圈，让他们沿着跑道两边站成两排。选一个孩子当跑步运动员。在他跑的时候，跑道两边的孩子需要把呼啦圈滚到跑道上来套住他。运动员则必须小心躲开从两边滚过来的呼啦圈。如果呼啦圈套住（或者碰到）运动员，那么游戏结束，套住运动员的那个孩子会成为新的跑步运动员。（持续10~20分钟）

游戏18："冰冻人"
用黄色的绳子来划定一块游戏区域，邀请孩子们来玩传统的"冰冻人"游戏。接下来试着玩不能解冻的"冰冻人"游戏：所有人都被"冻住"之后游戏结束。重新规划游戏区域（把游戏区域缩小），再次玩"冰冻人"游戏。（持续15~30分钟）

118

辨识方向
方位感

小恐龙很苦恼，因为它总是分不清方向。有时候，它想向前走，实际上却在向后退，想要向后退可却在向前走；它想待在房间里，实际上却在房间外，待在房间外又总是遇到麻烦；它想坐下来，可却一直在一步接一步向前走！让我们一起来帮帮小恐龙吧！

24 直觉

准备材料
- 摇铃和其他宝宝玩具
- 吸管刷
- 飘带
- 布单
- 毛巾
- 莱卡弹力布料
- 圆点贴纸
- 软轮玩具车
- 羽毛或泡沫球
- 球
- 硬纸箱
- 健身垫
- 可以用来做尾巴的布条或绳子

活动目标
- 方向感
- 理解物体存续性
- 解决问题能力

游戏语言
内、外、前、后、在中间、通过、上、下、缠绕

游戏安全
- 让孩子们在健身垫上翻滚。

教学重点
- 语言+经验=理解。在活动时经常向孩子们描述所处的位置和方向，这样他们就能够逐渐听懂了。
- 经常向孩子提出"你在哪里？"这类问题，让他使用方位词汇来进行表达。

SARAH WHITING

我在活动   **看我成长**   **我已掌握**

新生儿阶段
位置。在了解世界之前，宝宝需要先了解自己。对于宝宝来说，了解身体各部位之间的位置关系是非常重要的。

游戏1：手掌内外
轻轻打开宝宝的手，将拨浪鼓的手柄放入他的手中，告诉宝宝拨浪鼓在他的手掌内。轻轻打开宝宝的手指，拿出拨浪鼓，告诉宝宝拨浪鼓已经拿出来了，在他的手掌外。尝试用不同的玩具或物品重复这个游戏。（持续1~2分钟）

游戏2：身体前后
让宝宝平躺，找一个装着柔软轮子、轮子可以自如转动的玩具车，轻轻地在他的胸前滚动，一边滚一边告诉宝宝这是你身体的前面。把宝宝翻过来，让宝宝趴好，将玩具车在宝宝的后背从头到脚地滚动。告诉宝宝这是你身体的后面。（重复3~5次）

游戏3：双手之间
轻轻打开宝宝的双手，张开他的手指，双手合在一起。把一个软软的吸管刷放在他的两手之间，一边轻柔地摩擦一边告诉宝宝吸管刷在两只手的中间。把吸管刷放在宝宝的两脚之间重复上述动作。（重复2~3次）

我在活动	看我成长	我已掌握

小爬虫阶段
物体存续性。 让宝宝明白，当物体从视线中消失之后，它们其实依然存在。通过游戏，给宝宝有关看得见和看不见的体验。

游戏4：脚丫在哪里？
在容器里填满羽毛或其他柔软触感的材料（如泡沫球）。让宝宝坐在你的膝盖上，把他的脚放进容器里再拿出来。让宝宝观察你把他的脚放进容器、羽毛把他的脚完全覆盖的过程，然后问他："你的脚在哪里？"把宝宝的脚从容器里拿出来，告诉他："看，你的脚在这儿！"对宝宝的膝盖、手和手肘重复这个游戏。（持续2~3分钟）

游戏5：飘带瀑布躲猫猫
扶着宝宝站立，并让他背对你。把一些飘带挂在门廊上，和宝宝一起穿过"飘带瀑布"。转个身，再带宝宝穿一次"飘带瀑布"。让宝宝坐下来，你独自穿过"飘带瀑布"。现在，让我们来玩"飘带瀑布"躲猫猫游戏吧！鼓励宝宝穿过"飘带瀑布"来找你。（持续3~5分钟）

游戏6：球不见了！
轻柔地给宝宝滚一个球，在球滚动时找一块布盖到球上。球不见了！问宝宝："球去哪儿啦？"和宝宝一起趴在地上找球，最后把布掀开，告诉宝宝："看，球在这儿！"（重复3~5次）

走不稳阶段
语言具象化。 将方位词语在宝宝的身体上具象地演绎出来，能够让宝宝"感受"这些方位词的含义。

游戏7：跳纸箱游戏
在地板上放几个纸板箱。支撑宝宝的腋下，把宝宝慢慢抱起来然后放进一个纸箱里。把他从纸箱里抱出来，换一个纸箱再放进去。不断重复，从一个箱子出来进入另一个箱子，再出来，一边玩一边告诉宝宝他的位置：在箱子"里"，在箱子"外"。（持续3~5分钟）

游戏8：翻过山坡
卷几条毛巾放在地上。把健身垫放在毛巾卷上，做出一条起伏的坡路。鼓励宝宝爬上坡，然后再从坡上爬下来。（持续3~5分钟）

游戏9：身体缠绕
用一块莱卡弹力布料轻轻包裹宝宝身体的各个部位（腿、手臂、躯干）。边包裹边告诉他你在做什么（比如"我在用布缠绕你的腿"）。最后把他的四肢和躯干都包裹起来。然后松开！（持续3~5分钟）

淘气包阶段
全面了解自己。 帮助孩子理解"后面"这一简单的概念有助于他在三维空间中更好地认知自己。

游戏10：摇尾巴
把一条纱巾或者绳子塞进孩子裤子的后面当尾巴。和他一起趴在地上，示范如何来摇尾巴。快速摇尾巴，慢速摇尾巴，让尾巴摆动的幅度大一些，然后小一些。边摇摆边鼓励孩子回头去看尾巴。（持续2~3分钟）

游戏11：尾巴在哪儿？
让孩子站好，把一条纱巾或者绳子塞进孩子裤子的后面当尾巴。一起来念童谣"尾巴去哪儿啦"，向左转3圈，向右转3圈，然后回过头去找他的尾巴。（重复2~3次）

游戏12：抢尾巴
把一条纱巾或者绳子塞进孩子裤子的后面，或者系在孩子的腰上。让孩子们两两背靠背。让一个孩子弯下腰看向两腿之间，并拉住另一个孩子的尾巴。当另一个孩子的尾巴被抓住的时候，他需要弯下腰，再把他的尾巴从另一个孩子手里抢回来。让孩子们交换同伴，重复玩这个游戏。（重复3~5次）

奔跑者阶段
排队看起来简单，但这个行为却让孩子们对人与人之间的身体关系有了更为深刻和具体的理解。

游戏13：排队游戏
带着孩子练习你所能想到的排队的方法。例如，所有人面向前方、面朝后方、交替面向前方和后方，肩并肩排队、肘对肘排队，指尖对指尖排队；像青蛙一样排队（后面的孩子从前面孩子的身体上跳过去），叉着腿站成一列（让每一个孩子都从前面孩子叉着的腿中间爬过去）。（持续3~5分钟）

游戏14：找邻居
这是一个有趣的解决问题游戏。给每个孩子发一个姓名牌，名牌上写的是组内其他一个孩子的名字。让孩子们排成一排，当你下令开始的时候，孩子们需要找到名牌上的孩子并站在他的前面。重复游戏，但这次让他们站在名牌上的孩子的后面。然后让他们肩并肩站成一排，站在名牌上的孩子的旁边。（持续3~5分钟）

游戏15：挤到中间去！
让两个孩子肩并肩站立并相互依靠（但不要用手）。让第三个孩子挤到他们两个之间。持续游戏，直到所有的孩子都挤进最初两个孩子中间（两个最初的孩子最后站在队伍的两端）。让孩子们一个前身贴另一个的后背，重复玩这个游戏。（持续2~3分钟）

我在活动　　　　　　看我成长　　　　　　我已掌握

跳跃者阶段

动态团队协作不仅要求孩子了解自己应该怎样做，还要求孩子对其他同伴的行为做出反应。

游戏16：连在一起

在房间的地板上分散贴一些圆点贴纸，让孩子们排队站好，把他们的一只手搭在前一个人的肩膀上，不要松开。让孩子们团队协作，想办法让他们的这个队伍踩到地板上的所有圆点。让孩子们走一次"天鹅步"（参见"天鹅步"游戏）。（持续5~10分钟）

游戏17：天鹅步

让两个孩子肩并肩站立，胳膊挽在一起。向他们示范什么是"天鹅步"：两个孩子将右脚同时向身体右侧（站在左侧的人要把右脚伸到右侧同伴前面），再把左脚伸向身体左侧（站在右侧的人要把他的左脚伸到左侧同伴前面）。让他们在房间中走天鹅步，你可以给他们下达指令，让他们捡起一个物品（比如一个红色的球），再把物品放在指定的位置。如果想增加难度，那就让更多的孩子加入，几个孩子胳膊挽在一起，一起来走天鹅步！（持续5~10分钟）

游戏18：车头和车尾

让孩子们两两组队，背靠背站立，胳膊挽在一起。让他们自己来决定谁当车头谁当车尾。当你喊"车头"的时候，车头要带着车尾跑。当你喊"车尾"的时候，车尾带着车头跑。接下来让他们协作来完成任务，比如"到房间的那边去，拿起地上的红球，再把红球带回来！"（持续5~10分钟）

121

25 力量

拔河大比拼
上半身力量

是时候进行终极拔河大比拼了！快！所有的大力士都来吧！

准备材料
- 枕头
- 健身球（瑜伽球）
- 稳定的立镜
- 手电筒
- 毯子
- 两把椅子
- 弹性面料或其他面料
- 装在袋子里的气球、软泡沫球、羽毛或其他玩具
- 孩子可以倒挂在上面的杆子/单杠
- 绳子

活动目标
- 耐力
- 增强颈部和上身力量
- 灵活度

游戏语言
向上、翻过

游戏安全
- **对于宝宝：** 请使用安全的镜子以确保宝宝在活动中（尤其是在镜子上爬行的时候）的安全，成人要在一旁密切监督。
- **对于大一点的孩子：** 做"桥（伞）状姿势"这个动作并不容易。一次只让一个孩子做，这样可以在他们需要时及时提供帮助和支持。
- 5岁以下的孩子不太适合玩气球，尽量用其他材料代替。在孩子玩气球或吹气球时，要密切监督。

教学重点
在宝宝刚生下来的几个月里，短时间的趴卧能够发展他们颈部和上半身的力量，但是有些宝宝可能并不喜欢趴着。如果宝宝表现出不安或感到不舒服，那就给他换个姿势。

我在活动　　　　　　**看我成长**　　　　　　**我已掌握**

新生儿阶段
宝宝刚出生时，脖子的力量不足以让他能够控制头部。在任何时候都要特别注意支撑宝宝的头部和颈部。

游戏1：肩颈按摩
让宝宝平躺。你的一只手支撑他的头部和颈部，另一只手对他进行按摩。轻柔地从他的后脑勺按摩到他的耳朵后面，从他的脖子后面按摩到他的肩膀下面。（持续2~3分钟）

游戏2：双目对视
让宝宝趴在地板上，在他的肚子下面放一个小枕头，这样他的上半身就会略微抬高。趴在他的面前和他脸对脸，下巴放在地板上，这样你们就平视了。和他说话或者唱歌，鼓励他靠近你。（持续2~3分钟）

游戏3：宝宝坐起来
让宝宝躺在健身球上并扶好他。把球慢慢向前倾斜，让宝宝处于一个直立的姿势，然后再把球滚回原位。接下来，用膝盖抵住实让球静止。慢慢地把宝宝的上半身扶起来，给他一个大大的拥抱，为他的努力喝彩。（持续2~3分钟）

我在活动	看我成长	我已掌握

小爬虫阶段

控制头部。随着颈部力量的发展，宝宝很快就能够控制头部，这也是宝宝可以爬行的先兆。宝宝在爬行时会自然地加强脖子、肩膀和上半身肌肉的力量。

游戏4：镜子里的舞蹈
让宝宝面对镜子趴在地板上。你或站或跪在他身后，这样他就能在镜子里看到你。现在开始跳舞、唱歌、做鬼脸吧，鼓励宝宝抬起头来，从镜子里看到你（和他自己）。（持续2~3分钟）

游戏5：镜子里的宝宝
让宝宝趴在地板上。你手拿一面镜子趴在宝宝的面前。鼓励他向你的方向爬行，这样他就能从镜子里看到正在爬行的自己。退后一点让他继续爬行，延长一些游戏时间。（持续3~5分钟）

游戏6：镜子乐园
在地板周围放置各种大小不同的镜子，这样宝宝在房间里爬的时候就能从镜子里看到自己了。把一些镜子竖直摆放，另一些就铺在地上，布置成宝宝的镜子乐园。（持续5~10分钟）

走不稳阶段

推和拉的动作，是日常活动中锻炼上半身力量的好方法。

游戏7：追逐亮光
用有趣的游戏吸引宝宝，鼓励他尽可能地在地上爬行。你可以把灯光调暗，用手电筒照地板，吸引他去追逐地上的亮光。（持续2~5分钟）

游戏8：滑行毯游戏
在光滑的地板上铺一块毯子，让宝宝趴在毯子上。让宝宝抓住毯子的一端，你来拖动毯子，让他在地上滑来滑去。你可以尝试使用有弹性的面料或其他面料，给宝宝不同的游戏体验。（重复2~3次）

游戏9：1-2-3，飞！
两个成年人来托住宝宝的手肘、前臂和手，把他举起来，让他荡秋千。鼓励宝宝尽可能地把身体抬高。注意：一定要支撑孩子的手肘、前臂和手，以保护宝宝正在发育的手臂关节。（重复3~5次）

123

我在活动　　　　　　看我成长　　　　　　我已掌握

淘气包阶段
学会用劲。宝宝的力量需要动用身体的每块肌肉，经常被使用或被刺激到的肌肉一般发育得更好。

游戏10：海豹顶球
让孩子趴在地板上鼻子贴地。然后让他用双手推地，仰起头把鼻子伸向空中，能伸多高伸多高（双脚不要离开地板）。在他鼻子上方挂一个装在袋子里的气球（或者软泡沫球、羽毛或其他玩具），让他努力把鼻子向上伸，试着去顶气球。（重复2~3次）

游戏11：海豹投球
向孩子展示如何用鼻子顶气球（气球可以换成其他柔软且重量轻的玩具）——顶的过程中不许用手或脚。为孩子做一个球门或者指定一块投掷区域，让孩子用鼻子把球顶进去。用计时器为孩子计时，看看他在规定的时间内（1分钟、2分钟或者3分钟）能够投中多少个球。（持续5~10分钟）

游戏12：海豹抓球
让孩子将手臂向前伸直与肩同高，手腕贴在一起后双手手掌朝外，做海豹的鳍。鼓励他用"鳍"来抓球（可以用气球或者泡沫球），再试着用单手拍球。现在，让我们来玩海豹抓球的游戏吧！（持续3~5分钟）

奔跑者阶段
探索"向上"的概念。身体"向上"可以帮助孩子发展肌肉力量。

游戏13：吊单杠
让孩子双手握住单杠（4个手指从单杠上面抓握，拇指从单杠下面抓握，手指扣紧）。根据他的需要提供帮助和支持。开始计时，看他能坚持多久。把他坚持的时长记在卡片上，休息一会儿后让他再来一次，看看他坚持的时间能不能更久一些。如果孩子没有任何进步，请停止这项活动，改天再试。（重复尝试3~5次）

游戏14：吊在单杠上活动
站在他身边，随时提供必要的帮助和支持。鼓励他将一个膝盖举到胸部。另一只膝盖重复这个动作。双腿交替，好像在空中行走一般。接下来，让他把一条腿向前伸，保持，数到5再放下来。另一条腿重复这个动作。现在双腿向前伸并保持，数到5。注意：在游戏中让孩子尽量不要摇晃身体。（重复尝试3~5次）

游戏15：屈体直臂支撑
让孩子站在两张椅子中间。（确定这两张椅子都放在防滑地面上。）让他把手放在椅子上，胳膊伸直胳膊肘不动，把腿蜷起来，只用两个胳膊支撑整个身体的重量。现在让孩子坐在地板上，双脚向前伸展，胳膊伸直胳膊肘不动，手掌压在地板上。让他先用手掌和脚跟压在地板上撑起身体。然后让他再次用手掌撑起身体，同时双脚离地。（重复尝试3~5次）

跳跃者阶段
操场上的力量运动。在游戏中鼓励孩子挖掘自己的力量潜能。

游戏16：伞（桥）状姿势
先来热身，让孩子们绕着房间玩螃蟹走游戏（坐在地板上双手放身后，抬起屁股像螃蟹一样走）。然后让他们做伞（桥）状姿势：躺在地板上，手掌贴在地面上，指尖指向脚的方向，双腿压在地板上，抬起身体。根据需要支撑他们的身体，保持3~5秒后休息。（重复3~5次）

游戏17：推小车游戏
让孩子两两成对，或你与孩子结对，一起来玩推小车游戏。（一个孩子扮演小车，用手向前走路；你或另一个孩子扮演推车人，举起他抬起来的腿，必要的时候扶住他的臀部和胸部，避免他摔倒。停下来休息一会儿后再来一次。这次，每当你说"有路障！"小车就必须停下来，做1~5个俯卧撑后再继续前进。（重复1~2次）

游戏18：拔河大比拼
把孩子分成两组进行拔河游戏。可以采用多种方式，例如只能用右手来拔河，只能用左手来拔河，拔河时要单脚离地，要把绳子举过头顶，要把绳子放在脚下，坐下拔河，躺下拔河，趴下拔河……让孩子们开动脑筋，想想还能用什么方式来拔河？（重复2~3轮）

26 力量

一起来玩侧手翻
发展核心力量

在侧手翻狂欢会上,每个人都在不停地旋转和翻滚!你准备好加入我们了吗?让我们一起来玩侧手翻吧!

准备材料
- 羽毛或其他柔软材料
- 大号纸筒
- 绳子
- 板凳
- 枕头
- 木板
- 球
- 圆点贴纸
- 侧手翻训练垫
- 宝宝秋千

活动目标
- 身体节奏
- 平衡感
- 时间意识
- 人体中央轴发展

游戏语言
从一边到另一边、倒立、在……上、右、左

游戏安全
- 支撑孩子的身体两侧,尤其是腰部。
- 孩子在倒立时确保他不会感到不适。

教学重点
- 在尝试侧手翻或做任何复杂的动作时,让孩子从他习惯的一侧开始。
- 在孩子侧手翻时请使用侧手翻训练垫来配合孩子的手脚动作。不管孩子是左利手还是右利手,让孩子从他习惯的一侧开始。

如果孩子的左利手或右利手都还不明显,让他两侧都尝试一下,看他更喜欢哪一侧。
- 在玩推小车游戏时,确保孩子没有弯曲后背。

我在活动　　　　**看我成长**　　　　**我已掌握**

新生儿阶段
重复动作能够安慰宝宝,让他们对日常生活有一种越来越强的掌控感。

游戏1:轮番挠痒
让宝宝躺在床上,露出他的手和脚。用羽毛或其他柔软材料按照侧手翻的顺序轻轻挠他的手和脚——右手、左手、左脚、右脚。反方向再重复一次。(重复3~5次)

游戏2:轮番拍拍
让宝宝躺好,把他的右手和左脚举到胸前,拍拍!两脚举起,拍拍!右脚和左手举到胸前,拍拍!最后左手和右手,拍拍!反方向再重复一次。(重复3~5次)

游戏3:边摇边拍
你坐下来,让宝宝躺在你的臂弯里面向你。用你的手支撑他的头,用你的前臂支撑他的身体,手臂前后轻轻摇晃。在摇晃的同时按照侧手翻的顺序轻轻吹或轻拍宝宝的手和脚——右手、左手、左脚、右脚。反方向再重复一次。(重复3~5次)

125

我在活动	看我成长	我已掌握

小爬虫阶段
身体两侧。宝宝先要充分认识自己的身体（包括身体的两侧），才能掌握复杂的身体动作，如侧手翻。

游戏4：滴答滴答
竖抱宝宝，支撑他的腰部和上身。唱"滴答滴答钟声响"，跟着歌词，把宝宝的身体当时钟的指针，唱到"时钟敲了一下"的时候让宝宝的身体倾斜指向1点钟位置。反方向让宝宝的身体倾斜指向11点钟的位置。让宝宝背对你，再来玩一次。（持续2~3分钟）

游戏5：不倒翁
用枕头围住宝宝。慢慢地把他向后推，鼓励他再坐起来。推他向右倾，然后向左倾。注意：只有当宝宝会坐了时才能这样玩。（重复2~3次）

游戏6：摇摇板
用一个结实的纸筒和一块硬纸板给宝宝做一个"摇摇板"。让宝宝坐在摇摇板上，支撑他的腰部。扶着他轻柔地左右摇摆，从一边摇到另一边。（持续2~3分钟）

走不稳阶段
重心转移。在保持平衡的同时学习控制自己身体重心的转移。

游戏7：左摇右摆
坐在地板上，双腿伸直。让宝宝坐在你的膝盖上，双腿叉开放在你腿的两侧。左右摇晃，这样他的脚就能碰到地板。感受他推离地板的动作，并不断加大晃动幅度。（持续2~3分钟）

游戏8：摇摆舞
让宝宝站在你的脚上，抓着宝宝伸直的双臂，就像风车一样。轻轻地左右摇摆，这样他就能体会到重心转移的感觉。一边摇摆一边慢慢转圈，向前一步，再后退一步，在做动作的时候保持有规律地左右摇摆。（持续2~3分钟）

游戏9：第一次踢球
让宝宝站直，支撑他的腰部，辅助他保持平衡。帮他把一只脚放在球上并踢球。重复几次，鼓励宝宝自己尝试。让宝宝的另一只脚重复这个动作。（持续2~3分钟）

淘气包阶段
有计划的活动。按照顺序活动身体的各个部位是做所有复杂动作的基础。

游戏10：猴子走路
在地板上放一条绳子。让孩子四肢着地伏在绳子上，双手撑在地板上，双腿伸直。当他沿着绳子爬的时候，先把手放在绳子的右边向前爬（右手接着左手），然后用脚（右脚接着左脚）。另一侧重复上述动作。（重复2~3次）

游戏11：蜘蛛爬行
让孩子面向墙站，把右手背贴在墙上。让他移动左脚并转身，身体背对墙壁。接下来，让他左手背贴在墙上，然后再转一圈（右手离开墙），这样他就又面对墙壁了，且右手掌贴在墙上。鼓励孩子沿着墙走一圈或绕着房间走一圈，总是一只手贴在墙上！（持续3~5分钟）

游戏12：双脚上墙
让孩子背朝墙壁站立。然后让他弯腰，把手放在地板上。帮助和支持他把脚踩到后面的墙上且一步步往墙上"走"。鼓励他尽可能地伸展，直到他的腿伸直，身体呈倒立状态。保持一段时间后引导他再一步步从墙上走下来，并站起来。（重复3~5次）

奔跑者阶段
倒立。孩子对平衡和直立的感觉是在身体探索各种不同方向的时候获得的。

游戏13：用手走路
热身从推小车的游戏开始。（孩子用手走路，你扶着他抬起的腿，必要时支撑他的臀部和胸部，确保他后背没有弯曲。）接下来，鼓励孩子用双脚蹬你的身体向你的上半身方向走，与他的身体呈45度角。一直支撑着他的脚踝，鼓励他用手向前走。继续这个动作，逐渐让他的脚向你的身体上方移动，直到他完全倒立，且用手走路。（每次持续2~3分钟）

阿游戏14：荷塘青蛙跳
用圆点贴纸贴一条直线，让孩子们在第一个圆点后面排成一列，一个接一个地双脚跳在圆点上。跳完后重新排队。接下来，让第一个孩子跳到第一个圆点上，然后蹲下。下一个孩子跳过第一个，蹲下。继续跳，直到所有的孩子都跳过去。回来重新排队。（持续5~10分钟）

游戏15：翻大马
让孩子站在一条矮板凳的旁边，双手撑在板凳中间。帮助他把双腿踢到空中，然后双脚落回原位。如果孩子准备好了，鼓励他在没有你的帮助下试一试，腿踢得越高越好。接下来，支撑他的腰部，帮助他把双腿踢到空中，并落到板凳的另一侧（侧手翻／前手翻式）。再试一次，如果他准备好了，让他自己来试一试，记得让他尽量把腿踢得高一些。（重复尝试3~5次）

我在活动　　　　　　　看我成长　　　　　　　我已掌握

跳跃者阶段
画面感。让孩子们在做复杂动作前先在脑海里想象一下做动作的画面，例如："侧手翻是什么样子的？"

游戏16：空手翻大马
重复"翻大马"游戏，但这次双手是放在地板上。让他蹲下来，手掌放在地板上。鼓励他把双腿踢向空中，然后回到起始位置。必要时给予支持，鼓励他踢得越来越高，接近倒立的姿势。（重复尝试 3~5 次）一旦孩子掌握了这个姿势，鼓励他在半空中踢腿和转身，并把腿落在起始位置或另一侧位置。

游戏17：前滚翻
重复"空于翻大马"游戏，但在孩子踢腿时抓住他的腿。支撑他的小腿和脚踝，让他保持几分钟倒立姿势。然后非常轻柔地帮助孩子弯曲他的肘部让身体慢慢落向地面，并扶着他向前翻滚回到地面上。（重复 3~5 次）

游戏18：侧手翻预备
重复"前滚翻"游戏，只是这一次，当孩子处于倒立的位置时，让他的腿先向左倾斜，然后再向右倾斜，感受自己重心的变化。帮助他弯曲右肘，把双腿踢向右边。让他弯曲双膝，脚先落地。左侧重复。（重复 3~5 次）

127

27 力量

小手抓抓！
手部力量

灵活的小手喜欢不停地抓握，向前、向后、向左、向右，手腕翻转继续抓握……好像从来不会感到累！小手虽然很灵活，但是有时手指却不知道该如何配合。让我们一起通过今天的活动来练习吧！

准备材料
- 长袜子
- 软泡沫球
- 枕套
- 光滑的小木棍
- 自制抓握棒（详见教学重点）
- 拉链式夹克衫或运动衫
- 橡皮泥
- 绳子

活动目标
- 手指和手的操作能力
- 手指和手的灵活性
- 手指和手的力量

游戏语言
上、下

游戏安全
- 孩子在游戏时大人始终在一旁看护监督。
- 使用安全的橡皮泥和光滑的木棍。

教学重点
- **对于宝宝：** 注意宝宝传递给你的动作信息：他是否能将手掌放在地上，是否不能用手掌撑，是否不能完全张开手指。如果他有以上表现，给他做手部按摩可能会有所帮助。
- **对于所有孩子：** 通过进行像这种推拉玩具、攀爬的活动，孩子可以体验和探索他们的上半身力量。
- **自制抓握棒：** 往袜筒里塞上其他袜子并在袜口打结，做出一个软软的小怪物。不要把袜子填充得太紧实，这样才会给宝宝带来丰富的抓握体验。

我在活动　　　　　　　　　　**看我成长**　　　　　　　　　　**我已掌握**

新生儿阶段
我很强大！从宝宝一出生开始就鼓励他活动身体，可以培养宝宝早期的自我意识和自信，同时也能促进释放原始反射。

游戏1：手指和脚趾
舒适地坐着，让宝宝躺在你的膝盖上面对你。保持眼神交流的同时为宝宝按摩每只手的手掌和每一根的手指头。轻轻地把他的手掌摊开，然后再一根一根地舒展手指。接下来脱下他的袜子，按摩他的脚。轻柔地拿着宝宝的小脚，舒展他所有的脚指头。（持续 3~5 分钟）

游戏2：爱的拉扯
找一只长袜子，在袜子的前端打个结。轻轻舒展宝宝的手指，把袜子结放进他的手掌里。当他抓住袜子时轻轻地拽几下，这能够刺激手掌（抓握）反射，并为手指肌肉提供了"给与拿"的最初记忆。（持续 1~2 分钟）

游戏3：抓握棒
自制一个抓握棒（详见教学重点）。鼓励宝宝用双手来感受这个抓握棒。把抓握棒拿到距离宝宝稍远一点的位置（比如在他头顶上方一点，或者他身边一点的位置），鼓励宝宝伸手去抓。（持续 3~5 分钟）

我在活动　　　　　　看我成长　　　　　　我已掌握

小爬虫阶段
推和拉的动作能增强上半身的力量和耐力，为手部和手指力量的发展打下必要的基础。

游戏4：抓握拖行
让宝宝趴在光滑的地板上。你抓住抓握棒的一端，让宝宝用一只手或双手抓住另一端，轻轻拉扯抓握棒，但不要太用力。稳稳地抓住抓握棒，看能不能把他整个身体向前拉。（持续1~2分钟）

游戏5：反向动作
和宝宝相对而坐，手拉着手。轻缓地把宝宝的右手向后推，同时把他的左手向前拉。然后换手重复动作。接下来，轻柔地把宝宝的右手拉到空中，同时把他的左手放下。然后换手重复动作。（持续2~3分钟）

游戏6：划小船
坐在宝宝身后和他手拉手。身体前后摇晃，且用手臂来"划桨"。然后坐在孩子对面，手拉手前后摇晃，引导宝在你向后仰时他将身体前倾，在你前倾时他身体向后仰。最后轻柔地把宝宝拉回来，把他拉向你并给他一个大大的拥抱。（持续2~3分钟）

走不稳阶段
有意识地控制。刚出生不久的宝宝就有很强的抓力，这是因为手掌（抓握）反射的作用。随着这种反射的释放，宝宝可以开始学着更有意识地控制双手啦。

游戏7：挤球游戏
在袜子里装满泡沫球。把袜子递给宝宝，让他挤一挤，看着泡沫球从袜子里冒出来。鼓励他捡起球塞回袜子里，再玩一次挤球游戏！（重复3~5次）

游戏8：拉拉链
穿一件有大号拉链的夹克衫或运动衫。让宝宝坐在你的腿上，给宝宝展示如何拉拉链。辅助他把拉链拉上拉下，然后鼓励宝宝自己来拉拉链。再找几件带拉链的衣服让他试着来拉拉链。（持续3~5分钟）

游戏9：抖枕套
在地板上放一个枕套，枕套中间放一个柔软的泡沫球。鼓励宝宝抓住枕套的两个角，你来抓住枕套的另外两个角，一起把枕套绷紧。轻轻地把你那端的枕套抬高，这样球就会滚向宝宝。接下来，快速举起枕套，这样球就会被抖到空中。鼓励他模仿你的样子抬高枕套，让球飞起来！（重复2~3次）

淘气包阶段
"按压"的力量。加强核心肌肉力量和上半身肌肉力量，以及手臂、手腕、手和手指的力量，为孩子今后的书写打下坚实的基础。

游戏10：毛毛虫揉面团
在地板上放4团橡皮泥。让孩子光着脚，两只脚各踩一团橡皮泥。让他身体前倾，分别用两只手压扁另外两团橡皮泥。让他用手和脚来压橡皮泥，把橡皮泥压扁。（持续3~5分钟）

游戏11：把它拍扁！
让孩子坐在地板上，手臂抬起与肩同高，用双手使劲把一团橡皮泥拍扁：嘿哈！然后让他把膝盖弯曲，把橡皮泥放在两脚之间，用双脚使劲地把橡皮泥拍扁：嘿哈！现在给他两块橡皮泥，让他双手双脚同时使劲，把橡皮泥拍扁！（持续2~5分钟）

游戏12：一起把它拍扁！
让孩子们两两一对，面对面站立，玩"把它拍扁"游戏。先用一只手拍扁橡皮泥，再用另一只手拍扁橡皮泥，最后用双手把橡皮泥拍扁：嘿哈！让他们一起用右手把橡皮泥拍扁，再一起用左手拍扁：嘿哈！接下来让他们退后一步，把双手压在一起，身体靠在一起，努力压扁手中的橡皮泥：嘿哈！嘿哈！让他们坐下来脱了袜子，再用双脚重复上述游戏。（持续1~3分钟）

129

| 我在活动 | 看我成长 | 我已掌握 |

奔跑者阶段
手部力量和操作能力是相辅相成的。在增强肌肉力量的同时，手指的耐力、灵活性和敏捷性也在增强。

游戏13：小手爬大山
让孩子们一手拿小木棍，另一只手的手指从小木棍底端"爬"到木棍顶端再爬下来。两手交换重复动作。接下来唱"小手小手爬大山"这首歌，边唱边做上述的手指操。（重复2次）

游戏14：搓木棍
在孩子面前放两根小木棍，教他们如何用手搓动木棍前后滚动。让他们用两只手同时搓动木棍，再只用右手搓木棍，最后只用左手搓木棍。让孩子唱"小手小手爬大山"这首歌，边唱边探索还有什么搓木棍的方法（比如在斜坡上滚木棍、将木棍顺着自己的身体搓上去，或者从墙上搓下来）。（持续2~4分钟）

游戏15：双手交替抓握
向孩子们示范如何双手交替"爬"到木棍顶端再"爬"下来。让孩子们一边练习一边唱"小手小手爬大山"这首歌。当他们熟悉了双手交替这个动作后，在两个椅子之间系一根绳子，让他们练习双手交替"走钢丝"，先向左，再向右。（持续2~5分钟）

跳跃者阶段
手指精细动作的自动化需要孩子具备丰富的经验，而这可以通过手指游戏来获得。

游戏16：灵活的双手
让孩子左手不动，右手单手"爬"到木棍顶端再"爬"下来。然后，让孩子只用左手在光滑的平面上前后滚动一根木棍。现在一起来完成这两个动作：右手"爬"木棍，左手搓木棍。左右手交换，重复上述动作。当孩子在游戏的时候，唱"小手小手爬大山"这首歌。（持续2~3分钟）

游戏17：爬上爬下
让孩子从手指在木棍上"爬"上"爬"下开始（详见"小手爬大山"游戏），先用右手"爬"，再用左手"爬"。然后拿两根木棍，让孩子的两只手同时在木棍上"爬"上"爬"下。接下来，让孩子一手拿着一根木棍的顶端，一手拿着另一根木棍的底端，让两只手的手指沿着木棍相对或相背而行，看哪只手的手指能赢。一边玩一边唱"小手小手上下爬"。（持续2~3分钟）

游戏18：翻转不停
重复之前的游戏，每次当手抓握到木棍的末端时，孩子们要把木棍翻转上来继续之前的动作。无论向上还是向下都是如此。一边玩一边唱"小手小手上下爬"。（持续2~3分钟）

28 力量

不要丢下小狐狸
了解自己的力量

小狐狸正在为一封光脚舞会邀请函左右为难。它虽然很喜欢光脚跳舞，但每当它光着脚走在地板上时，它的脚指头就会发痒；如果它的脚指头发痒，它就会笑个不停；如果它一直笑个不停，它就会打喷嚏！没有人愿意和一只光着脚、笑个不停还流鼻涕的小狐狸一起跳舞的！你能帮帮小狐狸吗？

准备材料
· 柔软的围巾
· 适合宝宝玩的不同重量的物品
· 沙包
· 汽车轮胎
· 眼罩
· 毛绒玩具
· 欢快的音乐
· 梯子
· 绳子
· 健身垫

活动目标
· 团队合作
· 耐力
· 力量管理
· 解决问题
· 坚持不懈

游戏语言
在……之下、在……之间、环绕

游戏安全
· 当孩子在向高处攀爬时，大人要始终在一旁看护和监督。
· 和孩子们一起确定一个关键词。如果孩子们想要停下来，就喊出这个关键词。

教学重点
· 跨过放倒在地上的梯子其实不太容易。在孩子这样做时支持和鼓励他，并给他一些具体的指导，比如："试试看，你把脚移到下一个台阶上。"用一些具体的鼓励来肯定他的进步，比如："我觉得你双手交替攀爬真是太棒了！"

我在活动　　　　　**看我成长**　　　　　**我已掌握**

新生儿阶段
每天进行形式多样的活动可以提高宝宝身体的敏捷度与柔韧性。

游戏1：小猪去逛街
一边活动宝宝的手指，一边唱"一只小猪"给宝宝听。对脚趾重复相同动作。同侧手脚配合再次重复相同动作，先活动宝宝的左手左脚，再活动宝宝的右手右脚。（持续2~5分钟）

游戏2：小脚有力量
把柔软的围巾绕在宝宝的右脚上，轻轻向外拉围巾，让宝宝的腿伸直。对左脚重复相同动作。然后双脚一起来。观察宝宝什么时候开始向自己的方向拉围巾。（持续2分钟）

游戏3：拉大锯，扯大锯
把柔软的围巾卷成香肠的样子。坐在地板上，让孩子面对你。鼓励他抓住围巾卷的一端，和他拉扯围巾。当他向后拉时，你可以夸张地把身体朝宝宝前倾，并给他一个飞吻。（持续2~3分钟）

我在活动	看我成长	我已掌握

小爬虫阶段
控制自己的身体。宝宝从很小的时候就开始探索自己的力量了。

游戏4：包裹传递1
紧紧地搂住宝宝的腰，然后用不同的方式将他传递给另一个大人。比如：三明治传递（交接时你们两个都抱着他的腰），从肩膀上方传递，甚至从你的腿下传递。（持续2~5分钟）

游戏5：包裹传递2
以字母"L"的姿势坐在地板上，让宝宝面对你坐在你的膝盖上。给他展示一个柔软的玩具，把玩具递给他，再让他把玩具还给你。你可以向他示范如何在你们之间有趣地传递：比如绕过你的后背给他，绕过他的后背并抛给他，让他抓住玩具！（重复2次）

游戏6：包裹传递3
将不同重量的物品放在宝宝面前的地板上。坐在他对面，鼓励他拿起一个物品递给你。用不同的方式（从高处抛、从低处递、从侧面传）再递给他。这样他就会试着模仿你的动作了。（重复3次）

走不稳阶段
耐力养成。大量持续重复的动作有助于加强宝宝的耐力。

游戏7：跺脚
把宝宝抱在怀里让他背对你靠着，托着他的臀部和大腿。放一些节奏强烈的欢快的音乐，跟着节奏在房间里跺脚，让他能明显感受到你的晃动。然后抓着他的小脚往墙上或者家具上跟着节奏轻轻敲打，让他觉得自己在跳舞！（持续2~3分钟）

游戏8：跳康康舞
把宝宝抱在怀里让他背对你靠着，托着他的臀部和大腿。放一些欢快的音乐，跟着音乐来跳康康舞（把腿踢向空中）。抓着他的腿，让他的腿画半圆并踢向空中，就像跳康康舞一样！（持续2~3分钟）

游戏9：弹跳舞
把宝宝抱在怀里让他背对你靠着，托着他的臀部和大腿。放一些欢快的音乐，跟着音乐来跳舞。抓着他的脚，让他把脚踢向空中。在音乐平缓的时候，让他双脚落下、膝盖弯曲，等音乐再次欢快起来时让他的脚再次"弹"到空中，继续来跳舞。（持续2~3分钟）

淘气包阶段
情绪发展和控制。为孩子提供机会突破自己的局限，迎接新的挑战。

游戏10：爬梯子
扶住孩子的腰，让他手脚不着地地爬过梯子。接下来抬高梯子的一端（大约15厘米高），继续扶住孩子的腰，让他爬上梯子后再爬下来。（重复3次）

游戏11：爬梯子接力
把梯子放在地板上。将孩子们分成两组分别站在梯子的两头。在排在第一的孩子背上放一个沙包，让他从梯子的一头爬到另一头，手脚不要碰到地板，也不能把沙包掉在地上。当他爬过去后，让他把沙包放在准备在另一头的孩子的背上，以同样要求让这个孩子爬回来。抬高梯子的一端（大约15厘米高），再玩一次爬梯子接力游戏。（持续5~10分钟）

游戏12：滚轮胎
把一个汽车轮胎放在地板上。让孩子蹲下来，教他把手放在轮胎上，把轮胎扶正，让轮胎处于垂直可滚动的状态。接下来让他滚轮胎，记录下他把轮胎滚了多远。再试一次，看看孩子能不能把轮胎滚得更远。（重复1~3次）

奔跑者阶段
知道自己的力量。在探知别人有多少力量的同时，你会发现自己有多少力量。

游戏13：撞肚皮的小狐狸
让孩子们两两面对面，手拉手，跟着节奏一起跳：跳、跳、跳、哼！（重复5次）重复游戏，但这次在跳的时候要撞对方的肚子：跳、跳、跳、撞！注意：让孩子们抬起下巴，双方保持一定距离。（重复5次）

游戏14：抵肩膀的小狐狸
让孩子们两两面对面，双手在身后紧握。让他们把左肩靠在一起。倒数3、2、1，让他们开始用肩膀来抵对方，直到有人发出"哼"的一声，游戏停止。休息一下，用右肩再来玩一次。（重复2~3次）

游戏15：玩相扑的小狐狸
在地板上放一条绳子。让孩子们两两一组面对面，分站绳子的两边。让他们把手掌合在一起，倒数3、2、1，开始互相用力推。直到一个人的脚出线，或者发出"哼"的一声，游戏停止。（重复2次）

我在活动	看我成长	我已掌握

跳跃者阶段
赢得尊重。通过团队体能训练能让孩子们知道尊重他人也就是尊重自己。

游戏16：骑马游戏
教孩子来玩"骑马"游戏——一个孩子背着另一个孩子走路。给孩子们设定一个简单的目标，两两一组，通过团队协作完成任务，比如一个孩子背着另一个孩子穿过房间，到指定位置捡起一个球再返回来。如果想要增加难度，就蒙住背人的孩子的双眼，让骑在他背上的孩子给他指路。然后换人，重复游戏。（持续3~5分钟）

游戏17：人形金字塔
在地板上铺上体操垫。三个孩子一组，选两个人四肢着地，肩并肩趴在体操垫上。第三个孩子爬到两个孩子的身上来，双膝分别跪在下面两个孩子的背上，压在两个孩子身上的重量是均等的。（成人需要在一旁看护并提供必要支持。）看他们能坚持多久。休息一下，然后让他们再次组成人形金字塔，且试着往前爬两步，再往后退两步，回到原地。在游戏中，让上面的孩子抓紧下面两个孩子的衣服。然后换人，重复刚才的游戏，确保每个孩子都能做一次金字塔塔尖。（持续5~10分钟）

游戏18：不要丢下小狐狸！
选择一个孩子做小狐狸。其他孩子的任务是，帮助小狐狸脚不沾地，从屋子的一端抵达另一端。在孩子们这样玩的时候，成人需要在一旁看护并提供必要支持。让孩子们轮流做小狐狸，鼓励他们不断尝试新办法。（持续2~3分钟）

133

29 力量

逃离动物园
耐力训练

不好啦！动物园里的动物们从笼子里逃跑啦！猴子和斑马跑得太快了！长颈鹿的脖子伸得太长了！袋鼠跳得太高了！可怜的动物管理员根本抓不住它们！你能教管理员如何像动物一样跑动吗？或许就能抓住逃跑的动物啦！

准备材料
- 泡泡水和泡泡棒
- 积木块
- 水
- 亮片
- 铃铛
- 滑梯
- 绳子
- 沙包
- 纸巾
- 塑料瓶和小石子
- 食用色素
- 时钟或计时器
- 软软的椅子
- 呼啦圈
- 2把椅子

活动目标
- 耐力
- 敏捷性
- 力量
- 柔韧性

游戏语言
上、下、在里面

游戏安全
- 在玩吹泡泡时，让孩子不要把脸、嘴、鼻子和眼睛离泡泡太近。
- 确保有足够的活动空间。
- 尽量在户外空旷的场地上玩这些游戏。

教学重点
- 要让孩子们更有力量，提高适应能力和耐力，做一些大幅度的肢体动作最有效果。
- 让孩子尝试各种各样的爬行和走路的方式。

我在活动 | **看我成长** | **我已掌握**

新生儿阶段
重复。让宝宝重复做动作会给他们带来一种时间持续的感觉。

游戏1：吹树莓
让宝宝平躺且能看到你。用手堵住你的嘴唇吹气，发出"噗噗"的声音（即吹树莓）。接下来把宝宝的手放在他的嘴旁，让他也试着发出"噗噗"的声音。当他逐渐熟悉这个游戏后，你可以在他的胳膊、肚子、腿和脚丫上玩这个游戏。（重复1~3次）

游戏2：看泡泡
让宝宝平躺。在宝宝的视野范围内（大概有他的胳膊那么长）吹泡泡。指着泡泡，告诉宝宝泡泡是怎样飘来飘去的。戳破泡泡，给宝宝一个大惊喜！（持续3~5分钟）

游戏3：抓泡泡
让宝宝平躺。在他面前吹泡泡，鼓励他伸手去抓。然后向他的右侧吹泡泡，鼓励他再去抓。左侧重复。（持续3~5分钟）

小爬虫阶段
自己动手。当宝宝可以自己动手做一些事情时，身体肌肉的耐力就会自然而然地加强。

游戏4：撕纸游戏
在地板上放一张软纸（比如一张餐巾纸）。和宝宝一起躺下来，教他如何把纸撕开。开始时动作要慢，撕纸的声音要轻，逐渐加快撕纸速度。他想怎么撕纸就怎么撕，在一旁观察，不要干预。（持续3~5分钟）

游戏5：搭建与破坏
和宝宝一起用积木块搭建一个塔，然后用你能想到的各种方法把塔推倒——用手、脚、头等。他想怎么搭建积木就怎么搭建，在一旁观察，不要干预。（持续5~10分钟）

游戏6：我是保龄球
在6个空塑料瓶里各填上一半的小石子。如果可以的话，往6个瓶子里放进不同颜色的小石子。把瓶子密封好排成一排，就像放保龄球瓶那样。鼓励宝宝爬过瓶子，在爬的过程中把瓶子都撞倒！摆好瓶子再来一次！……再来一次！（持续5~10分钟）

我在活动	看我成长	我已掌握

走不稳阶段
再来一次！再来一次！重复不仅是促进学习的好方法——还能从身体、智力和情感等各个方面培养宝宝的耐力。尽量挑选宝宝感兴趣的东西，激发他对重复练习的渴望。

游戏7：彩虹瓶
在几个塑料瓶里装满水、食用色素和闪光剂。把瓶盖拧紧，鼓励宝宝探索、发现瓶子的不同。把瓶子滚给他，再让他把瓶子滚给你。把瓶子竖好，再把瓶子推翻。试着把瓶子摞起来。让宝宝主导游戏，重复他喜欢做的事。（持续3~5分钟）

游戏8：打滚游戏
和宝宝一起来打滚，教他各种打滚的方法。比如让宝宝平躺，抬起他的臀部翻滚半圈，肚子着地。接下来抬起他的肩膀或者蜷起腿，再翻过去。鼓励他向左向右重复练习。最后让宝宝360度翻滚一周，向左翻滚，或者向右翻滚。（持续3~5分钟）

游戏9：寻找时钟
把一个滴答作响的时钟或计时器藏起来，和宝宝一起去寻找声音来自哪里。鼓励宝宝以他喜欢的任何方式活动——走路、爬行、滚动或其他不可思议的方式。让他来主导游戏。当找到时钟或计时器时，欢呼并把声音按停！（持续3~5分钟）如果宝宝喜欢这个游戏，就经常玩！

淘气包阶段
直立。玩与重力有关的游戏非常有益于孩子的身体和大脑发育。

游戏10：猴子爬树
坐在柔软的椅子上，始终给孩子支撑。让他从你的脚下爬到你的头上，拍拍你的头再爬下来。当他在游戏中表现出自信时，你站起来，让他再次尝试玩这个游戏。（持续1~2分钟）

游戏11：猴子玩滑梯
协助孩子爬上滑梯，转身，再从滑梯上滑下来。他想重复多少次就重复多少次。接下来，让他爬上滑梯，转身，趴在滑梯上爬下来（头要往上抬，脚蹬地）。在他慢慢往下爬的过程中要让他抓住滑梯两侧。让他想重复多少次就重复多少次。（持续5~10分钟）

游戏12：袋鼠跳
袋鼠能跳得非常高！将一件物品挂在孩子头顶上方，让他跳起来摸它。把物品再抬高一点，让他不断地跳，直到碰到为止。一直练习，孩子会跳得越来越高。（持续3~5分钟）

奔跑者阶段
团队游戏。当孩子们一起跑的时候，他们会不断催促团队里的其他小伙伴要跑得更快！

游戏13：逃离动物园
啊哦！动物们从笼子里跑出来啦！在户外找一块场地，让孩子们自由奔跑和尖叫。接下来，从他们当中选出一名"动物管理员"，其他孩子来当"动物"。如果"管理员"抓住或者拍到"动物"，就需要回到笼子里去。休息几分钟，让孩子们向你表演不同的动物是如何跑和跳的。（持续5~10分钟）

游戏14：呼啦圈滚远啦！
向孩子们滚一个呼啦圈，让他们追呼啦圈并抓住它！接下来让孩子们到跑道上去，向前滚一个呼啦圈，让孩子们追着呼啦圈跑，到终点时抓住呼啦圈并停下来。最后让孩子们演示如何来滚呼啦圈。当孩子们已经熟悉这个游戏时，让他们在斜坡上上下下滚动呼啦圈。（持续5~10分钟）

游戏15：跨越小河
有一条小河横在动物面前，它们需要跨过小河且不把脚弄湿。在地面上放10个呼啦圈当垫脚石，让孩子们跳进呼啦圈，且不要碰到呼啦圈。接下来让孩子们向你表演不同的动物（鸭子、猴子、熊、长颈鹿）是如何踩着垫脚石（呼啦圈内）过河的。如果不小心踩到了呼啦圈就要重新开始。当孩子们已经熟悉这个游戏时，将呼啦圈之间的距离拉远一些，让孩子们继续练习。（持续5~10分钟）

跳跃者阶段
身体上的坚持会让精神变得更坚韧。通过玩不同的游戏来测试孩子们的运动能力。

游戏16：林波舞
把绳子绑在两把椅子上，或者让两个孩子用手拉紧一段绳子。放一些音乐，让孩子们从绳子下面仰身穿过去（即林波舞）。把绳子降低一点，再次让孩子们跳林波舞。最后让孩子们模仿不同动物的姿势跳林波舞。（持续5~10分钟）

游戏17：动物接力比赛
让孩子们选出4种动物来。4人一组，分饰这4种动物。给每个组发一个沙包（用作接力棒），并进行接力跑步比赛。第二轮比赛中增加一个"动物管理员"的角色，如果"动物管理员"追上并拍到某个孩子，他就必须停下来，数到5之后再继续跑步。（持续5~10分钟）

游戏18：回到动物园
自由自在地玩了一天，动物们也该回到动物园去吃晚饭啦！开辟一个有障碍物的活动场地，让孩子们排队进入场地。要求孩子们始终单手扶着前一个孩子的肩膀，无论何时都不要松手。在面对障碍物时，鼓励他们以团队合作的方式来解决它。接下来让孩子们选择一种动物，并模仿这种动物的姿势来跑跳，注意在学动物跑跳的时候，也要始终扶着或者抓着排在前面的孩子。

30 力量

跳房子
全身运动：跳跃

跳房子不仅是一种游戏，还是一种移动的方式。想想看，如果街道上画满了跳房子的格子，你想不想从家跳到公交车站呢？让我们开始跳房子吧！

准备材料
- 沙包
- 发声玩具
- 枕头
- 粉笔或胶带
- 毯子
- 各种颜色的圆点贴纸
- 音乐
- 铃铛

活动目标
- 耐力与适应能力
- 同侧中央轴发展
- 敏捷度

游戏语言
在里面、在外面、围绕、在上面

游戏安全
当孩子在不平整的表面上跳跃时，请时刻看护并提供必要支持。

教学重点
- 在玩跳房子游戏时，尽量使用沙包而不是石子，因为沙包不会弹动或者滚动，可以减少孩子在游戏时因投不中或投偏所致的挫败感。
- 游戏时尽量让孩子们光着腿和脚，以增加他们的感官感受。
- 在学习任何特定技能时，如"跳跃"，不要急于求成。先给孩子足够的时间让他掌握每一步骤（分解动作），直到他能完成动作自动化，再学习下一步动作。注意：当孩子在学习单脚跳时，先让他集中精力，用惯用脚来跳。当惯用脚跳跃已经达到了自动化，再来学习用另一只脚来跳。
- 请根据孩子们的大小来确定跳的房子的大小。记住，刚学跳跃的孩子的脚比较小，腿也比较短。你可以尝试为孩子改变跳房子格子的大小和形状，如把格子画成圆形。

我在活动 | **看我成长** | **我已掌握**

新生儿阶段
反射性动作。推离反射帮助胎儿通过妈妈的产道来到这个世界。宝宝出生后，推离反射让宝宝腿部的肌肉逐渐有力起来，为他未来的独立动作做好准备。

游戏1：足部按摩
让宝宝平躺在地板上。让他光着脚，并把他的双腿抬高呈90度。稍用力，用你的大拇指敲打宝宝的脚，从他的大脚趾敲打到脚跟。接下来，用脉冲的手法（按一松一按一松）来按摩宝宝的脚。（持续1~2分钟）

游戏2：脚丫拍拍
重复"足部按摩"的动作，只是这次要比"足部按摩"更用力些。举起宝宝的双脚，两脚相对拍脚趾。然后握住宝宝的脚踝，两脚相互摩擦脚底。稍用力些，避免宝宝觉得痒痒。（持续1~2分钟）

游戏3：蹬脚游戏
在地板上铺一块毯子，让宝宝趴在毯子上。用你的手紧紧抵着宝宝的脚底。如果宝宝的推离反射依旧活跃，他会蹬你的手并向前挪动。（持续1~2分钟）

小爬虫阶段
脚部和腿部意识。当宝宝对自己从头到脚、整个身体都有意识后，他的独立动作也就开始了。

游戏4：踢铃铛
让宝宝躺好，在他的脚上系一个铃铛。教他如何踢响铃铛。如果宝宝喜欢，鼓励他不停地踢响铃铛。（持续2~3分钟）

游戏5：青蛙腿
让宝宝躺好，向他展示膝盖是如何运动的：抬起他一条腿的膝盖并朝他的胸部拉近，弯曲膝盖，将膝盖向身体外侧打开，然后将膝盖再次朝他的胸部拉回，接着对另一条腿的膝盖做同样动作。（持续2~3分钟）

游戏6：骑自行车
让宝宝躺好，然后活动他的腿，就像骑自行车一样，向前，向后蹬，两腿交替蹬，单腿蹬，两腿一起蹬。（持续2~3分钟）

| 我在活动 | 看我成长 | 我已掌握 |

走不稳阶段
脚部和腿部力量发展。强化宝宝下半身的肌肉、肌腱和韧带，让宝宝为直立运动做好准备。

游戏7：下半身舞蹈
让宝宝躺在地板上，双脚举起。打开音乐，辅助他的脚在空中舞蹈。让他调动下半身各个部位来做，如转动膝盖、脚踝，扭转髋部，以及踢剪刀腿。（持续2~3分钟）

游戏8：捡起来
为了鼓励宝宝深蹲，可以在宝宝脚边放一些小玩具，鼓励宝宝蹲下来捡玩具。为了能让他稳稳蹲下去，你可以扶住他的腰。（持续3~5分钟）

游戏9：火箭发射啦！
双手扶住宝宝的胳膊下方，鼓励他蹲下去。你来喊"5，4，3，2，1，发射！"当说到"发射"时，就把宝宝举到空中去！飞起来啦！（重复2~3次）

淘气包阶段
重力对抗。当孩子们开始试着跳起来、离开地面时，平衡感、协调性和腿部力量就以一种新的方式结合在了一起。

游戏10：跳枕头
把一个吱吱响的玩具放在枕头下，让孩子站在枕头上。扶着他并鼓励他在枕头上上下跳跃。（持续2~3分钟）

游戏11：跳圆点
在地板上粘上不同颜色的圆点。每种颜色圆点的数量要大于或等于孩子们的数量。放一些欢快的音乐，你来指定一个颜色，让孩子们找到并跳到那个颜色的圆点上去。让孩子们跟着音乐的节奏不停地跳，直到每一个孩子都跳到了那个颜色的圆点上。换一种颜色并重复这个游戏。（持续3~5分钟）

游戏12：跳线游戏
用粉笔或胶带在地板上勾勒出一条直线。让孩子们在直线的一端排队，两腿叉开（不踩线）跳到终点去。接下来让孩子们两脚都要踩在线上，跳到终点去。增加曲线和转弯，鼓励孩子们沿着线遵照规则继续跳！（持续3~5分钟）

奔跑者阶段
跳跃。跳跃是人体最复杂的中央轴活动之一，涉及精准的平衡感、协调和控制能力。

游戏13：挑战之路（双脚跳）
在地板上贴一些圆点并画线（包括直线、曲线、弯折和之字形），打造一条"挑战之路"。让孩子们学领队来做动作。领队需要沿着"挑战之路"前进，他在每个圆点上原地跳三次，然后跳到线的一端，并沿着线向前走。（持续3~4分钟）

游戏14：单脚跳
让孩子扶住或抓住稳定的东西并单脚站立。接下来，双手扶好不要松，让孩子单脚跳。再换另一只脚单脚跳。如果孩子们很熟练了，可以把手放开，试着自己单脚跳起来。（重复复2~3次）

游戏15：单双脚交替跳
先让孩子双脚跳和单脚跳交替进行：双脚跳，右脚跳，双脚跳，左脚跳。重复这个动作，直到孩子们跳得很熟练为止。接下来随机换一个跳的模式：双脚跳，单脚跳，单脚跳，双脚跳。然后让孩子们按照这个模式来跳。（持续3~5分钟）

跳跃者阶段
组合技能。跳房子看起来很简单，但需要孩子掌握许多身体技能，并能将这些身体技能组合起来才能做到。

游戏16：挑战之路（单脚跳）
首先让孩子们单脚原地跳。换另一只脚跳。接下来，在孩子们前面画一条线或做个记号，让他们单脚跳到线前面来。尽可能多练习，直到他们能够轻松地单脚向前跳跃。换另一只脚练习。然后在地板上画出一条线路，让孩子们模仿领队，先原地单脚跳3~5下，然后沿着这条线路向前跳。（持续5~10分钟）

游戏17：转身跳
让孩子们向上跳，跳得越高越好。接下来，向他们示范如何跳到半空中扭转身体，改变身体下落时的位置。让孩子们跳起来向右扭转90度落地，然后再向左扭转90度落地。等孩子们熟悉后，看看他们是否能跳起来扭转180度，面朝反方向落地。（持续3~5分钟）

游戏18：跳房子
在单脚跳时，一定要让孩子们交替换脚跳。看孩子们玩得多开心！（重复2次游戏）

31 力量

障碍挑战赛
全身协调：跨越障碍物

这个房间里充满了障碍挑战！你必须要走过一段平衡木，荡秋千，钻隧道，跳三次，然后再旋转！只有完成这些动作，才能穿过房间！

准备材料
- 折叠婴儿车
- 搭建各种障碍物的材料箱（详见教学重点）
- 海绵斜坡垫
- 玩具
- 木板
- 海绵泡沫棒（或游泳浮板）
- 不同大小的容器（足够结实，能够让孩子们直接站在上面）
- 绳子
- 一截树干
- 攀爬架（猴架）
- 眼罩

活动目标
- 耐力
- 柔韧性
- 承受力
- 适应能力

游戏语言
高、低、在……之上、在……之下、通过

游戏安全
在孩子进行大运动量活动时，需要成年人始终在一旁监督和提供支持。特别是当孩子使用他们不熟悉的或者悬在半空中的设备时，无论他们的经验和水平到了什么程度，都要提供必要的支持。

教学重点
- 障碍挑战场地可以设置在室内，也可以在室外，这取决于需要的空间大小和天气状况如何。在障碍挑战场地上画指示箭头，告诉孩子们应该向哪里走。
- 在挑战场地放障碍物时，可以从材料箱里拿出这些：平衡木，木板，隧道，绳索，锥形警示路标，用来装水的桶，胶带或粉笔，垫脚石，用来投掷的沙包或球，呼啦圈，海绵泡沫棒或其他泡沫玩具，以及孩子们喜欢玩的其他东西。
- 所选择的挑战活动应该能够均衡发展儿童的感官感受、平衡感、直觉、力量、协调和控制能力。

我在活动   **看我成长**   **我已掌握**

新生儿阶段
坚持运动可以使人感觉良好，要从小养成积极地活动身体的好习惯。

游戏1：推婴儿车1
把宝宝放在婴儿车里，找到（或者自建）一个迷你障碍挑战段。先向右转，再向左转，最后来一个360度旋转。一边推着婴儿车快走，一边和宝宝说现在你正在做什么。（每日重复）

游戏2：推婴儿车2
在迷你障碍挑战路段上多转几次弯，由慢到快改变你推车的速度。边走边和宝宝说话、唱歌，向宝宝讲述你们每天看到的事物和有趣的事。（每日重复）

游戏3：一起过障碍
把宝宝紧紧抱在怀里。在迷你障碍挑战路段上快速行走。尝试不同的走路方式，如侧身走、倒着走、抱着宝宝跳舞等。（每日重复）

我在活动	看我成长	我已掌握

小爬虫阶段

去游乐场之前。对于宝宝来说，游乐场里为大孩子们准备的游乐设施都太大了。但是在你的帮助下，宝宝也可以快乐地玩耍呢。

游戏4：宝贝爬滑梯
让宝宝头朝上趴在一块海绵斜坡垫上。在斜坡垫的上方放一个玩具，鼓励宝宝爬向它。用你的双手托在他的脚后，给他向上爬的推力，鼓励他爬上去抓到玩具！（重复 2~3 次）

游戏5：宝贝滑滑梯
在斜坡上固定一块光滑的木板（斜坡的高度约为 7.5~10 厘米）。让宝宝坐在斜坡顶部，始终紧紧地扶着他的腰部。让宝宝慢慢地从木板上滑下去。如果宝宝觉得舒服，你可以让他滑下的速度更快一点。（重复 3~5 次）

游戏6：迷你运动乐园
重复 "宝宝滑滑梯" 游戏。只不过这一次，在滑梯下面放一个前后开口的纸板箱或者隧道。当宝宝从木板上滑下来后，让他四肢着地，鼓励他爬过隧道。尽量做到让滑梯与隧道无缝相连。（重复 2~3 次）

走不稳阶段

多种多样的游戏带给宝宝丰富的活动经验，为以后进行更高级、更复杂的运动打下基础。

游戏7：挖宝游戏
把宝宝最喜欢的玩具放在地板上并让他看到。然后在上面堆一堆海绵泡沫棒，这样他就看不到玩具了。鼓励他从海绵泡沫棒中挖出他的玩具。（持续 2~3 分钟）

游戏8：海绵泡沫棒里玩耍
在一块围起来的区域内尽可能多地、随意地摆一些海绵泡沫棒。鼓励宝宝跨过海绵泡沫棒、爬过海绵泡沫棒、绕过海绵泡沫棒……总之让他在海绵泡沫棒里想怎么玩就怎么玩。（持续 5 分钟）

游戏9：海绵泡沫棒游戏
用海绵泡沫棒来打造一系列游戏。例如，将它们放在地上组成不同的形状、数字或字母，让宝宝随意玩。把海绵泡沫棒竖起来，再让宝宝把海绵泡沫棒推倒。把海绵泡沫棒在地板上滚来滚去，鼓励宝宝去追着海绵泡沫棒跑。（持续 5 分钟）

淘气包阶段

一起来搭建场地。活动场地是孩子们自己设计并搭建的，这让他们活动起来更有劲头。

游戏10：一起来铺路
和孩子们一起收集结实的且大小不同的各种容器作垫脚石，一起来铺一条 "石阶" 小路。添加更多的 "垫脚石"，让这条小路更曲折，有更多的转弯。（重复 3~5 次）

游戏11：一起来做平衡木
和孩子们一起去森林里找一截倒地的树干。（也可以找一块木板，把它想象成一截树干。这个活动最重要的是让孩子们自己来创建游戏场景。）把一根绳子绑在树干（木板）上，并把它拖回游戏区。和孩子们一起继续寻找和收集树干，并一起决定如何来布置。然后孩子们练习走平衡木，并探索各种利用树干（木板）做活动的方法！（持续 20~30 分钟）

游戏12：我们自己的场地！
与孩子们一起规划障碍挑战场地和活动项目，增强他们在活动中的自主性和自豪感。（持续 20~30 分钟）

我在活动	看我成长	我已掌握

奔跑者阶段
连续运动。进行跨越障碍物的活动，是对孩子的协调能力和身体控制能力的挑战。

游戏13：虫虫爬
在房间里拉几根绳子，并将绳子固定在离地面约30厘米的桌腿上。让孩子们趴下来，像虫子一样在绳子下面爬来爬去。让他们翻过身来，躺着重复这个游戏。再来一次，让孩子们先趴着爬，在他们爬的过程中你喊"翻身"，孩子们就必须翻过身，并继续扭动身体。（重复3~5次）

游戏14：爬绳子
把绳子牢牢地系在攀爬架上。扶着孩子的腰，让他尽量抓着绳子往上爬，爬得越高越好。把孩子从绳子上抱下来，休息一下，然后继续练习爬绳子，直到他已经熟悉和掌握了爬绳子的动作。然后让孩子练习顺着绳子爬下来。注意：在爬绳子的时候，孩子的手形应该是大拇指在上面，手换手来爬。双腿应该牢牢缠着绳子。在用双腿支撑自己的同时（当然还有你的帮助），他应当先把双手向上移动，再双脚向上。移动完成后，双手应当牢牢抓着绳子，双腿缠住绳子。（重复3~5次）

游戏15：通过障碍
设置五个障碍挑战项目，让孩子们轮流进行挑战。观察和评估孩子们掌握了哪些障碍挑战项目。然后换新的障碍挑战项目，再来玩一次。（重复3~5轮）

跳跃者阶段
社群动力。个人项目和团体项目让孩子们有机会去探索他们能靠自己做些什么，与伙伴们在一起又可以做些什么。

游戏16：个人最好成绩
与孩子们一起来设计他们最喜欢的障碍挑战项目。让孩子们挑战全程，并为每个孩子计时，在个人最好成绩表上记录下每个人所用的时间。用柱状图把每次所用时间呈现出来，让孩子们看到自己的进步。（重复2~3次）

游戏17：相互支持
把孩子们两两配对，一起来进行障碍挑战。在第二轮比赛中，蒙住一个孩子的眼睛，让另一个孩子引导他的同伴安全通过各种障碍。成人需要在一旁随时准备提供帮助。换另一个孩子蒙眼罩，再来一次。

游戏18：团队最好成绩
把孩子们分成若干组，一起来进行障碍挑战。在团队最好成绩表上标记他们所需的时间。告诉孩子们"团队成绩才是最重要的，所以在这个过程中大家要互相帮助"这一道理。每一轮过后，和孩子们讨论他们的挑战经过，并与他们一起制定策略，缩短团队用时。（重复3~5轮）

32 力量

泡泡破啦!
柔韧性和敏捷度

在晴朗的天气里,让我们一起来和泡泡做游戏吧!五彩的泡泡漫天飞舞,太好玩了!追泡泡,抓泡泡,戳泡泡,躲泡泡……你还能怎么玩泡泡呢?

准备材料
- 轻音乐
- 泡泡水
- 苍蝇拍
- 吸管或冰激凌舀勺
- 圆点贴纸
- 泡泡机或泡泡枪
- 泡泡棒
- 纸筒或塑料勺
- 绳子

活动目标
- 眼手协调能力
- 视觉追踪能力
- 敏捷度
- 眼部适应

游戏语言
通过、到……里面

游戏安全
- 在玩泡泡时,让孩子不要把脸、嘴、鼻子和眼睛离泡泡太近。
- 不要把泡泡吹到孩子的眼睛上,千万注意不要让孩子喝到泡泡水。
- 将泡泡水存放在安全的容器中。

教学重点
- 除非有特殊要求,一般使用泡泡机或泡泡枪来制造大量的泡泡。

我在活动 | **看我成长** | **我已掌握**

新生儿阶段
浮在空中的泡泡对于刚刚开始观察世界的宝宝来说简直是一项奇观。

游戏1:空中的泡泡
让宝宝躺在地板上,放一些有关"漂浮"主题的轻音乐。你站在他头部后面吹泡泡,这样泡泡就会飘在他的周围,让他一直能看到泡泡。(持续2~3分钟)

游戏2:戳泡泡
让宝宝平躺在地板上,脱掉宝宝的袜子和鞋子,在他周围吹泡泡。抬起宝宝的一只脚,用他的脚趾来戳破泡泡。用宝宝的另一只脚和两只手来重复这个动作。(重复2~3分钟)

游戏3:泡泡破啦!
让宝宝趴在地上,在他周围吹泡泡,这样他就可以看到飘来飘去的泡泡了。鼓励他去抓泡泡,每当他抓到一个泡泡,就发出有趣的声音(砰!啪!噗!)。(持续2~3分钟)

小爬虫阶段
视觉追踪。培养视觉追踪的能力是为了更好地让眼睛配合身体其他部位的活动。

游戏4:泡泡再见
你坐在地板上,让宝宝坐在你两腿之间,并让另一个人在你身边吹泡泡。抓着宝宝的手,一起来拍泡泡吧!每当你们拍到一个泡泡,就发出有趣的声音(砰!啪!噗!)。(持续2~3分钟)

游戏5:拍泡泡
你坐在地板上,让宝宝坐在你两腿之间,并让另一个人在你身边吹泡泡。一起拿着苍蝇拍,当泡泡飘过来时,就用苍蝇拍来把泡泡拍破。每当你们拍到一个泡泡,就发出有趣的声音(砰!啪!噗!)。(持续2~3分钟)

游戏6:追泡泡
当宝宝在地板上爬时,吹一些泡泡让他追。使用泡泡机或风扇来制造更多的泡泡,这样更有乐趣!每当你们拍到一个泡泡,就发出有趣的声音(砰!啪!噗!)。(持续2~3分钟)

141

我在活动	看我成长	我已掌握

走不稳阶段
动作的有效性。宝宝要学会使劲才能让做出的动作有效果。

游戏7：泡泡的形状
在宝宝周围吹泡泡。把泡泡吹到他够不着的地方，鼓励他去追逐泡泡。（持续 2~3 分钟）

游戏8：打泡泡小能手
让宝宝坐在地板上，给他一个纸筒或塑料勺。在他周围吹泡泡，鼓励他用手中的纸筒或塑料勺去打空中的泡泡。让他试着用左手或者右手分别来打泡泡，再试试双手一起去打泡泡。（持续 2~3 分钟）

游戏9：我吹的第一个泡泡
教宝宝如何用泡泡棒吹泡泡。（你可以这样向宝宝来讲述：泡泡棒就像生日蜡烛一样，你深呼吸，然后用力吹！）让宝宝一边吹一边注意泡泡被吹到了哪里。把泡泡吹上去，再吹下来，再向左，再向右。（持续 3~5 分钟）

淘气包阶段
柔韧性。当孩子们以不同寻常的方式来使用身体的某个部位时，这不仅挑战了他们的身体，也挑战了他们的大脑。

游戏10：顶泡泡
你来指定身体的某一部分（比如肘部），让孩子们摸摸他们的肘部。接下来打开泡泡机，让孩子们用肘部去顶泡泡。用另一个胳膊肘或身体的其他部位来重复这个动作。（持续 3~5 分钟）

游戏11：指头竖起来！
吹一些泡泡，指定一根手指（拇指、食指、小指），让孩子用那根指头来戳破泡泡。两只手的手指都来试一试。如果想增加难度，可以让孩子脱下袜子和鞋子，用不同的脚趾试一试。（持续 3~5 分钟）

游戏12：接泡泡
让孩子伸出双臂，双手合在一起形成一个环来接泡泡。数数看他能让多少个泡泡穿过他的臂环且不把泡泡弄破。如果想增加难度，弯曲一条胳膊形成臂环。（持续 3~5 分钟）

奔跑者阶段
慢速运动。动作慢下来，能够给眼睛和身体充分的反应时间。

游戏13：泡泡怪兽
让孩子们站在地上的定位点上不要动。让孩子们想象并展示泡泡怪兽是如何大声踩脚走路的：咚！咚！咚！现在泡泡怪兽要慢慢地走，但声音依旧很大：咚！咚！咚！向孩子们吹泡泡，让他们尽可能地走慢一点，踩脚声音大一点。现在让孩子们走得快一点，但声音要轻。（持续 2~3 分钟）

游戏14：黏泡泡
给孩子们一根塑料吸管，教他们如何用吸管来"黏住泡泡"（泡泡不破）。现在让孩子们发挥想象力，用不同的方法来黏泡。接下来，让孩子们试试看能否将泡泡黏在吸管的末端或者中间，甚至在吸管的顶端黏一个泡泡。动作要轻柔且稳定。（持续 5~10 分钟）

游戏15：泡泡空手道
让孩子们抬起一只脚且保持平衡。向他们吹泡泡，让他们试着在保持平衡的同时，动作缓慢地踢泡泡。让他们尽可能时间长地保持一只脚站立，然后换另一只脚。（持续 5~10 分钟）

跳跃者阶段
敏捷度指快速、灵活移动自己身体的能力。敏捷度是一个缓慢形成的过程，它对孩子运动时自信的形成有十分重要的作用。

游戏16：泡泡不会破
让孩子们四处散开，这样就有更大的活动空间。向空中吹一些泡泡，让孩子们努力使泡泡在空中多待一些时间。向孩子们示范应该怎么做：追泡泡，并在泡泡落地前将其再次吹回空中。（持续 3~5 分钟）

游戏17：腿脚灵活的孩子
用绳子在地上围一个圆圈，让孩子们轮流站进圆圈里。把泡泡吹到圆圈里，让孩子们在泡泡落地之前从泡泡上跳过去。给每个孩子 10 秒的时间，看每个孩子能跳过多少个泡泡。（重复 3~5 次）

游戏18：躲泡泡
用绳子在地上围一个圆圈，让孩子站进圆圈里但不要出来。向他吹一个泡泡，让他躲开泡泡。为提高游戏难度和增加趣味性，给孩子吹更多的泡泡。如果是一组孩子一起来玩躲泡泡，那就要求孩子们不仅要躲开泡泡，还要躲开身边的小朋友！（持续 5~10 分钟）

疯狂的小爬虫
身体协调性：不同阶段的爬行

33 协调

小心！疯狂的小爬虫们来啦！小爬虫们总是爬来爬去，难以捉摸。别以为你能弄明白小爬虫们要去哪儿，他们下一秒就又改变主意啦！

准备材料
- 玩具
- 椅子或桌子
- 桶
- 圆点贴纸
- 计时器
- 帽子
- 床单
- 绳子
- 沙包
- 音乐
- 动物卡片

活动目标
- 团队合作
- 人体中央轴发展
- 问题解决能力
- 耐力训练

游戏语言
表示方向的词汇（在里面、在外面、在上面、在下面，等等）

游戏安全
确保孩子的爬行场地没有危险障碍物。

教学重点
- 在活动时尽量光着脚，这样有助于提高孩子对自身的感知。
- 爬行和行走的意义远比看上去的更重要。

我在活动   **看我成长**   **我已掌握**

新生儿阶段
会爬之前。宝宝的大脑需要经历横向运动和反向运动，为宝宝学会独立运动做准备。

游戏1：运动歌曲：一寸虫
让宝宝躺在地板上，唱"一寸虫"给他听。在唱"一寸虫，前后摇"的时候，抓住他的双脚脚踝，把他的腿往前推再往后拉。接下来，只对他的一条腿做推拉动作，然后换另一条腿。最后两条腿再一起做这个动作。腿部完成后，对宝宝的胳膊再重复做这个推拉动作。（持续2~3分钟）

游戏2：运动歌曲：快乐的蓝鸟
让宝宝躺在地板上，唱"快乐的蓝鸟"给他听。当你唱"快乐的小蓝鸟，飞进又飞出"的时候，抓住他的双脚脚踝，弯曲膝盖，轻轻地向他肚子的方向推上去，然后再把腿拉直。接下来，只对他的一条腿做推拉动作，然后换另一条腿。最后两条腿再一起做这个动作。腿部完成后，对宝宝的胳膊再重复做这个推拉动作。（持续2~3分钟）

游戏3：运动歌曲：可爱的小猴子
让宝宝躺在地板上，唱"可爱的小猴子"给他听。当你唱"可爱的小猴子，抱住一棵树"的时候，抓住他的右脚踝和左手腕，举起并轻轻拍一下，然后再放回原位。重复几次，然后换左脚踝和右手腕。（持续2~3分钟）

143

我在活动	看我成长	我已掌握

小爬虫阶段
三维运动。从躺着到翻身趴着是宝宝第一次对身体有一个三维的、全面的感知。

游戏4：运动歌曲：小青蛙
让宝宝趴在地板上，唱"小青蛙"给他听。当你唱到"小青蛙，打开又合上"的时候，抓住他的脚踝，轻轻地打开然后合上他的双腿。现在试着一次只开合一条腿，另一条腿保持不动。接下来把宝宝的双腿轻轻向上然后向外推，膝盖弯曲，就像小青蛙一样！对胳膊重复同样的动作。让宝宝躺在地板上，再次重复这个动作。（持续2~3分钟）

游戏5：运动歌曲：小山雀
让宝宝趴在地板上，唱"小山雀"给他听。当你唱到"小山雀"给他的时候，抓住他的脚踝，轻轻地把他的腿左右移动。现在试着左右移动一条腿，另一条腿保持不动。接下来，把运动腿从静止腿的上方交叉过去。让宝宝躺在地板上，再次重复这个动作。（持续2~3分钟）

游戏6：运动歌曲：小灰兔
双腿并拢坐在地板上，让宝宝坐在你的腿上，并与你面对面。当你唱"小灰兔，胸前和背后"的时候，拍打宝宝的胸前和背后。再唱一次，这次要把宝宝举起来，并让宝宝转个身，从面对你变成背对你。（持续2~3分钟）

走不稳阶段
必要的爬行。在宝宝们掌握了站立的要领后，他们往往想要走而不是爬，而爬行是刺激大脑发育的有效的运动模式。用有趣的游戏吸引宝宝们回到地板上来继续爬吧！

游戏7：运动歌曲：大老熊
和宝宝面对面坐在地板上，唱"大老熊，转向右"给他听。每次唱到"右"字的时候，就挠他的右膝盖。接下来坐在宝宝右边大概超一米远的地方，一边重复唱"大老熊"，一边鼓励他向右转，爬向你。再训练宝宝向左转的时候，你可以唱"大老熊，转向左"。（持续2~3分钟）

游戏8：运动歌曲：哈巴狗
和宝宝坐在地板上，在你唱"哈巴狗，转转转"的时候，用他喜欢的玩具吸引他，让他围着你的身体转。把玩具放在你的身后（但要在他的视野之内），这样他就会一直看着你转。换个方向，重复玩这个游戏。（持续2~3分钟）

游戏9：运动歌曲：胆子大的小鼹鼠
在椅子或者桌子上系上床单的一角，系的位置大约距离地面30厘米。把床单的另一端拉紧。在床单上放上几个玩具来吸引宝宝的注意力，并鼓励他爬到床单下面。把床单放得低一些，这样他会有被床单包围的感觉。唱"胆子大的小鼹鼠，在下面"，让他知道你在哪里。一边唱歌，一边抖动床单。（持续2~3分钟）

淘气包阶段
适应性动作。当孩子掌握了运动机制，他们就可以将其转化为新形态的身体表现。

游戏10：动物爬
选一个孩子们以前没模仿过的动物，教他们如何像这个动物一样爬行。用两条平行的绳子，或者在地板上画两条长长的平行线框出一条路。鼓励孩子在这条路上学动物，拐个弯再爬回来。接下来，让他们试试在路上倒着爬行。（持续3~5分钟）

游戏11：道路清洁员
用绳子围出一条弯曲的路。沿路摆上几个沙包，并在路的尽头放一个水桶。鼓励孩子沿着这条弯曲的路爬行，一边爬一边捡沙包，并将捡到的沙包用脖子和下巴夹住，最后将沙包都放进桶里。让孩子们一个接一个来玩，直到最后一个孩子把沙包丢进桶里。你可以尝试让孩子用各种方式爬行，甚至倒着爬。（持续3~5分钟）

游戏12：大象历险记
向孩子们介绍一种动物，例如大象。带孩子们花上一天的时间来研究大象——大象有多大？怎么叫？住在什么样的地方等。接下来向孩子们示范如何像大象一样行走，并要求所有的孩子一天都要像大象那样行走。接下来，让"大象们"在室内和户外历险，并用故事、图画和歌曲来讲述冒险经历。（持续一整天）

我在活动	看我成长	我已掌握

奔跑者阶段
富有想象力的动作。想和别人不一样，会给孩子以动力，让他们去做之前从未想过的动作。

游戏13：抢圆点
这是一个不太一样的"抢椅子"游戏版本。在地板上粘一圈圆点贴纸（圆点贴纸的数量要比孩子的数量少一个）。让孩子们挑选一种动物，比如大象，并模仿大象的走路样子。播放音乐，游戏开始。在音乐停止时，每头大象必须找到一个圆点站好。没有找到圆点的大象，继续像大象一样走动，但要给其他找到圆点的孩子指定另一种动物。撕掉一个圆点贴纸继续游戏，直到每个人都变成不同的动物。（持续10~15分钟）

游戏14：猜动物
让孩子们围坐成一圈。选一个孩子出来站在圆圈中心，先在心里想一个动物，比如大象，然后像大象一样走动和发声。其他孩子来猜这是什么动物。猜对以后，每个孩子都要站起来像大象一样走动。站在中心的孩子需要选出下一个表演者，开始下一轮游戏。（持续10~15分钟）

游戏15：爬行马拉松
向孩子们解释一下什么是马拉松——很多人一起来跑很长的一段路。然后告诉孩子们，他们将要花上一天的时间进行"爬行马拉松"。首先，让他们选择一个自己喜欢的爬行方式，但必须至少有一个膝盖着地。然后用定时器，一次30分钟（或者任何你觉得适合的时长）。定时器响起时，让孩子们换一种爬行方式继续爬！（断断续续，持续一整天）

跳跃者阶段
以不同的方式爬行。爬行可以让身体的各部位充分活动起来，从而提高身体的协调能力。

游戏16：一起学动物
准备各种不同的动物卡片，并把这些卡片放进帽子里。让孩子们两两一组，每组选出一个孩子从帽子中取出一张卡片。和他们一起研究如何两个孩子一起配合，像卡片上的动物一样走动。例如，一个孩子可以当动物的前腿，另一个当动物的后腿。几组孩子可以一起来玩，或者一组来演动物，其他组的孩子来猜这是什么动物。（持续5~10分钟）

游戏17：组合新动物
准备各种不同的动物卡片，并把动物卡片分成两份，装进两顶帽子里。让孩子先从第一顶帽子中取出一张卡片，如果是一张小鸟卡，就让孩子伸展胳膊来学鸟飞。接下来，让孩子从第二顶帽子里再取出一张卡片，如果是一张奶牛卡，就让孩子迈开双腿来学奶牛走。现在把两张卡片放在一起，就需要这个孩子像鸟一样挥动手臂，像奶牛一样从容漫步。在游戏中，你需要为每个孩子取一个动物组合名字，比如"鸟牛"。（持续10~15分钟）

游戏18：新动物，变变变！
重复"组合新动物"的游戏，不过要为他们扮演的新动物补充一些特征。例如，"鸟牛"是怎么叫的？"鸟牛"喜欢玩什么游戏？如果"鸟牛"遇到了"狗蛙"，会发生什么有趣的故事？接下来，让孩子们选择一个伙伴，并和伙伴交换"身体的一部分"，例如"鸟牛"和"狗蛙"交换，"鸟牛"变成了"鸟蛙"，"狗蛙"变成了"狗牛"。（持续20~30分钟）

34 协调

三腿小怪兽

人体中央轴发展：同侧运动

在想象花园里有一只三条腿小怪兽！想想看，如果你有三只脚、三个膝盖、20个脚趾、20个手指、4只眼睛、4只耳朵和2个脑袋的话，你能做些什么特别的事情呢？

准备材料
- 罐子或鼓
- 枕头
- 飘带
- 铃铛
- 木勺或鼓槌
- 柔软的围巾
- 呼啦圈
- 粉笔

活动目标
- 同侧运动
- 协调性
- 方向感
- 身体节奏
- 身体控制

游戏语言
左边、右边、上方、底部、前面、后面

游戏安全
- 观察孩子，并在孩子需要的时候提供帮助。
- 在孩子躺下做运动之前，检查地面是否平整。
- 鼓励孩子运动时尽量光着脚，这样抓地更稳定、更安全。

教学重点
- 在宝宝活动时你会发现，对于人体中央轴尚未发育完成的宝宝，复杂的运动模式对他们来说具有一定的挑战性。例如，如果你把宝宝的胳膊移向身体一侧，他的头也会跟着移动。
- 当孩子需要向左或向右转时，你可以采用以下这个方法：在他们的右手、右脚上做个记号，并告诉他们，做记号的那一侧是右边，没有记号的那一侧是左边。

我在活动 | **看我成长** | **我已掌握**

新生儿阶段
让宝宝感知到身体的不同部位，会帮助他加强身体意识。

游戏1：单侧按摩
每一次只给宝宝身体的一侧来做按摩。从宝宝的头部开始，顺着往下，按摩他身体的右侧直到脚趾。对身体左侧重复上述动作。下次按摩宝宝的身体上半部分，然后是身体的下半部分。（持续 2~3 分钟）

游戏2：半身运动
和"单侧按摩"相似，只不过这次将宝宝的右臂和右腿同时举起来，与此同时，身体的左侧不要动。之后换另一侧。接下来，把宝宝的双臂同时举起来，然后再放下（双腿保持不动）。然后双腿也重复举起放下这个动作。（持续 2~3 分钟）

游戏3：侧卧运动
将宝宝的双手放在身体两侧，双腿并拢，轻柔地帮助宝宝翻成侧卧姿态并保持 5 秒钟。恢复原来位置，休息 5 秒钟，然后再帮助宝宝翻卧到身体的另一侧。（重复 3 次）

小爬虫阶段
当宝宝能够用手触及他想要的东西时，双侧动作就会出现。左利手或是右利手的偏好逐渐显现并开始发展。

游戏4：1，2，3，鼓掌！
让宝宝平躺，并能够看到你。拿起他的两只小手放在一起，数1，2，3，在数到4时拍拍手。然后换双脚来重复上述动作。观察宝宝自己尝试拍手，并在他需要时给予帮助。在你引导宝宝来玩这个游戏时，一边唱歌，一边跟着节奏来拍手。（持续 3~5 分钟）

游戏5：单侧拍拍
重复"1，2，3，鼓掌"游戏，让宝宝翻个身趴在地板上。把他的左脚举向空中，轻柔地拍打他的左脚脚趾和脚底。然后沿着身体的左侧向上，拍他的左腿、上身的左侧，由上到下，再从上往下，不断轻柔拍打。对身体右侧重复同样的动作。你可以一边唱歌，一边跟着歌曲的节奏拍打他。（持续 2~3 分钟）

游戏6：单腿蹬车
让宝宝平躺，将他的右腿抬起来。像单脚蹬自行车那样前后蹬右腿。左腿重复同样的动作。（持续 2~3 分钟）

146

我在活动	看我成长	我已掌握

走不稳阶段
活动身体的不同部位。每次只活动宝宝身体的一侧，这会帮助他理解身体有两侧，每一侧都可以独立活动，并且身体的两侧可以在同时做不同的事情。

游戏7：敲右边，敲左边
准备一个鼓和一只鼓槌（你也可以用一个罐子和一把木勺代替）。让宝宝在鼓的前面坐下来，鼓励他去敲鼓。接下来，把鼓放在他的右边，鼓励他用右手打鼓。再把鼓放在左边重复动作。（持续 3~5 分钟）

游戏8：塔倒了！
和宝宝一起把枕头搭成枕头塔。鼓励他在枕头塔搭成后再把塔推倒。轰隆！接下来把塔搭得再高一些，扶着他站起来，然后再把塔推倒。轰隆！接下来帮助他把枕头踢散，并从枕头中间爬过去。（持续 3~5 分钟）

游戏9：飞机螺旋桨
和宝宝面对面坐下来，用一条柔软的围巾把他的两个脚踝系在一起。把他的双腿举起来，像飞机螺旋桨一样绕圈，先顺时针转，再逆时针转。你还可以尝试其他的双腿活动模式（比如上下活动、之字形活动等），或者在空中画出图形的轨迹，例如画三角形、正方形和数字8。（持续 3~5 分钟）

淘气包阶段
同侧运动。同侧运动是指当移动身体的一侧时，另一侧可以保持静止不动。

游戏10：海豹潜水
让孩子趴在地板上，手臂盘放在身体两侧。鼓励他们抬起头，上身离开地面，保持 5 秒钟。恢复原状。接下来让他们只把腿尽可能抬离地面，保持 5 秒钟。每个人都要学海豹叫。（持续 2~3 分钟）

游戏11：跳伞运动员
让孩子们趴在地板上，双臂向两侧伸展。鼓励他们抬起头，胳膊和腿离开地面，保持平衡并坚持 5 秒钟。让他们把胳膊放在身体两侧休息一会儿，然后再试一次这个跳伞运动员的动作。（持续 2~3 分钟）

游戏12：绕圈圈
让孩子们呈左侧卧姿势，侧躺在光滑的地板上。右脚和右腿用力不移动身体，让自己以头为圆心在地上画圆。反过来呈右侧卧姿势，左脚和左腿用力，让自己的身体向相反的方向旋转。（持续 2~3 分钟）

奔跑者阶段
掌握单侧运动的关键，是在保持身体一侧不动的情况下只练习活动身体的另一侧。

游戏13：单侧运动
让孩子们呈站立姿势。保持右臂和右腿不动，让他们左臂和左腿同时抬起和放下。接下来，让他们继续保持身体右侧不动，以右脚为圆心，左脚像圆规一样以身体为轴画一个圆。重复这个动作，这次换身体左侧不动。当他们已经可以把这个动作完成得很好时，就可以把动作倒过来再做一次了。（持续 2~3 分钟）

游戏14：空中交通指挥操
把孩子们两两分组。为每组画一个"停机位"，让一个孩子当"空中交警"，站在"停机位"旁边，手中拿一条飘带；让另一个孩子当"飞机"，站在距离"停机位"几步远的地方。"空中交警"需要用手势来引导"飞机"停入"停机位"。在做手势时，一条胳膊来指示左右方向，另一条胳膊则要不停舞动飘带。（就像交警指挥交通那样）。让两个孩子互换角色，再来玩一次。（持续 3~5 分钟）注意：随着孩子对游戏的熟悉，可以增加一些有趣的指挥手势，例如，旋转飘带的时候，"飞机"就必须不停地旋转。

游戏15：青蛙跳
在地板上一字排开 6 个呼啦圈。让孩子们像青蛙一样，一个接一个跳过 6 个呼啦圈，且尽量不要碰到呼啦圈。在青蛙跳的时候，让孩子们先把双手放到下一个圈里，然后双脚再跟着跳过来，然后是下一个圈！（重复 2~3 次）

跳跃者阶段
复杂的运动模式。掌握了身体单侧运动之后孩子才能做出像单脚跳这样复杂的动作。

游戏16：围着钟表跳
让孩子们围成一圈单脚跳。圆圈中间放一个铃铛当钟表。钟敲一下（摇一下铃铛），他们就要用右脚跳。钟再敲一下，就要换成左脚跳。敲 12 次钟（摇了 12 次铃铛）就停下来。接下来加入手臂动作。比如，当右脚跳时，就要把右胳膊举到空中。（持续 5~10 分钟）

游戏17：左转跳
在铺满方砖的人行道上划定一块区域，或者在地板上画一个网格来模拟人行道。给每个孩子指定一个格子做起点，另一个格子做终点。孩子们需要沿着方格单脚跳到他们的目的地，且在单脚跳的过程中只能向左转。看看他们是否能在"只向左转"的规则下，从游戏区的一端跳到另一端去。重复这个游戏，这次规定孩子们只能向右转。（持续 5~10 分钟）

游戏18：两人三足
将高低、胖瘦相似的孩子两两配对，将一个孩子的左腿和另一个孩子的右腿绑在一起，变成三条腿的跑者。让孩子们四处走动，以适应这种伙伴关系。接下来设定起点和终点。让他们尽可能快地跑，并为他们计时。再跑一遍，看看他们是否能打破上一次的记录。接下来让他们旋转弯多的路线，以增加挑战难度。（持续 10~20 分钟）

147

35 协调

鳄鱼爬
人体中央轴发展：偏侧运动

你有没有认真观察过短腿的鳄鱼？短腿很适合贴着地面爬行。如果你也像鳄鱼一样，有很短的腿，那么你会如何四处移动呢？我猜呀，你在爬行的过程中可能会用手推地板、脚蹬地板，也可能会像聪明的鳄鱼一样，在地板上"爬"出舞步！让我们试着像鳄鱼一样爬行吧！

准备材料
- 手偶
- 红袜子
- 蓝袜子

活动目标
- 人体中央轴发展
- 手眼协调能力
- 脚眼协调能力
- 节奏与时间意识

游戏语言
左、右

游戏安全
在孩子们游戏时确保有足够的活动空间，防止孩子们互相踢到或撞到。

教学重点
- 左边和右边是重要的方向概念。分清左和右也是一项重要的生活技能。
- 你可能需要根据孩子的运动情况调整你的指令。将运动的速度慢下来可以使孩子的大脑能够集中注意力，获取身体反馈的信息。
- 很多活动都涉及身体的左右两侧。为了帮助孩子们看到和理解他们身体两侧的不同，你可以使用一些标记物来帮助他们区分：比如只在左手/右手上贴贴纸，另一只手上不贴；或者在两只手上贴上两种不同颜色的贴纸；或者在两只手上分别套上两种颜色的袜子等。

我在活动　　**看我成长**　　**我已掌握**

新生儿阶段
击剑反射（颈肢反射）。在出生时，击剑反射能够帮助胎儿通过产道。击剑反射是头部和手臂之间的一种反射关系——把宝宝的头转向一侧，他会立即伸出该侧的手臂，屈起对侧的手臂，做出击剑的姿势。

游戏1：一侧聊天
让宝宝躺在地板上。轻轻地把宝宝的头转向右。你可能会看到他的右臂伸直，左臂自动弯曲。这就是击剑反射在起作用。躺在宝宝的右侧，把脸贴到地板上，这样你就能和宝宝对视了。和他说话并保持眼神交流。然后换成左侧。（持续1~3分钟）

游戏2：一起看云
在户外阴凉处或室内地板上躺下来，享受和宝宝在一起的时光。让他躺在你身上。用左手牢牢地抱着他，轻柔地将他的右臂在体侧伸出去。注意，他可能会不由自主地把头向右移。然后换左侧。（互换2~3次）接下来，让宝宝趴在你身上，这样你们就可以肚子对肚子了。再次重复这个游戏。（重复2~3次）

游戏3：数鳞片
让宝宝躺在地板上，给他按摩。用指尖轻拍他的腹部、腿部和手臂，就好像他是一条小鳄鱼，你正在数他的鳞片一样。让宝宝趴在地板上，给他按摩。接下来，只按摩宝宝的右侧，然后只按左侧。这种按摩会让宝宝对自己整个身体有一种独特的感觉，对宝宝了解自己的身体非常有益。（持续2~3分钟）

| 我在活动 | 看我成长 | 我已掌握 |

小爬虫阶段
宝宝学爬。在会爬行之前，宝宝需要练习将双臂和双腿一起做反向运动。此时，由于许多原始反射依然活跃，宝宝非常需要你的一些帮助。

游戏4：认识身体
让宝宝躺在地板上，轻柔地按住他的臀部，与此同时，帮助他先向右再向左扭动身体，重复这个动作。然后保持身体不动，臀部扭向一边，两腿交叉。（重复2次）休息一下，然后鼓励他伸出手去抓住自己的脚趾。当他的手摸到自己的脚时，他是在认识自己的身体。接下来，你可以尝试用更多的动作来帮助宝宝认识身体。（持续2~4分钟）

游戏5：翻滚的小鳄鱼
当宝宝四肢着地时，用"数鳞片"游戏中的按摩动作按摩他的背部、腿部和脚部。当你按摩到他的脚指头时，鼓励宝宝在地上趴平，然后翻滚身体后背着地躺在地上。鼓励他回到四肢着地的状态，让他多练习这个姿势。宝宝也喜欢肚皮按摩，所以经常用"数鳞片"游戏中的按摩方法按摩他的肚子吧！（重复3~5次）

游戏6：每次只弯一部分
虽然看起来似乎很简单，但对于宝宝来说，一次只活动身体的某一部分其实是非常难的。所以慢慢来，为宝宝的每一次努力鼓掌吧！让宝宝坐在你面前且面对镜子。帮助他伸出胳膊弯曲手肘，摆出秀肌肉的姿势，然后归位。接下来，帮助他向上弯曲双膝，然后归位。现在开始试着一次只弯曲身体的一部分，先弯曲一个手肘，然后是另一个；再弯曲一个膝盖，然后是另一个。试着改变顺序，先右后左，或先腿后胳膊，记得每次只弯曲身体的一个部位。鼓励宝宝自己来重复这些动作。（持续2~5分钟）

走不稳阶段
人体中央轴发展。随着人体中央轴开始发展，是时候让宝宝体验全身协调运动的感觉了。在游戏活动中，不要期望宝宝第一次甚至第十次尝试就能成功；相反，要观察他能否流畅地做动作、轻松地控制自己的身体。在宝宝需要的时候给予协助。

游戏7："小鳄鱼！"
"小鳄鱼睡醒啦！""咦？我现在在哪儿呢？"手上套上手套走到宝宝的左边，然后喊："小鳄鱼！"鼓励宝宝将头转向左边。右边重复同样动作。这个游戏的目的是通过简单的颈部左右转动来加强颈部和肩部的力量，这也有助于整合非对称紧张性反射（Asymmetrical tonic neck reflex，ATNR）。（重复2~3次）

游戏8：颜色配对游戏
找两双不同颜色的袜子，比如一双红的、一双蓝的。把红袜子穿在宝宝的右手和右脚上。把蓝色的袜子穿在他的左手和左脚上。让他来玩配对游戏：鼓励他将红袜子碰到一起（右手拍右脚），再将蓝袜子碰到一起（左手拍左脚）。将宝宝手上或脚上的袜子互换，继续来玩袜子颜色配对游戏（右手拍左脚，左手拍右脚）。（持续2~5分钟）

游戏9：小鳄鱼抬腿
在宝宝的手上套上红袜子，脚上套上蓝袜子。鼓励宝宝像小鳄鱼一样爬边叫。帮助"小鳄鱼"抬起一只红色的"脚"，但依旧保持鳄鱼爬的姿势。然后抬另一只红色的"脚"，再然后分别抬起两只蓝色的"脚"。（重复2~3次）

淘气包阶段
探索一侧身体。人体中央轴定义了身体的左右、上下、前后。

游戏10：慢慢说"你好"
这个游戏的目的是每次只缓慢地移动身体的一部分。你坐在地板上，让孩子坐在你两腿之间。让孩子弯曲手肘，摆出秀肌肉的姿势，双腿在体前伸直。让孩子假装自己是小鳄鱼，尝试用不同的姿势向周围慢慢地致以问候：（1）慢慢地向右转头，说"你好！"再把头的位置还原。（重复3次）（2）慢慢地伸展右前臂，挥手说"你好！"然后还原。（重复3次）（3）慢慢抬起右膝盖，活动脚趾说"你好！"然后还原。（重复3次）在左侧重复上述动作。

游戏11：更慢地说"你好"
你坐在地板上，让孩子坐在你两腿之间。用"慢慢地说'你好'"游戏来热身。然后用身体的各个部分再次重复"慢慢说你好"里的动作。（1）右臂、左臂、右臂、左臂；（2）右膝、左膝、右膝、左膝。记住，我们的目标是让身体的每个部分独立地做动作。在身体的某一部分非常缓慢地做动作时，要保持身体的其余部分不动。且做动作的时候一定要边挥手/动脚趾边说"你好"。小鳄鱼最喜欢友好的氛围啦！（重复3次）

游戏12：鳄鱼拉伸
小鳄鱼最喜欢伸展四肢晒太阳啦。让孩子们平躺在地板上，双臂放在身体两侧，双腿伸直。告诉他们，要像鳄鱼一样慢慢地做动作。然后让他们同时做3个动作：将头转向右，将右臂向上举，摆出秀肌肉的姿势，将右膝盖体外提起并弯曲。（提醒他们这样做的时候要保持身体左侧不动。）在动作摆好后，他们可以摆动手指和脚趾，并说"你好！"让孩子们将身体复位，左边重复相同的动作。（重复3次）

149

我在活动　　　　**看我成长**　　　　**我已掌握**

奔跑者阶段
人体中央轴和协调性。人体中央轴的发展可以帮助孩子更好地控制身体各部分独立运动或协调运动。

游戏13：定！
在游戏中引入平衡挑战。（1）让孩子们站好。双臂水平打开，先抬起右膝，放下，再抬起左膝。像仪仗队一样慢慢向前行进，双腿左右交替。（2）双臂以秀肌肉的姿势重复上述动作。这个动作需要核心肌肉用力以保持平衡。（3）双臂水平打开，让孩子们抬起右膝并喊："定！"喊完之后孩子们需保持静止 2~5 秒，然后恢复。身体左侧重复。（4）双臂保持秀肌肉的姿势，让孩子们抬起右膝并喊："定！"喊完之后孩子们需保持静止 2~5 秒，然后恢复。身体左侧重复。（持续 2~3 分钟）

游戏14：膝盖碰手肘
让孩子们双臂保持秀肌肉的姿势站好。抬起右膝并与右手肘碰触。身体左侧重复这一动作。（重复 3 次）让孩子们再次抬起右膝但要与左手肘碰触。身体另一侧重复这一动作。（重复 3 次）最后让孩子们试着左右交替膝盖碰手肘，并不断提高速度。如果想要提高挑战难度，可以让孩子们在手肘和膝盖碰到时喊"定！"并保持姿势 1~3 秒。

游戏15：小鳄鱼忍者
小鳄鱼会做忍者动作。让孩子们从双腿并拢、双臂保持秀肌肉的姿势开始。（1）保持身体左侧不动，将头转向右。将右臂向外水平伸直，腿向右侧伸出，脚趾触地。回到原位。左侧身体重复。（2）重复（1）的动作，且左右快速交替运动。（3）当动作熟练后，加入忍者风格的跳跃动作和鳄鱼叫，且继续左右交替运动。（每一步动作都重复 3~5 次）

跳跃者阶段
随着人体中央轴发展，孩子更加需要理解身体左右的概念。

游戏16："鳄鱼爬爬"
让孩子趴在地上，双臂放在身体两侧，双腿伸直。让孩子们把头转向右边，弯曲右手肘做秀肌肉的姿势，把右膝盖向右弯曲，就像在"定！"的游戏时一样，停顿 2 秒，回归原位。身体另一侧重复该动作。当孩子们可以流畅地做这个动作时，每换一边就要学鳄鱼叫。一旦孩子可以流畅地做动作和学鳄鱼叫，从"鳄鱼爬爬"这首歌中选一段节奏，让孩子们跟着旋律舞动。（重复 2~3 次）

游戏17：左和右
让孩子们平躺下来，重复"鳄鱼爬爬"里的动作。接下来，在每个孩子的右手上贴一张贴纸，帮助孩子将右手和左手区分开来。当你喊"鳄鱼的右边"，孩子们的右侧身体就需要做"鳄鱼爬爬"的动作。然后再下达"鳄鱼的左边"的命令，左侧身体就需要做"鳄鱼爬爬"的动作。唱"小鳄鱼的左和右"，让孩子们跟着歌曲的节奏来做动作。为了让游戏更有趣，让孩子们每次换另一边时要学不同种类的动物叫。（重复 2~3 次）

游戏18：爬来爬去的小鳄鱼
让孩子们趴在地上，把头转向右边，右胳膊做秀肌肉的姿势，把左膝屈向左。身体另一侧重复这个动作（头向左转，左臂做秀肌肉的姿势，右膝盖弯曲）。这个姿势能够挑战身体和大脑同时处理复杂的对抗动作。接下来唱"爬来爬去的小鳄鱼"，鼓励孩子们跟着音乐的节奏来做这个动作。让孩子们每次换另一边时都要学鳄鱼叫。（重复 2~3 次）

沙包游戏
人体中央轴发展：交叉运动

36 协调

在一个阳光灿烂的日子里，沙包们打算一起出来玩游戏！可是……它们不知道该玩什么游戏。你可以教教它们吗？

准备材料
- 沙包
- 篮子
- 枕套
- 音乐

活动目标
- 时间意识
- 推理能力
- 眼部适应
- 身体节奏
- 手眼协调能力

游戏语言
在上面、跨过、在后面

游戏安全
动作的自动化是因时、因人而异的，所以成人一定要放松心态，慢慢来。如果孩子感到困难，那么将难度降低一点，直到他在做动作时表现出自如和自信后，再做进一步的尝试。

教学重点
- 两人一组传递沙包时，让孩子们头部保持直立，并将注意力放在沙包上。
- 当孩子们做交叉动作时，确保他们的躯干挺直，只有胳膊或腿活动。如果孩子做动作时有困难，帮助他分解动作，一步一步来。
- 鼓励孩子经常做一些交叉动作。

我在活动　　　　**看我成长**　　　　**我已掌握**

新生儿阶段
按照本能发展。对于宝宝来说，无拘无束的玩耍能够促进他们按照生命本能的方式发展。

游戏1：沙包垫
把一些沙包装进枕套里并放在地板上，做成一个特别的沙包垫。让宝宝躺在这个垫子上，和他一起玩耍。（持续 2~3 分钟）

游戏2：认识沙包
让宝宝躺在地板上，并给他一个沙包玩。鼓励他抓着沙包并用手指来探索。帮助他用手指挤压沙包，感觉沙包的质地与纹理。（持续 2~3 分钟）

游戏3：翻滚吧，宝贝！
把沙包垫放在地板上，让宝宝趴在上面。帮助宝宝在沙包垫上翻身，倾听沙包在他的身下发出特别的声音。试着将宝宝从趴着的姿势翻滚成躺着的姿势，然后再从躺着翻滚成趴着的姿势。（持续 3~5 分钟）

我在活动	看我成长	我已掌握

小爬虫阶段
身体协调性。宝宝需要进行多种活动练习，才能够更好地实现对整个身体的自如控制。

游戏4：抓沙包
让宝宝躺在地板上，在他的左/右肩上方悬一个沙包。鼓励他用另一侧手（例如，左肩上方就用右手，反之亦然）抓沙包、拽沙包。鼓励宝宝用手抓握、伸展四肢和翻滚身体。（持续 2~3 分钟）

游戏5：堆沙包
让宝宝坐在地板上，在他面前放一堆沙包，用它们盖住他的腿，他能感觉到沙包的重量。把膝盖上的沙包拿走。鼓励宝宝捡起沙包或者用腿把它们踢开，然后伸展身体去够那些掉下的沙包。（持续 3~5 分钟）

游戏6：捡沙包
让宝宝坐在地板上，在他面前放一个小篮子，里面放六个沙包。鼓励他从篮子里抓沙包。旁边再放一个空篮子，这样宝宝就可以把沙包从一个篮子拿到另一个篮子里了。不时地交换两个篮子，鼓励宝宝交替用左手或右手来捡沙包。（持续 3~5 分钟）

走不稳阶段
交叉动作。交叉动作是指手或腿穿过所在的一个或多个人体中央轴面的动作。

游戏7：交叉踢沙包
让宝宝躺在地板上。在他身体两侧各放一个沙包。轻轻地将他的右腿跨过左腿并触碰/踢左侧的沙包。另一边重复。在玩这个游戏时尽量让宝宝光着脚。（持续 2~3 分钟）

游戏8：举沙包
让宝宝躺在地板上，把双手举向空中。将一只胳膊收回体侧，另一只胳膊扔举在空中。两个胳膊交替举起。接下来，让他右手抓一个沙包，左手放下，右手举起。把沙包换到左手，两个胳膊交替举起。（持续 3~5 分钟）

游戏9：剪刀臂
帮助宝宝把右臂交叉在左臂上，再将左臂交叉在右臂上。（这些动作的自动化可能需要一些时间，因此在宝宝需要时请给予帮助，避免宝宝因无法完成而受挫。在宝宝需要的时候请停止游戏让他休息。）为了增加游戏体验，让他一手拿一个沙包来重复玩这个游戏。（持续 2~3 分钟）

淘气包阶段
引入交叉水平运动。在刚开始时，孩子们是无法自然而然地完成交叉动作的。你需要通过游戏引入一些简单的交叉动作，让孩子们逐渐熟练并掌握。

游戏10：交叉捡沙包
让孩子坐在地板上。在他身体的右侧放一堆沙包，身体左侧放一个空篮子。帮他把左手放在身体右侧，拿起一个沙包再放进篮子里。将沙包和篮子交换位置，这次换右手来拿沙包。如果是一群孩子来玩这个游戏，可以让孩子们围成圈坐下，交叉双臂从一侧捡沙包，再放到身体的另一侧，让旁边的孩子来捡。在这个游戏中，确保孩子在游戏时每次只用一只手，且双臂交叉。（持续 3~5 分钟）

游戏11：交叉夹沙包
重复"交叉捡沙包"的游戏，只是这一次挑战升级，孩子需要用手操作塑料钳夹沙包。如果是一群孩子来玩游戏，给每个孩子发一个塑料钳，并重复"交叉捡沙包"中的游戏方法。（持续 3~5 分钟）

游戏12：数沙包
重复"交叉夹沙包"的游戏，这次，孩子需要一边夹沙包，一边数数。如果是一群孩子来玩游戏，重复"交叉夹沙包"中的游戏方法，并让孩子们一起来数数。（持续 3~5 分钟）

我在活动　　　　看我成长　　　　我已掌握

奔跑者阶段
与伙伴合作。与伙伴合作一起完成任务，会让孩子们有更强的参与感。

游戏13：沙包飞起来
让孩子们两个一组面对面，手臂则用编花篮的姿势（用一只手握住另一只手的手腕，四只手盘在一起）摆好。在他们的手上放一个沙包，让他们一起研究如何在不松手的情况下，把沙包尽可能高地抛向空中。再试一次，这次试试看能否一起接住沙包。（持续3~5分钟）

游戏14：交接沙包
让孩子站好，左手拿沙包。双臂摆成精灵姿势（双臂伸至体侧与肩同高，前臂和手掌向上）。让孩子将双手伸展至胸前，把沙包从左手递到右手上。归位后，再次重复这一动作。如果想要增加游戏难度，可以让孩子试试在背后、脑后和膝盖下方来交接沙包。（每个方向重复3次）

游戏15：沙包传递
让孩子们两个一组。一个是1号玩家，另一个是2号玩家。面对面，双臂摆成精灵姿势（见"交接沙包"游戏）。将沙包放在1号玩家的右手，然后他需要把沙包传给2号玩家的左手，2号玩家将沙包交到自己的右手上，然后再将沙包递给1号玩家的左手。这就形成了一个传递沙包的循环。把方向倒过来再传递一次。接下来，让孩子们试着交叉手臂（右手给右手，左手给左手）再来一次。（持续3~5分钟）

跳跃者阶段
团队合作。孩子们要学会和他人相互配合，相互协作。

游戏16：交叉传递沙包
让孩子们围圈坐，给他们一个沙包，让他们一个接一个传递。他们需要右手接住沙包，将沙包传到左手上，左臂跨过身体，将沙包递到右侧小伙伴的右手上。顺时针方向重复这个游戏，让他们用左手接沙包，传到右手上，然后右臂跨过身体，将沙包传给左侧小伙伴的左手上。让孩子们闭上眼睛，再玩一次这个游戏。（持续3~5分钟）

游戏17：背后交叉传递沙包
让孩子们围圈坐，先玩一轮"交叉传递沙包"的游戏。然后让孩子们把手背后，用同样的玩法再玩一次交叉传递沙包的游戏。（持续3~5分钟）

游戏18：沙包们的奇幻之旅
让孩子们围圈坐，先玩一轮"交叉传递沙包"的游戏。然后，每玩一轮就增加一个沙包，直到每个孩子都有一个沙包。在孩子玩沙包时，随机喊"换方向"，让孩子们改变他们传递沙包的方向（比如将顺时针传递改成逆时针传递）。让孩子们站起来再坐下，看孩子们是否还能继续完成传沙包的游戏。记住，不要把沙包掉了哟！（持续3~5分钟）

37 协调

农场大门
复杂的协调运动

在农场里，今天又将是忙碌的一天。你能帮助农夫将牛和羊赶进围栏里吗？

准备材料
- 毛绒玩具
- 发出吱吱声响的玩具
- 镜子
- 椅子
- 球
- 音乐

活动目标
- 人体中央轴发展
- 身体意识
- 协调能力
- 同侧动作

游戏语言
打开、关上、向左、向右

游戏安全
当你引导孩子们四处活动时，确保地板上没有障碍物及其他危险品。

教学重点
- 当你想让孩子向某个方向移动时，请使用箭头标记指向该方向，引导孩子向左或向右。当面对孩子的时候，记得镜像展示该箭头，这样才能引导孩子向正确的方向移动。
- 通过在孩子的身体两侧贴上不同颜色的贴纸，如左边贴红色、右边贴蓝色，在视觉上来帮助孩子理解左和右。
- 当孩子们同时打开、合上双臂/双腿时，请注意连带运动现象。连带运动是一种自然的、不自觉的现象，表明人体中央轴还没有发展完全，大脑在处理复杂的运动模式时有困难。例如，你可能会看到孩子在打开、合上双臂/双腿的同时张嘴/闭嘴，或者伸舌头等。或者在下令让孩子用身体的某一部位做动作时，身体其他的部位也在动（比如要求左手做动作，右手也会做出相同的动作）。当观察到这种情况发生时，请简化你的动作要求，从不会产生连带运动现象的独立动作开始，直到孩子可以流畅、轻松地做出这个动作，达到动作的自动化后，再添加第二个动作，完成更复杂的动作要求。

我在活动 看我成长 我已掌握

新生儿阶段
动作指引。让宝宝体验身体的不同部位在做同向运动或反向运动时的不同感受，能够促进宝宝的大脑进一步地被激活。

游戏1：早安，农场！
让宝宝躺好。在他面前俯下身来，并让他抓住你的手指。一边对他说"早安，小羊！"一边缓慢且轻柔地将他的手臂向身体两侧打开，再收回原位。现在让我们去叫醒小牛。轻柔地抓住宝宝的脚踝，将他的两腿分开，再并拢。与此同时对他说："早安，小牛！"（每个动作重复3~5次）

游戏2：伸展运动
让宝宝躺好。轻柔地将他的右手和左腿向身体两侧打开，再收回原位。另一侧重复相同的动作。（每个动作重复3~5次）

游戏3：交叉运动
让宝宝躺好。轻柔地将他的双臂向身体两侧打开，收回身体正中位置后，右臂在上跨过左臂，且与左臂交叉。再次收回身体正中。重复这个动作，但这次要左臂在上跨过右臂。腿部也重复这个动作。（每个动作重复3~5次）

我在活动	看我成长	我已掌握

小爬虫阶段
宝宝的爬行之路。把宝宝放在他可以看到、感觉到四周，且能活动双臂和双腿的位置。

游戏4：腿部开合
两个成人面对面站好，各抱一个宝宝，且让宝宝也面对面。播放音乐，跟着节奏将两个宝宝的脚趾轻柔地不断撞在一起。将两个宝宝的脚丫并成一排，这样他们的脚会相互推挤。保持这个姿势，将宝宝的双腿各自摆向外侧（但每个宝宝的双脚依旧并在一起），再回到正中。再试试看只把宝宝的一条腿摆向外侧。（重复3~5次）

游戏5：赶牛进栏
你坐在地板上，让宝宝坐在你的两腿中间。在你将双腿打开的同时也帮宝宝打开他的双腿。在宝宝的双腿之间放一个柔软的玩具（比如一头小牛毛绒玩具）。将你的腿和宝宝的腿合上，这样就把小牛围起来了（"哞！"）。再次打开双腿，让小牛从你们的双腿间出来。（重复3~5次）

游戏6：肢体开合
你坐在地板上，让宝宝坐在你的两腿中间。在你的腿下放一个能发出吱吱声响的玩具。将宝宝的双臂向身体两侧打开，再收回体前并拢，拍手。当宝宝拍手时，用你的腿压响玩具。"吱吱！" 用宝宝的双腿再次重复这个动作。"吱吱！" 然后尝试同时打开再并拢右臂和左腿。"吱吱！" 最后试试同时打开、并拢左臂和右腿。"吱吱！"（每个动作重复3~5次）

走不稳阶段
身体两侧。通过让宝宝探索身体的单侧和两侧运动的不同，来帮助他的大脑更好地理解身体是三维立体的。

游戏7：弹簧坏啦！
你坐在地板上，让宝宝坐在你的两腿中间。握住他的手，慢慢地将他的双臂向身体两侧打开（就像拉弹簧一样），然后迅速弹回体前并拍手。接下来保持右臂与躯干垂直的状态，只将左臂向身体一侧打开，然后回弹并拍右手。打开右臂重复。双腿同样的动作重复。（每个动作重复3~5次）

游戏8：门闩坏啦！
让宝宝面对镜子坐好，你跪在他的身后。重复玩"弹簧坏啦"的游戏，只是这次要把手臂快速打开，但要慢慢地回到原位。双腿同样的动作重复。（每个动作重复3~5次）

游戏9：开合的门
你坐在椅子上，让宝宝站在你的脚上。扶好他的腰，慢慢地打开再合上你的腿，这样他的腿就能跟着打开再合上。现在保持左腿不动，右腿向一侧打开。左腿重复这个动作。（重复3~5次）

155

我在活动	看我成长	我已掌握

淘气包阶段
左和右。孩子们开始学习和理解左和右的概念，是从他们的身体跟随"向左/向右"的指令做动作开始的。

游戏10：用腿围球
和孩子面对面坐在地板上，双腿打开。把球滚向他，并鼓励他用腿接住球。帮助他将双腿围拢，把球圈住。（持续3~5分钟）

游戏11：牧羊犬
和孩子面对面站立。告诉孩子他现在是一只牧羊犬，工作是抓羊（用球代替）。在地上滚一个球给孩子，鼓励他用各种方式来抓球。当孩子已经可以自信地玩这个游戏时，让他试着用身体的不同部位：脚、手、膝盖、肘部等来抓球。（持续3~5分钟）

游戏12：沉睡的大门
让孩子躺在地板上。让孩子们想象他的胳膊和腿就像能开能关的门。跪在孩子的头后边，向他解释如何玩这个游戏：你来下命令，他来打开再关闭任何一扇门。让他把双臂打开，再合上。双腿重复这个动作。双臂双腿同时重复这个动作。接下来让他打开右边的门（右臂和右腿）。然后换左边的门（左臂和左腿）。在整个游戏过程中，一定要给孩子一个语言和身体上的指令。慢慢地、安静地来做动作，这样他就有时间去体会身体某一部分独立运动的感觉。（持续3~5分钟）

奔跑者阶段
团队协作。与他人合作将挑战孩子们在动态环境中将自己的动作与别人的动作相配合的能力。

游戏13：哪扇门？
让孩子躺在地板上。跪在孩子的头后边，向他解释如何玩这个游戏：你敲哪扇门，哪扇门就要打开再关闭。先从一次随机敲一扇门开始，然后尝试一次敲两扇门。现在将孩子们两两配对，一个孩子来下命令，另一个孩子来做动作。玩几分钟后就让两个孩子互换角色。（持续2~3分钟）

游戏14：通过大门
播放一些欢快的音乐。让两个孩子面对面站立，双手相握上举，形成一个大门。其余的孩子排成一队，依次通过大门。第一个孩子通过大门后要赶紧排到队末，使得游戏继续进行。每当音乐暂停时，做大门的两个孩子就要将手臂放下，此时排在队伍最前面的两个孩子组成新的大门。为了让游戏更有趣，你可以让孩子们以不同的方式穿过大门（单脚跳、双脚跳、脚趾贴脚跟向前走等）。（持续2~3分钟）

游戏15：真正的大门
把孩子们分成两排。每排孩子手拉手、面对面站好。告诉两排头的孩子他们也要互相拉手，因为他们是大门的"合页"。）在你的提示下，孩子们要向后退，排成一条直线（就像一个打开的门）。然后再将这个过程倒过来，变成关上门。让两个作门把手的孩子站在原地不动。（重复3~5次）

跳跃者阶段
当孩子的人体中央轴已经发展完全，并且左右的概念已经彻底理解后，与他人配合做动作就会变得越来越容易。

游戏16："哞"和"咩"
让孩子们坐在地板上，双臂放在身前。向孩子们解释：他们的胳膊是羊圈的门，他们的腿是牛圈的门。当你说"哞"的时候，孩子们需要一直打开双腿，直到你再说"哞"的时候才能合上。你说"咩"的时候，他们就需要打开双臂，直到你再说"咩"的时候才能合上。（持续2~3分钟）

游戏17：鸭子来啦
重复"哞和咩"的游戏来热身。向孩子们解释剧情：一只鸭子在农场里到处溜达。每当你说"嘎"的时候，孩子们必须同时完成打开和关闭门的动作（打开羊圈门，即打开胳膊；合上羊圈门，即合上双腿）。当孩子们做出牛圈门打开、羊圈门合上的动作后保持几分钟，然后做相反的动作——牛圈门合上，羊圈门打开。努力练习，直到孩子们可以流畅地做这些动作。（持续3~5分钟）

游戏18：牛羊混在一起啦！
重复"哞和咩"和"鸭子来啦"的游戏来热身。然后向孩子解释剧情：牛羊都混在一起了，孩子们需要通过不断开合牛圈门和羊圈门把牛和羊分开。首先，让孩子们同时打开再合上左羊圈和右牛圈门。然后反过来，打开再合上右羊圈和左牛圈门。现在把这些动作混合起来。让孩子打开右羊圈门，同时打开左牛圈门，关上左羊圈门。继续给孩子们下指令，让孩子们尝试各种不同的动作组合。（持续3~5分钟）

一起来跳踢踏舞
身体韵律

小鸭子们很喜欢跳舞，尤其爱跳踢踏舞！跟着音乐节奏来哒！哒！哒！真是太有趣啦！在小鸭子们跳起踢踏舞时，请注意倾听和观察，舞蹈和音乐节奏会给你带来哪些丰富的联想呢？

38 协调

准备材料
- 可以拧紧盖子的小塑料瓶
- 硬币
- 音乐
- 粉笔或胶带
- 沙包
- 做障碍训练的相关器材
- 石头、大米或珠子
- 胶棒
- 鞋子
- 绳子
- 用来踩高跷的桶
- 贴纸

活动目标
- 身体韵律
- 身体意识
- 人体中央轴发展
- 平衡感
- 节奏感

游戏语言
沿着、轻柔的

游戏安全
- 告诫孩子不要把硬币放进嘴里，始终密切看护并监督。
- 使用黏性好的胶水来固定硬币。你需要将硬币粘在小沙瓶上，以及鞋尖和鞋跟上。

教学重点
- 制作用来摇晃和敲打的乐器——小沙瓶，你需要在一些空的小塑料瓶里装上一半的石头、大米或珠子。把瓶盖拧紧，并在每个瓶子下面粘上一枚硬币。
- 制作踢踏舞鞋，你可以在孩子的鞋尖和鞋跟上各粘上一枚硬币。
- 制作用来踩高跷的桶，需要在两个一样的塑料桶底部各钻两个孔，将一根较长的线依次穿过这两个孔，拉出来打结系好（让绳结留在桶里），做成踩高跷的提手。确保每个高跷上的绳子把手长度相同。把桶倒扣过来，让孩子踩在两个桶的桶底上，走的时候要紧紧拉住绳子。

我在活动   **看我成长**   **我已掌握**

新生儿阶段
对于宝宝来说，节拍并不陌生。妈妈的心跳是宝宝最早接触到的节拍，也是宝宝最为习惯的节拍。

游戏1：节拍按摩
让宝宝躺在地板上，靠近他，唱"小鸭踏踏"或你喜欢的歌曲给宝宝听。在唱的同时，跟着节拍轻柔地用指尖敲打宝宝的手臂、肚肚和腿，让手指有规律地在宝宝身上跳动。下次在宝宝的身上敲出节奏来！（持续2~3分钟）

游戏2：吹气按摩
哼着"小鸭踏踏"或你喜欢的有趣的儿歌，在空拍子时嘟起嘴，对着宝宝的皮肤吹气。吹气要有规律，比如，从头到脚，或者从他的肚肚开始吹到手指尖，或者画圈吹气。（持续2~3分钟）

游戏3：五只小鸭子
让宝宝坐在你的腿上，唱"五只小鸭子"的童谣给宝宝听。当你唱到五只鸭子出去玩的时候，把指尖放在宝宝肚肚的上方，跟着音节的节奏向体外画波浪线，一直滑向远处。当你唱到有四只鸭子回来的时候，伸出四个指头，像走路一样"走回"到宝宝的面前。在宝宝的胳膊或腿上重复玩这个游戏，并唱童谣给宝宝听。（持续2~3分钟）

157

| 我在活动 | 看我成长 | 我已掌握 |

小爬虫阶段
跟随节拍，让宝宝与你同步地动起来。

游戏4：小鸭踏踏
将宝宝抱在腿上且面对你。在唱"小鸭踏踏"或你喜欢的歌曲的同时，跟着节拍让宝宝在你的腿上上下弹动。在唱"小鸭飞飞"的时候，抓住宝宝的胳膊，跟着节拍拍打体侧。跟着节拍，重复玩这个游戏。（持续 2~3 分钟）

游戏5：小鸭拍拍
将宝宝抱在腿上且面对你。唱"小鸭摆摆"，且跟着节拍上下移动你的膝盖。接下来，抓住宝宝的手唱"小鸭拍拍"，并跟着节拍来帮助宝宝拍手。跟着节拍，重复玩这个游戏。（持续 2~3 分钟）

游戏6：小鸭儿歌
将宝宝抱在腿上且面对你。唱全部五段小鸭儿歌。唱"小鸭踏踏"：抓着宝宝的小脚唱得快一些，跟着节拍活动他的双腿。唱"小鸭飞飞"：抓着宝宝的胳膊，像鸭子一样拍打他的体侧。唱"小鸭摆摆"：将速度放慢些，把宝宝向前 / 向后摇。唱"小鸭拍拍"：握住他的手，跟着节拍拍手。唱"小鸭困啦"：放慢速度，跟着你的节拍来轻摇宝宝。（持续 2~3 分钟）

走不稳阶段
节拍和节奏。节拍让宝宝感觉到他和他的世界是统一的；而节奏则为他打开了一扇只属于他自己的旋律的大门。

游戏7：摇一摇，敲一敲
给宝宝两个小沙瓶，每只手拿一个。播放一些音乐，引导宝宝摇一摇，敲一敲——声音变高、变低；速度变快、变慢。（持续 2~3 分钟）

游戏8：一起来敲小沙瓶
和宝宝面对面坐好，拿两个小沙瓶，你拿一个，另一个给宝宝。瓶子底部相对（即硬币对硬币），敲！播放一些音乐，敲起来。尝试敲敲沙瓶上面、下面、侧面，敲得快些、慢些，等等。（持续 2~3 分钟）

游戏9：沙瓶时间
在房间的各处敲一敲、摇一摇沙瓶，感受有什么不同。打开音乐，跟着节拍来敲一敲、摇一摇。鼓励宝宝用自己的方式来尝试敲出新节奏，比如把两个沙瓶敲在一起，用沙瓶敲地板、墙壁等。在宝宝探索节拍和节奏的时候，请允许他尽情地制造噪音吧！（持续 3~5 分钟）

淘气包阶段
制造声音的运动。尽可能多地调动感官可以让孩子们获取有关自己身体的更全面的信息。

游戏10：踢踏舞鞋
为这个游戏找一个光滑且坚硬的活动场地。帮助孩子们穿上他们的踢踏舞鞋。播放极富动感的音乐，鼓励孩子们尝试用踩脚来制造声音。编一段踢踏舞并努力练习，尽可能发出大的声响。（持续 5~10 分钟）

游戏11：一起来踩节拍
让孩子们穿上踢踏舞鞋站成一排。播放极富动感的音乐，并教他们如何踩节拍。鼓励孩子们用心倾听他们踩上同一节拍时发出的声音。如果想要增加游戏难度，可以将孩子们分成两组，第一组孩子在第一个节拍跺脚，第二组孩子在第二个节拍跺脚（踩节拍—倾听—踩节拍—倾听）。（持续 3~5 分钟）

游戏12：脚跟到脚尖
用粉笔或胶带在光滑且坚硬的地面上或画或贴一条线。让孩子们穿上自己的踢踏舞鞋，并播放极富动感的音乐。让孩子们排成一列走过这条线，倾听自己脚步的声音。接下来，让他们踮起脚尖再走一次，仔细听和之前有什么不同。换用脚跟着地再走一次，这次和之前又有什么不同呢？如果想要增加游戏难度，让他们先脚跟着地再脚尖点地，走路时要从容，仔细听自己走路的声音。（持续 5~10 分钟）

我在活动	看我成长	我已掌握

奔跑者阶段
逐级挑战。已经自动化的动作，比如走路，是获得新的运动技能的基础。

游戏13：走钢丝
在地板上放一条拉直的绳子作为钢丝，并探索各种走钢丝的方法（后脚抵着前脚走，踮起脚尖走，脚跟走，侧身走，向后走，旋转走，双臂张开走，双臂放在身体两侧走，与同伴手拉手走，等等），试着保持脚始终踩着绳子的状态。现在播放一些音乐，跟着节拍走钢丝吧！（持续5~10分钟）

游戏14：完美的杂技表演
让每个孩子头顶一个沙包。让他们张开胳膊，一个接一个地走钢丝。努力保持头顶上的沙包不掉，脚始终踩着绳子的状态。鼓励孩子在走钢丝的时候抬头看你而不是脚下，且始终把注意力集中在你身上。接下来播放一些慢节奏的音乐，让他们试着跟着节拍走钢丝。先不顶沙包来练习，熟悉后再将沙包顶在头上。（重复3~5次）

游戏15：踩高跷散步
给孩子们示范如何踩着高跷桶走路。然后让他们一个接一个地踩着高跷桶走钢丝。沿着绳子走过去，转身，再走回来。接下来，让他们试试看能不能踩着高跷桶倒着走。播放音乐，让孩子们踩着高跷，跟着节拍跳舞。如果想要提高游戏难度，让孩子们来玩跨绳子踩高跷的游戏。（持续5~10分钟）

跳跃者阶段
与他人保持同步。在培养自己的身体韵律的时候，一旦有其他人参与进来，这个过程就会变得复杂了。

游戏16：1，2，3，木头人（音乐版）
为孩子布置障碍运动场地。播放一些音乐，并让孩子跑完全程。当音乐停止时，他必须立刻停下来，原地保持不动，直到音乐再次响起时才能继续跑。这个游戏也同样适合双人或者团队来玩。改变障碍物的布置后再来玩一次吧！（每轮2~3分钟）

游戏17：两个"鼓手"
将孩子两两配对，面对面站立。播放音乐，然后你来喊出身体的某个部位（例如肩膀），这时，每个孩子都要跟着音乐的节拍，轻轻拍打同伴的肩膀。你再喊出另一个身体部位（例如膝盖），孩子们需要在继续拍同伴肩膀的同时轻拍对方的膝盖。你指定的身体部位需要呈直线排列，这样"鼓手"就能跟着你的命令来拍打他的同伴了。（持续3~5分钟）

游戏18：三个"鼓手"
重复"两个鼓手"的游戏，只是这次三个孩子围成小圈。在他们的左手上贴上贴纸，这样他们就能分清左边和右边了。播放音乐，指定身体的某个部位和方向（比如左肩和右手肘）。不断给"鼓手"发出新的指令，让他们来跟着节奏拍打同伴。（持续3~5分钟）

39 协调

抢食大战
时空意识

晚餐时间到啦，小鸟们在巢里焦急地等着鸟妈妈，肚子饿得咕咕直叫！当鸟妈妈飞到它们头顶上方时，小鸟们兴奋极了！啾啾！啾啾！鸟妈妈最好算准投喂每个小鸟所需的距离和时间，不然小鸟们要开始抢食啦！

准备材料
- 用来制作吊铃的材料
- 音乐
- 塑料勺子或苍蝇拍
- 沙包
- 椅子
- 球
- 泡泡
- 羽毛
- 呼啦圈
- 绳子
- 秋千
- 结实的箱子或其他障碍物

活动目标
- 瞬时判断
- 时间意识
- 手眼脚协调
- 判断距离
- 做决定

游戏语言
停、走、现在

游戏安全
- 在孩子们玩吊铃、泡泡和羽毛的时候，需要成人始终在一旁看护，确保孩子们不会把这些东西放进嘴里。
- 当孩子们拿着吊铃时，需要成人始终在一旁看护和监督。

教学重点
手持吊铃的制作方法：把丝带的一头牢牢系在一个发光物体上，丝带的另一头系在一根木棍上，这样孩子就可以用手拿着了（类似鱼竿）。

我在活动 **看我成长** **我已掌握**

新生儿阶段
早期的眼部肌肉发育是宝宝日后手眼协调做动作的重要基础。

游戏1：闪闪发光
让宝宝平躺在床上，在距离宝宝的眼睛大约一臂远的地方挂一个吊铃。慢慢转动吊铃，让每一个闪亮的物体停留在宝宝眼前，鼓励他注视吊铃。（持续1~2分钟）

游戏2：努力抓吊铃！
让宝宝平躺在床上，在他的头顶上挂一个吊铃，距离在比宝宝的一臂稍远一点的位置为宜。旋转吊铃，让宝宝注视着。把吊铃降低些，让宝宝能够触碰到吊铃。再将吊铃拉远一些，帮助宝宝的眼睛练习调节焦距和对焦。（持续2~3分钟）

游戏3：处处都发光！
让宝宝平躺在床上，在他的头顶上挂一个吊铃来吸引他的注意力。将吊铃缓缓移到宝宝的左边，引导他的眼睛跟随吊铃向左移动。再缓缓移到右边。慢慢地左右、上下移动吊铃。让宝宝的眼睛跟随吊铃来活动。如果宝宝在眼睛跟随移动的同时倾斜身体，鼓励和帮助他来翻个身。（持续2~3分钟）

我在活动   **看我成长**   **我已掌握**

小爬虫阶段

看泡泡。无论是在室内还是在户外，泡泡都是宝宝在早期锻炼视觉追踪能力的理想道具。闪闪发光、慢慢飘动的泡泡能够让宝宝的眼睛跟着转动，也为小爬虫和走不稳阶段的宝宝提供了追逐的动力。

游戏4：看泡泡
让宝宝平躺在地板上，在他的视野范围内吹泡泡。观察他的眼睛和手的动作。让宝宝趴着，再吹一次泡泡。在天气晴好的时候，在户外的草地上玩这个游戏也很棒哟！（持续 3~5 分钟）

游戏5：抓泡泡
和宝宝面对面坐在地板上。往地板上、宝宝的头顶上吹泡泡，向宝宝身体的两侧吹泡泡。移到宝宝的身后，向宝宝的肩膀上吹泡泡。当宝宝开始尝试伸手去抓的时候，往后退并向他吹泡泡，这样他就能感觉到泡泡正在飘向他。（持续 2~3 分钟）

游戏6：拍泡泡
让宝宝坐在地板上，把泡泡吹到离他有点距离的地方，鼓励他追着泡泡爬，把泡泡弄破。把泡泡吹到宝宝通过爬能够着的地方，并教宝宝如何拍泡泡：用手抱泡泡，把泡泡拍破。鼓掌！注意：游戏结束后一定要把宝宝的手擦干净，避免肥皂水被宝宝吃到嘴里。（持续 2~3 分钟）

走不稳阶段

羽毛飞飞。就像泡泡一样，羽毛飞舞的速度正好与宝宝移动的速度相近，引导宝宝去跟随、追逐和抓取羽毛。

游戏7：羽毛飘飘
和宝宝一起坐在地板上，并播放一些慢节奏的音乐。把羽毛放在宝宝身体的不同部位上，然后将羽毛吹向空中。鼓励宝宝边爬边去抓羽毛。把羽毛放在你身体的不同部位上，再次重复这个游戏。（持续 3~5 分钟）

游戏8：搅动羽毛
和宝宝一起坐在地板上，给他一个塑料勺子或苍蝇拍。在他面前放一大堆羽毛，通过用塑料勺子或是苍蝇拍搅动羽毛，让羽毛飞到空中。看一看，宝宝能让羽毛飞多高。（持续 3~5 分钟）

游戏9：羽毛扫扫
让宝宝坐在你的腿上，或是和宝宝一起坐在地板上。举起一根羽毛让他先看，再慢慢地把羽毛贴近他。用羽毛轻轻地扫他的鼻子、脸颊、前额、耳朵、脖子还有手。接下来把羽毛给他，鼓励他用羽毛来扫自己和你。（持续 3~5 分钟）

淘气包阶段

抓住合适的时机。教孩子应该在何时做出什么样的反应比纯粹的动作练习更重要。时机判断训练帮助大脑提升预估的能力。

游戏10：滚呼啦圈
给孩子们示范如何来滚呼啦圈。将呼啦圈滚给孩子们，让孩子们轮流追着呼啦圈跑。如果有一个孩子抓住了呼啦圈，所有的孩子们都要喊："砰！"接下来教孩子们如何自己来滚呼啦圈。一旦他们掌握了动作要领，让他们两个一组，轮流滚呼啦圈和追呼啦圈。（持续 10~15 分钟）

游戏11：鸟妈妈来啦！
在孩子面前的地板上放一个呼啦圈，并给他一个沙包。向孩子描述场景：呼啦圈里就是鸟巢，沙包就是虫子。鸟巢里的小鸟们都在等待鸟妈妈带着虫子回家喂饭。向孩子示范如何将沙包丢入呼啦圈里。接下来，你来移动呼啦圈（保持匀速并缓慢）。告诉孩子当你说"啾"的时候，他需要将沙包（虫子）丢进呼啦圈里。（重复 5~10 次）

游戏12：踩绳子
把绳子的一头系在椅子上，另一头系在你自己的脚踝上。把椅子放在游戏区中央。让孩子们在椅子周围围成一圈。像鸟妈妈一样慢慢地绕着孩子们转，每当绳子经过某几个孩子的时候，他们必须踩住绳子。根据孩子们的动作反应情况逐渐提高你的步速。（持续 3~5 分钟）

161

| 我在活动 | 看我成长 | 我已掌握 |

奔跑者阶段

摇摆游戏。带孩子们去操场上荡秋千，体验秋千荡起来时的缓慢、稳定且可预测的节奏。

游戏13：午餐时间

在秋千下面放一个呼啦圈。让孩子趴在秋千上面对呼啦圈。给孩子一个沙包，当他做好准备后，轻轻地帮他荡起秋千。保持缓慢且匀速的摇晃节奏。和孩子约定一个口令，当你说"啾"的时候，他就要把沙包丢进呼啦圈里。（重复3~5次）

游戏14：点心时间

重复"午餐时间"的游戏，但这次要在秋千下放2~3个不同颜色的呼啦圈（代表给小鸟吃的水果、蔬菜和美味的虫子）。给孩子一个沙包，你来指定一个颜色。保持缓慢且匀速的摇晃节奏。当你说"啾"的时候，孩子需要把沙包丢进该颜色的呼啦圈里。鼓励孩子在没有你口令的情况下练习将沙包丢到指定颜色的呼啦圈里。（重复3~5次）

游戏15：晚餐时间

重复"点心时间"游戏，只是这次在秋千下放置3个不同颜色的呼啦圈，并给孩子3个与呼啦圈颜色相对应的沙包。保持缓慢且匀速的摇晃节奏。选择一种颜色，当你说"啾"的时候，他需要将指定颜色的沙包丢到对应颜色的呼啦圈里。鼓励孩子在没有你口令的情况下来练习将沙包丢到对应颜色的呼啦圈里。（重复3~5次）

跳跃者阶段

判断距离和时间。时空意识是人体为了更好地与外部世界进行交互而形成的对距离和时间的外部判断和感知能力。

游戏16：午餐区外

划定一个游戏区域，并将8个相同颜色的球分散放在游戏区内。让孩子们站在游戏区外，并给每个孩子发一个不同颜色的球。这个游戏的目的是让孩子们用手中的球把游戏区里的球打出游戏区域。当孩子需要击球时，他需要同时喊"啾"！（持续5~10分钟）

游戏17：喂食突击战

在地板上或空地上画出一道线。选择3个孩子站在线的一边，让他们来做鸟妈妈。给每个鸟妈妈一个球，3个球的颜色要不一样。让剩下的孩子拿着3个颜色的沙包沿着线的一边排成一排（就像玩保龄球一样），他们是准备偷午餐的小坏鸟。当鸟妈妈把球向上抛或是从地上滚过去时，小坏鸟需要用他们手里的沙包把球打出去。如果想要增加难度，可以制定一个规则：只有用颜色匹配的沙包击中球时才算数。每次有球被沙包击中时就互换角色。（持续10~15分钟）

游戏18：食物大作战

小鸟们长大了，准备离开鸟巢了。布置一条跑道，在跑道上放几个结实的箱子或其他类似的物体。让孩子们在跑道的一边一字排开。给他们球和呼啦圈，让他们将球和呼啦圈滚到跑道的另一边。下面，让我们选一个勇敢者来穿过这条挑战之路吧。这个游戏的目的是让孩子们能够在不断滚动的呼啦圈和球中找到一条路继续向前跑。孩子们可以站在箱子上来躲避呼啦圈和球。注意：让孩子们站成一排，从追自己的球或呼啦圈开始练习。（持续20~30分钟）

40 协调

抛接球游戏
连续的运动

小丑演员正在练习各种杂技，他们非常想学习抛接球。你可以教他们玩抛接球吗？

准备材料
- 各种颜色和样式的沙包
- 音乐
- 木板
- 呼啦圈
- 篮子
- 绳子
- 桶
- 计时器

活动目标
- 节奏
- 身体意识
- 连续运动
- 时间意识
- 镜像动作

游戏语言
一边、前面、后面

游戏安全
当孩子在不平整的表面或物体上找平衡时，始终在一旁看护，并给予孩子必要的支持。

教学重点
- 确保沙包的大小适合孩子手掌的大小，孩子的小手能够抓握住沙包才行。一定要选择填充较满的沙包。
- 孩子在玩耍时会用到身体的不同部位。通过说出所用到的身体部位的名称（如手肘、膝盖等）来强化孩子的记忆。

我在活动　　**看我成长**　　**我已掌握**

新生儿阶段
探索不同质地和纹理的物品能够刺激宝宝的触觉，让宝宝的触觉变得更加敏锐。

游戏1：绕着花园转呀转
让宝宝躺好且能看到你。在他的手上、脚上、肚子上、膝盖等地方来玩"绕着花园转呀转"的手指游戏。（持续2~3分钟）

游戏2：来自沙包的问候
让宝宝躺好且能看到你。在宝宝的两个手中各放一个沙包，鼓励他抓握沙包，感受沙包带来的触感。然后轻轻握住宝宝的手，辅助他将两个沙包拍在一起。接下来，在宝宝的膝盖下方放一个沙包，轻柔地按压宝宝的膝盖，让他感受沙包的触感。对宝宝的手肘和脚也来重复这个动作。（持续2~3分钟）

游戏3：沙包不见了！
让宝宝躺好且能看到你。把一个沙包顶在头上，并向宝宝做鬼脸。把头前倾，让沙包滑到你的手里，这样宝宝就看不见沙包了！"嗒~哒！"继续玩这个游戏，并鼓励宝宝伸手去拿你头上的沙包。你也可以把沙包放在他的头上来试试！（持续3~5分钟）

小爬虫阶段
当你和宝宝一起趴在地上玩的时候，地板游戏时间会变得更加有趣！

游戏4：滚沙包
让宝宝趴在光滑的地板上。将几个沙包贴着地板滚到他的面前。然后再把沙包从宝宝的眼前推走。辅助宝宝也来推沙包。（持续3~5分钟）

游戏5：捡沙包
和宝宝一起坐在地板上，在地板上放几个沙包。帮助他把沙包捡起来并放进篮子里。当把沙包都放进篮子后再把篮子翻过来，重新开始捡沙包的游戏吧！（持续3~5分钟）

游戏6：运沙包
让宝宝四肢着地，在他背上放一个沙包。和宝宝一样，你也趴下来并在背上放一个沙包。和宝宝一起爬向篮子来运沙包。向宝宝示范如何将沙包丢进篮子里。（重复3~5次）

163

我在活动　　　　　看我成长　　　　　我已掌握

走不稳阶段
宝宝在早期对左和右的体会为日后理解方位概念做了铺垫。

游戏7：沙包地滚球游戏
和宝宝一起坐在地板上，在地板上放几个沙包。在地板上划定一块目标区域，并在距离几步远的地方放一个沙包。向他示范如何把沙包滑进或滚进目标区域。让宝宝也来试试看，鼓励他用双手来滚沙包，再试试看用单手滚沙包。（持续3~5分钟）

游戏8：传递沙包
拿一个沙包和宝宝面对面坐好。把沙包传给宝宝，再让宝宝把沙包传给你。在你们传递的过程中，每次往后退一点，这样宝宝就要伸展上半身来递给你。把沙包故意掉在你和他中间，鼓励他去抓沙包。然后试着把沙包丢给宝宝，并鼓励他也试着把沙包丢还给你。在玩传递沙包的时候一定要用双手传递。（持续3~5分钟）

游戏9：节奏游戏
和宝宝一起站着或坐着，并播放节奏感强的音乐。给他一个沙包，教他如何跟着音乐节奏将沙包左右手相互传递。接下来，向他示范如何把沙包抛到空中。观察沙包掉在哪里，然后去捡起来，并再玩几次抛沙包的游戏。让宝宝尝试把沙包扔给你。（持续3~5分钟）

淘气包阶段
良好的平衡感能够让肢体动作更加协调。

游戏10：顶沙包
在地板上放一条绳子。让孩子们头顶沙包踩着绳子走，且在走的过程中尽量不要把沙包掉到地上。让孩子们尝试向前走、向后走和侧着走。如果孩子们已经掌握头顶一个沙包走路了，你可以让他们尝试一次顶2个、3个，甚至更多的沙包。如果想增加挑战难度，你可以让孩子们试着在一个架起的木板上来玩这个游戏。（重复3~5次）

游戏11：沙包平衡
玩这个游戏的时候最好光着脚。让每个孩子双脚站在一个沙包上，看看他们能保持多久的平衡不掉下来。接下来，让他们试试双臂放在身体两侧、闭一只眼，再试试闭上双眼，再换成蹲着的姿势等，看看能保持多久的平衡。在他们的个人成绩记录表上记录他们坚持的时间，帮助他们了解自己的进步速度。（每种姿势重复3~5次）

游戏12：沙包小路
玩这个游戏的时候最好光着脚。将不同颜色的沙包摆成一排。鼓励孩子们沿着沙包小路走且不要掉下来。接下来，鼓励孩子们在走沙包小路时只踩某一种颜色的沙包。如果想增加挑战难度，你可以将沙包与沙包之间空出一点距离。（重复3~5次）

奔跑者阶段
沙包以它的大小、形状、重量以及材质等特性，成为一个适合孩子游戏的理想道具。

游戏13：踢沙包
在宽木板上放上一些沙包。让孩子们一个接一个地走过木板，边走边踢掉木板上的沙包。踢沙包的时候，让孩子们用右脚把沙包踢到左边的地上，用左脚把沙包踢到右边的地面上。（重复3~5次）

游戏14：沙包的环身体旅行
教孩子们如何用膝盖踢沙包。让孩子不断练习这个动作，直到可以非常熟练地用膝盖踢沙包，并以这种方式互相传沙包。接下来，每次和一个孩子一起来练习用身体其他部位传沙包的技巧：腋下、脖子、身体躯干的不同位置等。（重复5~10次）当他们掌握了1个甚至更多的传沙包方法，让他们在宽木板上边走边传沙包。

游戏15：射沙包
给孩子5种不同颜色的沙包，并让他们站在离桶不远的地方。鼓励他们将5个沙包一个接一个地踢进桶里。接下来，保持同样的距离，让孩子们在转圈、弯腰的同时将沙包一个接一个地踢进桶里。如果想增加挑战难度，可以让孩子们一次踢两个沙包。（每个姿势重复3~5次）

我在活动　　　　　　看我成长　　　　　　我已掌握

跳跃者阶段
连续运动模式帮助大脑修建支持复杂运动、思考和推理的"高速公路"。

游戏16：配色投沙包
在一块宽木板上随机摆放一些不同颜色的沙包。在木板旁边摆一些与沙包颜色相匹配的呼啦圈。让孩子们轮流走过木板。你或者其他孩子指定一种颜色，让走木板的孩子将木板上对应颜色的沙包捡起来并丢进相同颜色的呼啦圈里。这个游戏的目的是将木板上所有的沙包都投进对应颜色的呼啦圈内。（重复 3~5 次）

游戏17：膝盖踢沙包
给每个孩子发一个沙包，并让他们将沙包放在一个膝盖上练习保持平衡。一旦他们可以保持平衡后，将沙包从膝盖上弹掉。接下来，让他们试着用膝盖来踢沙包，尽量连贯踢一到两次且不让沙包掉下来。当孩子们掌握膝盖踢沙包后，让他们来试试看用脚连续踢沙包。（持续 10~15 分钟）

游戏18：抛沙包游戏
这个游戏类似传统的抛石子游戏。在孩子面前的地板上放 5 个沙包。让孩子们轮流玩。游戏的目的是将两个或两个以上的沙包同时抛向空中。让孩子先把一个沙包抛向空中，然后在第一个沙包落地之前再把下一个沙包抛起来。我们的目标是让孩子们尽可能长时间地坚持下去，并记录下他们每次最多抛几个沙包。通过不断练习，孩子们下次就能取得更好的成绩。（持续 10~15 分钟）

165

41 协调

小跳蛙
综合协调运动：跳跃

快看！小青蛙跳过池塘啦！看啊！它跳得又高、又快、又远！

准备材料
- 毛绒玩具
- 降落伞
- 直径为七八厘米的塑料球
- 绳子
- 柔软的小球
- 毯子
- 圆点贴纸

活动目标
- 跳跃
- 平衡感
- 人体中央轴发展
- 复杂动作

游戏语言
向前、向后、在上面

游戏安全
当孩子在不平整的表面或物体上找平衡时，始终在一旁看护，并给予孩子必要的支持。

教学重点
- 当孩子掌握了单脚跳跃后，再学习两脚交替跳跃就容易了。
- 当孩子们练习两脚交替跳跃时，要求他们脚尖先着地。
- 两脚交替跳跃是儿童最难掌握的运动技能之一。想要掌握这一技能，就需要孩子经常练习。花点时间，陪孩子一起来锻炼和学习这一技能。

我在活动 | **看我成长** | **我已掌握**

新生儿阶段
腿部意识。对于宝宝来说，感受到自己的腿部力量是他可以独立行动的第一步。

游戏1：探戈舞步
让宝宝平躺在地板上，在他的双膝之间放一个柔软的小玩具。轻轻地把他的膝盖挤在一起。保持他双膝和双脚并拢的状态，慢慢地抬起他的双腿，绕圈，然后放下。呱呱！（持续2~3分钟）

游戏2：球球掉啦！
让宝宝坐在你的腿上且背对你。在他的脚踝之间放一个柔软的球。把他的脚踝挤在一起然后分开，看着球落地。膝盖重复这一游戏。呱呱！（持续2~3分钟）

游戏3：第一次踢球
让宝宝平躺在地面上。双手放在他的脚底，轻轻按压，感受他双脚反馈给你的力量。接下来，拿一个柔软的玩具或是海绵球按在他的脚底。当你感到他脚的推力时就放手，看着球飞出去！嘿！（持续3~5分钟）

小爬虫阶段
从理论上来说，对下半身的力量控制是复杂运动的基础。

游戏4：旋转池塘
把降落伞或毯子铺在地上来当"池塘"。让宝宝平躺在池塘的中央，你抓住降落伞或毯子的边缘，缓慢地绕圈旋转。让宝宝趴过来，再次重复这个游戏。呱呱！（持续2~3分钟）

游戏5：移动木桩
把毯子卷起来变成一个圆柱体。然后把这个毯子卷横放在降落伞（池塘）上。扶着宝宝的腰部，并把他的四肢放在毯子卷上，轻轻地滚动毯子卷，让宝宝向前、向后、向左、向右运动。呱呱！（持续2~3分钟）

游戏6：抓苍蝇的小青蛙
在地板上铺一个降落伞（当池塘）。并在池塘上放置一些直径七八厘米塑料球（当苍蝇）。让宝宝趴在池塘中央，摇晃池塘的边缘来分散塑料球。鼓励宝宝去够、去追、去抓塑料球。呱呱！抓住啦！（持续3~5分钟）

我在活动　　　　　　　　**看我成长**　　　　　　　　**我已掌握**

走不稳阶段
一起来运动。有效运动依赖于身体各部位和大脑的协作。

游戏7：小跳蛙，跳跳跳！
让宝宝四肢着地趴在地上。握住他的腰把他抱起来，离开地面十多厘米，然后再轻轻放下让他四肢着地。如此往复上下弹跳。与此同时，唱"小跳蛙"给宝宝听。（重复2~3次）

游戏8：小跳蛙，扑通跳！
让宝宝坐在你的腿上，面向你。抬起你的一个膝盖，带动他轻轻上下弹跳。然后换一个膝盖，带动他轻轻上下弹跳。与此同时，唱"小跳蛙"给宝宝听。（重复2~3次）

游戏9：推墙跳
将墙壁附近的地板空间清理出来。让宝宝面对墙壁坐下来然后往后躺，把脚蹬在墙上。为宝宝计数，"1，2，3"，当你数到3的时候，让他蹬墙壁，把自己往后推。看看他能把自己推多远吧！给他第一次推出的距离做个标记，然后回归原位，再试试看！（重复5~10次）

淘气包阶段
跳跃。跳跃促进人体中央轴的形成。

游戏10：跟着节奏跳
为每个孩子在地板上贴一个圆点，并让孩子站在圆点上。你来唱"小跳蛙"这首歌，并让孩子们跟着歌曲的节奏来跳跃。接下来，让孩子们只在听到"扑通"的时候跳起来。（持续2~3分钟）

游戏11：跳荷叶
在地板上贴一些圆点贴纸，每两个圆点贴纸间距为二三厘米。一定要贴牢些，以免孩子滑倒。这些圆点就是"荷叶"了。让一个孩子蹲在一片"荷叶"上，游戏开始。你来唱"小跳蛙"之歌，让孩子来双脚跳"荷叶"。在歌曲唱完时，他要把全部"荷叶"都跳过一遍。然后让他跳回来。让孩子们一个接一个地玩跳荷叶游戏。如果想增加难度，可以将圆点之间的距离拉大一些。（重复2~3次）

游戏12：单脚跳荷叶
在地板上贴一些圆点贴纸，就像"跳荷叶"游戏一样。让一个孩子单脚跃在"荷叶"上，游戏开始。你来唱"小跳蛙"之歌，让孩子来单脚跳"荷叶"。如果想增加难度，可以将圆点之间的距离拉大一些。（重复2~3次）

奔跑者阶段
偏侧运动。偏侧运动需要两侧大脑的同时运转才能够实现。在这个运动过程中，双侧大脑的协同思考能力也得到了提升。

游戏13：小跳蛙，学游泳
让孩子们趴在地板上，手臂放在身体两侧来学小青蛙游泳。让他们尽可能抬高并弯曲膝盖，然后蹬腿，最后收回原位，脚踝并在一起。现在让他们重复这个动作，用脚在地板上滑行。让孩子们翻身躺到地板上，再次重复上述动作。（持续2~3分钟）

游戏14：三腿蛙跳
找一个孩子，示范如何来做三腿蛙跳。让他站好然后弯腰，把双手放在地板上，并抬起一条腿。让他双手向前移动，然后将地腿再向前跳。当每一个人都尝试并掌握这个跳跃方法后，让孩子们抬起一个胳膊，单手前移，单脚跳跃。最后让孩子们站起来，单脚来向前跳。（持续5~10分钟）

游戏15：冰冻小跳蛙
让我们引入有趣的"冰冻人"游戏——只不过这次孩子需要单脚跳而不是跑。如果想增加游戏难度，可以让孩子们必须在"荷叶"（即地上的圆点贴纸）上跳。（参见"跳荷叶"游戏）（持续5~10分钟）

跳跃者阶段
动作自动化意味着孩子们已经对动作非常熟练。当肢体动作变得容易时，游戏也就更容易完成了。

游戏16：双蛙跳
将孩子们两两配对成组。让孩子们面对面，并将手放在对方的肩膀上。数"1，2，3"，等数到"3"的时候，让孩子们一起单脚跳起来。接下来，让一个孩子单脚向前跳，另一个孩子单脚向后跳。换脚，重复这个游戏。看看成对的小跳蛙可以跳多远？（持续3~5分钟）

游戏17：交替跨步
先让孩子们原地练习单脚跳。接下来，向孩子们展示如何单脚向前跨步。不断重复，帮助孩子们建立身体节奏，然后另一只脚交替向前跨步。让我们把跳跃的步骤连续起来：一脚向前跨一步，另一脚再向前跨一步。让孩子们不断练习跨步，直到他们已经可以很轻松地做出这个动作。在接下来的一天，甚至一周的时间里，无论到哪儿都来练习跨步跳。

游戏18：跳到池塘里
用一根绳子围成圈。将孩子们两两配对，你来唱"跳池塘"，让他们手牵手来跳绳圈。（1）当你唱"跳，跳，跳池塘"的时候，孩子们需要手牵手，绕着绳子围成的圈来跨步跳。（2）当你唱"让我找一找，有没有青蛙比你跳得好"的时候，孩子们需要和他们的伙伴分开，然后跳去找到新的伙伴。（3）"跳到池塘里"：孩子们需要和他们的新伙伴跳进圈里。（4）"比你跳得高"：孩子们需要和小伙伴分开，尽可能往高里跳，并再找一个新伙伴。（5）"跳到池塘里"：孩子们需要和新伙伴一起绕着圆圈跳。（持续10~15分钟）

167

42 控制

学习打沙滩球
眼睛与身体其他部位的协调和控制

在学习打沙滩球之前,你需要了解一些有关沙滩球的知识。沙滩球不喜欢掉到地上。你能够在沙滩球在空中飞行的时候接住它,避免它落地吗?让我们一起来学习如何做到这一点吧!

准备材料
- 沙滩球
- 纱巾
- 羽毛
- 柔软的球
- 落地扇
- 线绳
- 苍蝇拍
- 网球球拍或是又宽又轻的塑料球拍
- 绳子或球网
- 圆锥或椅子
- 呼啦圈
- 洗衣篮
- 排球

活动目标
- 眼睛与身体其他部位相协调
- 稳定性
- 定位
- 视线追踪

游戏语言
在上面

游戏安全
- 在使用绳子时要非常小心,不要缠在孩子的脖子或身体的其他部位上。
- 在使用电扇时要密切关注孩子,不要让他们把手指或脚趾伸进电扇里。

教学重点
随身带一个沙滩球,随时随地和孩子来玩球吧。为了更好地教孩子,发展孩子的球类运动技能,你可以参考"一起来玩球!投球、弹球、接球和踢球基础"。(见本书第205~207页)

我在活动 | **看我成长** | **我已掌握**

新生儿阶段
视线追踪。用眼睛追踪缓慢移动的物体是视线追踪训练的开始。

游戏1:我在这里!
让宝宝躺在地板上,慢慢靠近他(距离他20~30厘米远)。一边和他说话或唱歌一边和他进行眼神交流。用手捂住你自己的眼睛,问宝宝:"我在哪里?"然后把手放下,对宝宝说:"我在这里!"(重复3~5次)

游戏2:视线被挡住了!
让宝宝趴在地板上,你在他对面趴下,和他脸对脸。在你们两个之间放一个沙滩球并左右滚动。当沙滩球挡住宝宝的视线时,问宝宝:"我在哪里?"然后把球滚开,对宝宝说:"我在这里!"在你滚动沙滩球时,一定要给宝宝时间来休息。(重复2~3次)

游戏3:球在这里!
在沙滩球上系一条纱巾,将球举过宝宝的头顶,或者宝宝够不着的地方。轻轻地左右传球、拍球,鼓励宝宝去抓球。慢慢地将球在宝宝体前左右移动,鼓励宝宝用视线追踪球的移动轨迹。(持续2~3分钟)

小爬虫阶段
眼睛和手。当宝宝在身体上变得更加独立后,他们的眼睛和手就开始尝试一起配合工作了。

游戏4:寻找沙滩球
用一个五彩缤纷的沙滩球吸引宝宝的注意力。在沙滩球上盖上一条透明的纱巾。左右滚动沙滩球,鼓励他把纱巾拿下来,找到沙滩球。(重复3次)

游戏5:羽毛浴
在宝宝坐着或躺着的时候向空中抛下一把羽毛。鼓励宝宝匍匐前进,爬过去抓羽毛。(持续5分钟)

游戏6:宝宝玩球
找一些柔软的球,和宝宝一起坐在地板上玩球。轻轻地把球拍给宝宝,让这些球从宝宝身体的前面、左侧和右侧滚向他。鼓励宝宝去拍打这些球。(持续2~3分钟)

我在活动	看我成长	我已掌握

走不稳阶段
当宝宝开始独立运动的时候，眼睛与身体其他部位的协调能力就开始发展了。

游戏7：用手拍羽毛
让宝宝坐在你的腿上。把几根羽毛抛向空中。握住他的手一起来拍羽毛。鼓励他试着自己去拍羽毛。（持续2~3分钟）

游戏8：用脚拍羽毛
做这个游戏时最好光着脚。让宝宝坐在你两腿之间，抓着他的脚。把几根羽毛扔到空中，在羽毛落下时用他的脚去拍羽毛，看看能不能拍到羽毛。鼓励宝宝试着自己用脚拍或踢羽毛。（持续2~3分钟）

游戏9：羽毛飞走啦！
在地板上撒一些羽毛，羽毛旁边放一个落地扇。当宝宝接近羽毛时，打开风扇将羽毛吹到空中。鼓励宝宝去追逐在空中飞舞的羽毛吧！（持续3~5分钟）

淘气包阶段
手眼协调能力。手眼协调能力是指孩子在不需要看着自己的手的情况下使用手做事情的能力。

游戏10：拍沙滩球
用绳子系住一个沙滩球，挂在天花板或门口的门框上。两人一组，给每个孩子发一个苍蝇拍或大拍子，让他们站在球的两边来回拍球。鼓励他们尽可能多地拍球。（持续3~5分钟）

游戏11：推沙滩球
用绳子来做一个轨道：将绳子系在三个圆锥体或是椅子上，形成一个Z字形。给每个孩子一个苍蝇拍。鼓励孩子们轮流沿着绳子"推"一个沙滩球，绕过圆锥体，然后再回来。（不要担心孩子们会把球推出去，他们会找到推球的窍门的。）（持续3~5分钟）

游戏12：颠沙滩球
把沙滩球打到空中，和孩子们一起不停地打球，争取不要让球掉到地上。当孩子们掌握了控球技巧后，给他们增加一些难度——让他们用身体的其他部位（比如膝盖或肘部）颠球。不要让沙滩球落地哟！（持续3~5分钟）

奔跑者阶段
眼睛与身体其他部分的协调与控制。为了实现自动化的身体控制，孩子们需要学习如何从身体这个"工具箱"中同时选取几样"工具"一起来使用。

游戏13：抓住这片羽毛！
把孩子们聚在一起。将一把羽毛扔到空中，让孩子们试着抓住羽毛。一旦他们熟悉了这个游戏，让他们试试在不同的高度（头顶的高度、肚脐的高度、小腿的高度）来抓羽毛。再增加一点难度，让孩子们将注意力放在你身上去抓羽毛。这个游戏要求孩子们用眼睛余光来追踪羽毛。（重复5次）

游戏14：保持平衡
给每个孩子一个苍蝇拍，在上面放一个小的沙滩球或一片羽毛。让孩子们在房间里一边走动一边保持沙滩球或羽毛不落地。给孩子们加一些动作指令，例如转身、向后走和停下来。让孩子们先用双手握住苍蝇拍，然后换成单手握住苍蝇拍。再增加一点难度，让孩子们将注意力放在你身上而不是去看苍蝇拍。（重复5次）

游戏15：平衡抛接球
给每个孩子一个球拍或大拍子，在上面放一个小的沙滩球。要求球不落地，看孩子们能保持多久。接下来，教他们如何用球拍抛接球。鼓励他们自己来试着抛接球，且尽量不让球掉在地板上。当孩子们掌握了这个技能后再增加一点难度：在地板上放一些呼啦圈，然后让孩子们站在呼啦圈里抛接球。（持续5~10分钟）

跳跃者阶段
让身体的各个部位更富组织性。在运动中，肢体位置的准确性和出击的及时性都要求身体有良好的控制能力。

游戏16：打进啦！
用两个圆锥体或两把椅子来做一个球门。给每个孩子一个球拍或大拍子。让他们站在几步远的地方，轮流把沙滩球击进球门。一旦他们熟悉了，就让他们再向后撤几步，挑战在更远的地方将球打进球门。你还可以让孩子们往旁边站，换个角度将球打进球门。（持续5~10分钟）

游戏17：碰碰球！
在地板上放一根绳子，将孩子们分成两组站在绳子两侧。让孩子们向对方组打球，争取不要让球掉到地上。先让他们用手打球，之后增加难度，让他们用身体的其他部位（比如膝盖、肘部）来控球。（持续5~10分钟）

游戏18：第一次打沙滩球
重复"碰碰球"活动，只是这次要在两把椅子之间拉一张球网或一根绳子。当孩子们掌握了这个游戏，把球网拉到和孩子们头顶同高的位置，开始一场正式的沙滩球比赛吧！（记住沙滩球不喜欢触地哟！）（持续5~10分钟）

169

43
控制

手指游戏
操作游戏

10个手指出去玩，它们总是走散，很难一起行动。你能教10个手指互相配合吗？因为当它们相互配合，一起来工作时，总能做出不可思议的事情！

准备材料
- 装糨糊的容器
- 糨糊
- 袜子（各种颜色、质地和尺寸）
- 洗衣篮
- 柔软的纱巾
- 空的面巾纸盒
- 抓握棒
- 羊拐骨（网络上有售，你还可以用小而平的物体，例如小石子、硬币或扑克牌来代替）
- 皱褶纸（皱巴巴的纸团）

活动目标
- 动手操作能力
- 理解能力
- 眼睛和身体其他部分相协调
- 敏捷度
- 精细动作技巧

游戏语言
抛起来、在里面、在上面

游戏安全
- 孩子在玩糨糊时，成人需要始终在一帮看护和监督。
- 将羊拐骨装进密闭的容器安全存放，成人要定时清查、认真保管这些游戏材料。
- 对于3岁以下的宝宝或还会往嘴里放东西的孩子，在游戏时，成人需要始终在一帮看护和监督。

我在活动   **看我成长**   **我已掌握**

新生儿阶段
手指游戏。刚出生的宝宝并没有意识到他的手是属于自己的。你经常按摩宝宝的双手，会带给他强烈的感官体验，唤醒他的身体意识。

游戏1：五根小手指
把你的手伸向宝宝，让宝宝去抓握你的手指。一根一根地轻柔地舒展宝宝的手指。接下来举起宝宝的手掌，把你的小手指放在宝宝的掌心，轻柔地挑开他的手指。双手和双脚重复上述动作。（持续2~3分钟）

游戏2：宝宝弹钢琴
一边唱宝宝喜欢的歌一边握着他的手，轻柔地活动他的手指，就像他的手在钢琴上弹奏曲子一样，按这首歌的节拍来演奏。试着用他的手指轻轻打你的脸颊，或者按照歌曲的节奏亲吻或轻吹他的每根手指。（持续2~3分钟）

游戏3：如果感到幸福你就拍拍手
一边唱"如果感到幸福你就拍拍手"，一边举起宝宝的手在空中挥舞。在节奏点上帮宝宝拍手。将宝宝的手换成脚，再来试试这个游戏。（持续2~3分钟）

小爬虫阶段
触觉游戏在强化宝宝触觉的同时也增强了他的手部肌肉力量。

游戏4：玩糨糊
找一个容器，在里面盛满糨糊。坐在地板上（容易清洁和打扫，因为场面可能会很脏乱），把宝宝放在你的两腿之间。帮他把手伸进糨糊里，让宝宝挤压糨糊，糨糊从手指缝中溢出来。让宝宝摇晃双手再拍拍手，看！糨糊飞出去啦！（持续5~10分钟）注意：在玩这个游戏时要确保成人始终在旁边看护和监督。

游戏5：袜子球
将不同大小和颜色的袜子挽成各种各样的软球。留些余地不要塞满，方便宝宝抓握。然后和宝宝一起玩袜子球。把袜子球放进洗衣篮里，然后把宝宝也放进洗衣篮里，让宝宝坐在袜子球堆里尽情地抓捏袜子球。（持续5~10分钟）

游戏6：长纱巾
把几条柔软的纱巾系在一起，塞进一个空的面巾纸盒里，并把一端露出来。让宝宝坐在地板上，教他怎么把纱巾从纸盒里拉出来。和他一起努力，直到把纱巾全部拉出来为止。接下来教他如何把纱巾塞回盒子里。（持续3~5分钟）

我在活动	看我成长	我已掌握

走不稳阶段
宝宝在很小的时候，会进行简单的、无意识的、整只手抓握的手部动作。

游戏7：晴天和阴天
唱"晴天和阴天"这首歌，并指导宝宝来玩手指游戏：唱到晴天的时候就努力张开五指，唱到阴天的时候手就握拳。向晴天挥手致意，在阴天的时候拍手，让乌云散去！（重复2~3次）

游戏8：可爱的小蜘蛛
让宝宝坐在你的腿上或地板上，给宝宝唱"可爱的小蜘蛛"，并向宝宝讲解配合这首歌玩的手指游戏。在你唱这首歌的时候，向宝宝示范如何将他的小手指一点一点地从漩涡中爬出来，在下雨的时候将手指摇摆着放下来，在太阳出来的时候张开双臂。让宝宝站起来，再做一遍手指操吧！（持续2~3分钟）

游戏9：阴晴交替
和宝宝面对面坐下，唱"晴天和阴天"这首歌。将你的双臂举起并打开（晴天），鼓励宝宝模仿你的动作。击掌！握紧拳头，鼓励他也像你这样做（阴天）击拳头！打开一只手，再打开另一只手。将一只手握拳，然后另一只手握拳。站起来再玩一次！（持续2~3分钟）

淘气包阶段
早期手部操作训练。先天反射解除后，孩子开始自主控制食指和拇指捏握的动作。

游戏10：滚抓握棒
让孩子们坐在地板上，在每个孩子身边放一根抓握棒。教他如何在体侧滚动抓握棒：把抓握棒滚到远处再滚回身边。接下来教他们如何在面前前后滚抓握棒。单手熟练后，双手再次重复。（持续2~3分钟）

游戏11：晴天和阴天（打击乐版）
让孩子们坐在地板上，每个孩子拿一根抓握棒，且与地面垂直。再次来唱"晴天和阴天"这首歌，将抓握棒在两手之间滚来滚去，且对着太阳挥手说你好。用抓握棒敲地板，"敲、敲、敲"，乌云散开啦！让孩子们与地面平行拿着抓握棒，再来玩一次这个游戏！（重复2~3次）

游戏12：双手滚抓握棒
让孩子们坐在地板上，在他们的身体两侧各放一根抓握棒。让他们把身体两侧的抓握棒一同滚到远处再滚回来。把抓握棒放在身体前面，再次前后滚动抓握棒。接下来，让他们只用一只手来重复这个动作。最后，让他们两手反方向滚抓握棒：将一根抓握棒滚向前，另一根就滚向后；一根滚向远方，另一根就滚到身边。（持续3~5分钟）

奔跑者阶段
手指操作游戏是训练包括敏捷性、施压技巧在内的更为复杂的控制能力的一种方式。

游戏13：颠羊拐骨
给每个孩子一块羊拐骨（或是一块小石头、硬币或是扑克牌）。鼓励孩子们用手指来探索，感受它的大小和重量。接下来，教他们如何用手来颠羊拐骨，且尽量不让它掉下来。现在换另一只手试试。（重复尝试5~10次）

游戏14：传羊拐骨
在每个孩子手中放一个羊拐骨。让孩子们将羊拐骨在两只手间来回传递：先把双手合上，然后再分开，逐渐将两只手之间的距离拉大，好让羊拐骨在双手之间飞来飞去。接下来让他们把羊拐骨放在一只手的手掌上，然后把羊拐骨翻到另一只手的手背上，保持几秒钟的平衡。（重复尝试5~10次）

游戏15：单手抛接羊拐骨
让我们从将羊拐骨放在手背上开始。教孩子们如何用手背将羊拐骨抛起来，然后用另一只手抓住它。再次将羊拐骨放在手背上，不过这一次要在手背将羊拐骨抛起来的同时将它翻过来，用同一只手接住这块羊拐骨。（重复尝试5~10次）

171

我在活动　　　　　　看我成长　　　　　　我已掌握

跳跃者阶段

作为工具的手指。人通过灵活的手指打开智慧之门——让我们来看看手指都能做些什么吧！注意：这些活动在实际操作时比看起来要复杂，所以要循序渐进地进行，并留出大量的时间来练习。

游戏16：爆破的声音

向孩子们示范如何发出爆破的声音：（1）把食指放进嘴里，闭上嘴，这样嘴唇就紧紧包住了你的食指；（2）鼓起腮帮子；（3）用你的手指向内推脸颊的内侧，然后把手指拉出来："噗！"让孩子们试一试，用另一只手的食指向内推另一侧的脸颊来重复这个动作。注意：在做这个动作之前要让孩子洗干净双手。（重复5次）

游戏17：打响指

教孩子们如何打响指：把拇指和中指紧紧地按在一起。然后快速滑动并将手指分开，发出"叭！"的声音。一旦孩子们能够做这个动作了，让他们换另一只手来尝试打响指。（持续5~10分钟）

游戏18：桌上足球

让我们一起来玩桌上足球吧！向孩子们展示如何来弹射：（1）将食指在拇指下方扣紧，用大拇指和食指形成一个圈；（2）食指用力快速按压拇指指尖，将食指弹出去。让孩子们坐在桌子旁，给每个孩子发一个皱纸球。让孩子们练习在不考虑瞄准的情况下弹飞皱纸球。换另一只手重复。一旦孩子们掌握了基本的弹射技巧，就为他们选定弹射目标，让他们去弹。让孩子们两人一组，他们就可以玩桌上足球了！（持续10~15分钟）

牛仔竞技
学习改变方向

镇上有牛仔竞技比赛！让我们一起去参加吧！

44
控制

准备材料
- 柔软的围巾
- 镜子
- 土丘（或者枕头和体操垫）
- 板子
- 帽子
- 柱子
- 飞盘
- 方向箭头
- 丝带
- 婴儿推车
- 纸管
- 小号直梯
- 绳子
- 沙包
- 桌子
- 贴纸

活动目标
- 方向感
- 身体定位
- 身体节奏
- 眼睛和身体其他部位相协调

游戏语言
左、右、前、后

游戏安全
- 在你抱孩子的时候确定地面上没有障碍物，以免你被绊倒。
- 在孩子游戏之前清理可能对他们造成危险的物品，并始终在一旁看护和监督。

教学重点
- 如果你没有找到适合的小土丘，那就把枕头堆起来，在上面铺一块体操垫或毯子来代替。
- 和孩子面对面，一边解说一边做镜像动作，这样孩子才能获取正确的信息。

我在活动   **看我成长**   **我已掌握**

新生儿阶段
身体轮廓。宝宝知道了头和脚在哪里，对开始和结束有了初步概念。

游戏1：身体路线图
用一根手指来按摩宝宝的身体，从他的头顶到脚趾"画"出一条连续的路线。你可以在他身上"画"出不同的路线，但在游戏中，不要把你的手指从他的皮肤上移开。一边"画"一边告诉宝宝你手指所处的位置，例如："现在到你的膝盖啦！"（持续3~5分钟）

游戏2：围巾包裹
用柔软的围巾或丝带绕裹宝宝的肚子。轻柔拉动围巾或丝带，让宝宝的身体得到拉伸。在手臂和腿上重复这个动作。（持续2~3分钟）注意：游戏时切忌在宝宝的脖子上缠绕任何东西。

游戏3：指尖奔驰
坐在镜子前，让宝宝靠在你的身上，这样他就能看到你在干什么了。用你的手指尖做"马蹄"，在宝宝的身上"奔驰"：让你的手指顺着他的手臂一直"跑"到他的鼻子，然后沿着他的下巴一直"跑"到手指。不断改变方向，并告诉宝宝你手指所处的位置。（持续2~3分钟）

小爬虫阶段
理解3D。世界是多面的。即使还很小，宝宝也已经开始看到和体验3D世界了。

游戏4：一起去骑马
婴儿车里的宝宝也在体验运动的感觉。在推着婴儿车散步时和宝宝一起探索不同的运动——快走或慢走，绕着圈子走，转弯，Z字走，上坡，下坡。一边走一边告诉宝宝你们现在的运动方向。（每天重复）

游戏5：一起来散步
当你抱着宝宝运动的时候就是在帮他为独立运动做准备。一起来探索不同的运动吧——绕着圈子走，转弯，Z字走，上下摇晃，身体倾斜，等等。（每天重复）

游戏6：骑在肩膀上
当宝宝可以独自站立后，让他骑到你的肩膀上来，从一个新的高度来观察世界。小心地把宝宝抱到你的肩膀上，紧紧地搂着他的腰，缓慢地移动。当他熟悉这个姿势后，你可以增加一些轻缓的弹跳、转弯动作。（持续2~3分钟）

173

我在活动	看我成长	我已掌握

走不稳阶段
地形变化。世界不是平的。让我们用一些简单的道具帮助宝宝发现和征服起伏变化的地形吧！

游戏7：躲猫猫
在户外找一个小土丘，或者自己打造一个缓坡。躲起来，让宝宝来探索这个新领域。偶尔探出头来吸引他来找你。在躲猫猫游戏结束后让他躺在坡顶上，轻轻地把他滚下来。（持续5~10分钟）

游戏8：我的第一次牛仔竞技
在地板上放几根结实的纸管，在上面放一块木板，让宝宝趴在木板上。抓住宝宝的腰，前后滑动纸管，轻柔地摇晃。（持续3~5分钟）

游戏9：爬格子
将小梯子平放在地板上并固定。把宝宝放在第一个梯格里，在他在梯子里探索，爬进爬出的过程中始终扶住他的腰部。（持续5~10分钟）

淘气包阶段
瞄准目标。在学习瞄准、投掷或踢射的过程中，孩子们将反复练习如何通过在速度、方向和力量上不断做出细微调整来命中目标。

游戏10：投沙包
把几顶帽子倒放在地板上（帽檐朝上）。用一根绳子把帽子围起来，让孩子们站在绳外。给每个孩子发几个沙包，给他们指定一顶帽子，让他们将沙包投进帽子里。你可以让他们瞄准最近的帽子、最大的帽子、红色的帽子等。（持续3~5分钟）

游戏11：投帽子
在房间中竖一根柱子。用一根绳子把柱子围起来，让孩子们站在绳外。给每个孩子发几顶帽子（最好是牛仔帽，其他种类的帽子也可以），让他们瞄准柱顶扔帽子，争取把帽子套在柱子上。先让每个孩子单独练习几次投帽子，然后让所有的孩子一同瞄准来套帽子，看看柱子上最后能挂几顶帽子。（重复5~10次）

游戏12：扔飞盘
用有边的帽子（如牛仔帽）或飞盘向孩子们示范投掷动作。演示动作：将手放在胸前，转手腕，用胳膊带动手腕向前投掷。让孩子们沿桌子的一侧站立，一个胳膊肘放在桌子上。让他们在桌面上练习扔飞盘的转胳膊动作。然后教孩子们如何拿帽子投掷：拇指顶住帽檐，其他手指放在帽檐下面。让他们再次回到桌子，练习如何把帽子扔到桌子的另一边。和孩子们一起来练习这个动作，然后让他们自己尝试，直到他们可以在没有桌子的情况下也能将帽子扔出去。（重复5~10次）

奔跑者阶段
模式化运动。感觉、运动和肌肉记忆这些身体经历帮助孩子将复杂的概念内化成经验。

游戏13：走方向
在这个游戏中，每走一步，就用一个方向箭头来指示，帮助明确方向。（1）面向孩子们站立。指向右边，说："向右迈步。"（重复3~5次）（2）"向左迈步"并重复，然后向前，再向后。（每个方向重复3~5次）（3）将两个方向并在一起做，比如"向右再向后"。重复练习。（4）将三个方向并在一起，比如"向右－向后－向左"。重复练习。（5）练习四个方向并在一起，比如："向右－向后－向左－向前"。看！你走出了一个方形！（每个步骤做5~10分钟）

游戏14：肩并肩
让孩子们两人一组，面向相反方向肩并肩站立。保持肩膀"贴"在一起的同时，让他们向前迈一步，在绕一个圈后回到原位。重复几次，然后让他们绕着另一个方向转圈。（每个步骤做5~10分钟）

游戏15：一起来跳转圈舞
让孩子们排成两队面对面站立。让他们伸出右臂，走向对面的孩子。（在右手上贴一张贴纸帮助他们区分左右。）两个孩子在中间相遇后，他们需要勾住对方的胳膊，转180度，然后松开胳膊，回到队列中去。伸出左臂重复这个动作。将这两个动作合起来：转90度后换另一边胳膊，或者转2圈，然后是3圈、4圈、5圈。（持续10~15分钟）

我在活动　　　　　　　**看我成长**　　　　　　　**我已掌握**

跳跃者阶段

相反的方向。方向是"我"一个人的方向，而不是两个人的。面朝不同方向站立可以帮助孩子以新的方式来体验空间定位。

游戏16：基本舞步

让孩子们排成两队面对面站立。让他们走向对面的孩子，走到对方的右边然后站定。（现在的位置是：两个孩子面朝相反的方向并肩站立。）现在让他们这样做：向前一步，向右一步（站到伙伴的身后），后退一步（这样就在伙伴的另一边了）。重复，直到孩子们都掌握了这个动作。回到原位后再次练习反方向的动作。当孩子们熟悉了这些动作后，让他们回到原来位置，再来一次。（持续 5~10 分钟）

游戏17：你好呀，朋友！

让孩子们站成一圈，两两相对站立。让他们伸出右手，和对方握手，然后从对方身边走过，放开右手。为了迎接下一个同伴，让他们伸出左手，重复这个动作。一直走，直到绕回到最初的伙伴。让孩子们先伸左手，再重复一次这个游戏。（持续 5~10 分钟）

游戏18：盛大的舞会

让我们来把学过的舞步都跳起来！播放乡村音乐，指定不同的舞步让孩子们尽情地跳吧。让孩子们来引导这个游戏，如果他们在完成某个舞步上有困难，就换另一个。即使孩子们的舞蹈还不够完美，也要让他们尽情跳起来。这简直太嗨啦！（持续 10~15 分钟）

175

45
控制

交通堵塞
节奏：调节自身能量分配

当司机不遵守交通规则时就可能会发生严重的交通堵塞。让我们看看能否帮上忙，让道路重新恢复畅通！

准备材料
- 可选项：沙滩球
- 圆点贴纸
- 绳子
- 胶带或粉笔
- 可选项：体操垫
- 沙包
- 呼啦圈
- 红绿灯卡（详见教学重点）
- 停车标志或旗帜
- 口哨

活动目标
- 节奏和时间意识
- 身体节奏
- 身体控制
- 角色扮演
- 团队合作

游戏语言
停止、通行、等待

游戏安全
将孩子举向空中时要弯曲膝盖收紧腹部（这是为了保护你的背部），保持一个稳定的站立姿势。

教学重点
- 循序渐进地引导孩子进行运动，并定时休息。在孩子们体验停止和前进时使用相应词汇，帮助强化肌肉记忆。
- 制作红绿灯卡片：红灯停，绿灯行，黄灯需要等一等。

我在活动   **看我成长**   **我已掌握**

新生儿阶段
运动的感觉。不同的移动速度，带给宝宝不同的身体体验。

游戏1：一起来滑冰
紧紧抱住宝宝，让他背对你。假装在房间里滑冰，跟着你的心跳节奏。停下来，再轻柔地开始。（持续2~5分钟）

游戏2：直升机
托住宝宝的胸部和腿部，让他平趴在你的胳膊上。让他的上身与你保持一定距离，脚底对着你。就像直升机一样，让他保持水平位置，你慢慢下蹲，转圈，再轻轻地把他抬起来。重复这些动作，只是这一次让他的头朝向你。轻轻地把宝宝举到与你的视线齐平，并进行眼神交流。（持续2~5分钟）

游戏3：喷气飞机
用和"直升机"一样的姿势来托住宝宝。这次要弯曲你的膝盖，双臂碰到地面，准备起飞。轻柔地让他的身体位置从水平变成垂直。慢慢地旋转一圈，然后再缓缓地冲向地面。飞啦！（持续2~5分钟）

我在活动	看我成长	我已掌握

小爬虫阶段
开始和停止。循序渐进的动作让宝宝的身体体验到运动和静止之间的区别。

游戏4：翻斗车
让宝宝躺在你的怀里面向你。一只手托住他的背，另一只手绕过他的身体抱住他的臀部。在他的肚子上放一个沙包。翻斗车开始工作啦：把他的脚倾斜到地板上，倾倒"货物"（沙包），再慢慢地把他拉回到水平位置。（持续 2~3 分钟）

游戏5：铲车
你坐在地板上，让宝宝坐在你的大腿上背向你。把他的腿放在你的腿上。铲车开始工作啦：把你的右腿抬高，带动他的右腿也跟着抬高。左右腿交替，带动他向后仰，抬起双腿！（持续 2~5 分钟）

游戏6："航空母舰"
托住宝宝，让他平趴在你的胳膊上，且身体与你有一定距离。在屋子内快走，走到"航空母舰"（沙发、椅子或床）旁边。准备着陆！将你的双臂降到沙发上，迅速停住。准备起飞！快速将宝宝托起来，并绕房间再飞一圈。（重复 5 次）

走不稳阶段
推挤。突然的推力给宝宝带来速度和力量的体验。

游戏7：突然的拥抱
坐在宝宝面前，双手抱住他胸部的位置，保持一臂的距离。倒数 5、4、3、2、1——迅速将宝宝拉过来，给他一个大大的拥抱！（重复 3~5 次）

游戏8：火箭发射
辅助宝宝蹲在地板上。抱住他，在倒数发射的同时让他的身体上下摇晃 5、4、3、2、1——发射！与此同时把他举到空中，返回发射位置，再来发射一次吧！（重复 3~5 次）

游戏9：月球漫步
在地板上贴几个圆点贴纸代表陨石坑。抱住宝宝的腋下，慢慢把他举起来，放到"陨石坑"上。触地后，快速地把他"弹"到地面上。再次缓慢地把他放到"陨石坑"上，然后快速弹回地面。（持续 2~3 分钟）

淘气包阶段
速度管理。有意识地控制速度可以让孩子更好地控制自己的身体。

游戏10：黄灯亮了
让孩子们模仿各种交通工具（汽车、火车、飞机、自行车等）来运动。当他们熟练之后举起黄色的卡片，让他们尽可能慢下来。时不时地举起红灯卡，让他们原地停下。（持续 5 分钟）

游戏11：绿灯亮了
让孩子们模仿各种交通工具来运动。当他们熟练之后举起绿灯卡，让他们尽可能快起来。时不时地（或是他们速度太快的时候）举起红灯卡，让他们原地停下。（持续 5 分钟）

游戏12：交通灯亮了
让孩子们选择他们喜欢的交通工具。把你的交通灯卡都拿出来。举起绿灯卡，让孩子们尽可能快地朝任何方向跑。举起黄灯卡，他们需要走得越慢越好。举起红灯卡，他们需要停下来原地不动。（持续十分钟以上）想要让游戏更具挑战性，让孩子们在黄灯卡被举起时快速运动，绿灯卡被举起时减慢速度。（但仍需在红灯卡被举起时停下来。）

奔跑者阶段
同步。与他人合作时，保持节奏一致是很重要的。

游戏13：汽车并道
在地板上放一条长 3 米~3.5 米的绳子。让孩子们排成两队分站绳子的两边且肩并肩。举起绿灯卡，让在右边车道的车（即站在绳子右侧的孩子们）需要跨过绳子进入左车道，即让孩子插进左边的队伍里（规定每个孩子插到他旁边孩子的后面去）。换另一个方向重复。恢复原位，让两条队伍向前进。走到绳子的前端时，让左边和右边队伍的孩子们依次交替变换方向前进（右边队伍的孩子左转后向前进，然后左边队伍的孩子右转后向前走，依次交替），最终合并成一支队伍。一旦他们明白该怎么做后就加速前进。（持续 10~15 分钟）

游戏14：卡车车队
在地上放一个呼啦圈，让一个孩子站在呼啦圈里（来当领头的卡车）其他孩子站在他周围。要求领头的卡车在呼啦圈内绕圈走。当你吹响口哨时，领头的卡车需要再选一个孩子做卡车，组成车队。让他们两个肩并肩手拉手继续绕圈走，领头卡车待在呼啦圈内，另一辆卡车在呼啦圈外。不断增加卡车，直到所有的孩子肩并肩手拉手，绕着圆心走（类似钟表里的秒针扫过钟面）。（持续 3~5 分钟）

游戏15：火车来啦！
选一个孩子来做火车的发动机，站在队伍第一个。发动机决定火车的速度，其他车厢必须跟上。在房间或操场上的不同位置放上红色、黄色和绿色的交通灯卡，以指示发动机加速或减速。"发动机"可以沿着他喜欢的轨迹和方式前进——绕圈，穿隧道，双脚跳，单脚跳，等等。在每一轮结束时换另一个孩子做发动机。此外，让孩子们探索火车车厢的连接方式，如牵手、挽臂或并排站立等。（持续 10~20 分钟）

| 我在活动 | 看我成长 | 我已掌握 |

跳跃者阶段

身体控制。知道什么时候加速什么时候减速,此时,孩子们已经完全可以控制自己的身体了。

游戏16:交通堵塞

用胶带或粉笔在地面上画出城市迷你道路系统。通过这个活动大家来讨论交通规则。例如,红灯卡意味着停下来,绿灯卡则意味前进。准备好后,让每个孩子决定自己来作什么车,并选择一个目的地。游戏时,孩子们必须遵守事先拟定的交通规则。时不时地举起一个停车标志,引入一条新的交通规则。例如,在马路中间放置一个卷起来的体操垫来做减速带。每次游戏时都要增加一条新的交通规则。(持续10~15分钟)

游戏17:交警来啦

重复"交通堵塞"游戏,这次我们要加入"交警"这一角色。让一个孩子来扮演交警,给他一个哨子和停止标志。其他车辆(孩子们)可以上路啦。当交警向他们发出加速、减速、转弯或停车的信号时,他们必须在遵守交通规则的同时按照交警的要求行驶。(持续10~15分钟)

游戏18:警察和坏蛋

重复"交通堵塞"游戏,但告诉孩子们,现在有一个坏蛋在逃,他们必须配合起来抓住他!坏蛋不需要遵守任何交通规则。选一个孩子或找一个志愿者来做坏蛋,让孩子们来追坏蛋,直到坏蛋被抓住,游戏结束。让孩子们记住,除了坏蛋之外,其他的孩子必须遵守交通规则。在坏蛋被抓住后,抓坏蛋的人变成新坏蛋,游戏又开始啦!(持续10~15分钟)

来玩橡皮泥
认识压力和力量

橡皮泥喜欢按压、捻搓和揉捏！
橡皮泥最近偷偷许了个愿，
它想玩一个能发出"咯吱、咯吱"声的挤压游戏！

46
控制

准备材料
- 柔软的毯子
- 柔软的发声玩具
- 水晶泥
- 橡皮泥
- 面巾纸
- 橡皮泥模具盒
- 塑料布
- 树枝、树叶、花、积木或小号玩具
- 塑料杯
- 5张圆形纸或纸板，直径从2厘米到13厘米不等

活动目标
- 压力
- 眼睛和身体其他部分相协调
- 精细动作技巧
- 力量
- 操作游戏

游戏安全
- 选用无毒的橡皮泥和水晶泥。
- 孩子们做游戏时在旁边陪伴和看护，注意不要让孩子们将橡皮泥或水晶泥放进嘴里。

游戏语言
拉、推、滚动

我在活动　　　**看我成长**　　　**我已掌握**

新生儿阶段
宝宝为什么需要拥抱。拥抱不仅会给宝宝带来安全、亲密的感觉，还能让他感受到不同程度的力量。

游戏1：温柔地挤压
把宝宝放在地板上，确保他感到舒适。保持眼神交流。用你的双手轻轻挤压他的身体两侧，然后一次只挤压他身体的一侧。（重复2次）

游戏2：擀面杖
让宝宝躺在地板上。把一条柔软的毯子卷起来（就像擀面杖一样）放在他的肚子上。用毯子卷平滑、轻柔地在他的躯干、手臂和腿上滚动。把宝宝翻个身让他趴过来，重复这个游戏。（持续2~3分钟）

游戏3：吱吱作响
拿一个柔软的发声玩具，轻轻地把它压在宝宝身体的不同部位（胳膊、腿、肚子、脚）。"吱吱！"把宝宝抱在怀里，把玩具放在你和宝宝之间，给他一个拥抱。"吱吱！"（持续2~3分钟）

小爬虫阶段
触觉体验。在探索不同质地和纹理的材料时宝宝会发现：很多东西是不一样的。

游戏4：水晶泥初体验
把宝宝抱坐在你的膝盖上，在他的手掌上放一块水晶泥。将你的手盖在他的手上，把水晶泥压扁。在玩水晶泥时时刻注意，不要让宝宝把手放进嘴里。（持续2~3分钟）

游戏5：橡皮泥上的脚印
坐在地板上，让宝宝坐在你双腿之间。拿一团橡皮泥紧紧地压在他的脚底。和宝宝一起合作完成作品：一个脚印！双手双脚重复上述动作。（持续2~3分钟）

游戏6：你在哪儿？
和宝宝面对面坐下。将一张面巾纸举到你的面前，这样宝宝就看不到你了。拉紧面巾纸，鼓励宝宝通过在面巾纸上戳洞来找到你。也可以将面巾纸换成一块压平的橡皮泥，让宝宝获得不同的触觉体验。（重复5次）

| 我在活动 | 看我成长 | 我已掌握 |

走不稳阶段
压力游戏。力量控制训练可以从简单的推拉动作开始。

游戏7：压扁拉近
把一团橡皮泥放在宝宝够得着的地方，鼓励他拿起橡皮泥，把它压扁、挤压、拉扯。（持续2~5分钟）

游戏8：压扁后再推进去
将模具盒里的模片拿走，剩下一个盖子上有洞的盒子。给宝宝一团橡皮泥，帮助他把橡皮泥推进盒里。橡皮泥去哪儿啦？让我们打开盒子。哇，原来橡皮泥在这里！（持续3~5分钟）

游戏9：做香肠
在地板上铺一张塑料布，和宝宝坐在一起。教他如何用手把橡皮泥滚成条状（香肠）。（持续5分钟）

淘气包阶段
创意游戏。孩子们沉浸在他们亲手创造的游戏场景中。

游戏10：我的花园
让孩子们为他们的花园收集材料：树枝、树叶、花、积木、小玩具等。把一团橡皮泥压平做底座，然后装扮他们的花园：将他们收集来的材料"种"在橡皮泥上。孩子们需要把这些材料插进橡皮泥里，且尽可能让它们直立起来。（持续5~10分钟）

游戏11：把山压平
让孩子们把用过的橡皮泥收集起来，尽可能地堆成"一座山"。堆好之后让孩子们通过压、踩等方式，尽可能把"山"压成平地。和他们谈谈由高变低、由窄到宽的变化过程。（持续5分钟）

游戏12：打保龄球
用橡皮泥做10个保龄球瓶，把它们排成菱形，放在桌子或地板的一头。然后让每个孩子用橡皮泥做一个保龄球，尽可能把球做得圆一些。接下来，孩子们轮流打保龄球，直到所有的保龄球瓶都被打倒。（持续5分钟）

奔跑者阶段
探索力量的变化。学习对力量的控制，是孩子们了解自身能力，并对自己行为的后果做出评估和预测的重要尝试之一。

游戏13：橡皮泥火山
给孩子一个塑料杯和一些橡皮泥，让他用橡皮泥把杯子填满。教他用拇指按杯子中间的橡皮泥，看着橡皮泥像火山岩浆一样从杯子边溢出来。再玩一次，只是这次要在杯子的底部捅个小洞，通过按压杯子里的橡皮泥，让橡皮泥从小洞中钻出来。（持续5分钟）

游戏14：压圆饼
在桌子上放5个圆片，直径从大约3厘米到13厘米不等。让孩子们把一大块橡皮泥分成五个橡皮泥球，橡皮泥球的大小要与这5个圆片相匹配。让孩子们把橡皮泥球压成和圆片一样大小的圆饼。从最小的开始，一直压到最大的为止。和孩子们讨论压不同大小的圆饼需要的力气是否一样：橡皮泥球越大，圆片面积越大，他也就需要更用力地按压。（持续5~10分钟）

游戏15：粘在一起
让孩子们两人一组，给他们一大块橡皮泥。你来指定身体的某个部位（比如胳膊肘），他们就只能用胳膊肘来夹住橡皮泥。再增加另一个身体部位（比如膝盖），孩子们就需要把橡皮泥分成两半，用胳膊肘和膝盖来夹住橡皮泥。继续增加身体部位（比如腿、脚、胳膊、手腕、手等），直到两个孩子粘在一起且橡皮泥不掉。（持续5~10分钟）

我在活动   **看我成长**   **我已掌握**

跳跃者阶段
精确度。想要精准，就要协调动作，调整力量。

游戏16：香肠工厂1
尝试用身体不同的部位来把橡皮泥搓成条状（香肠）。先用手，然后依次用拳头、肘关节、指关节、前臂、膝盖等部位来搓橡皮泥。让孩子们尽量把"香肠"搓得匀称些。接下来，让他们试着同时用左手和右手来搓橡皮泥。（持续5~10分钟）

游戏17：香肠工厂2
让孩子将一团橡皮泥掰成两半，依旧是要把橡皮泥搓成条状（香肠）。让他在用左手前后搓橡皮泥的同时用右手左右搓橡皮泥。鼓励他尽量把"香肠"搓得匀称些。两手动作交换。看孩子们用这种方式搓香肠需要花多长时间，又能搓成多细的呢？（持续5分钟）

游戏18：编织垫子
让孩子们把几块不同颜色的橡皮泥分别搓成长度相同的几条橡皮泥条。让他们一起合作，把4条橡皮泥条（纵向）平行排列，再拿另外4条橡皮泥条（横向）平行穿插进纵向排列的四条橡皮泥条当中，编织成一个橡皮泥垫子。注意：这个游戏不仅锻炼了精细动作，同时还让孩子们了解到厚薄有别（太薄会断裂，太厚会难以编织）。根据孩子们的需要来提供帮助。（持续5~10分钟）

181

47 控制

牢固的黄绳子

动态平衡：运动中的稳定性

一天，孩子们进教室后惊奇地发现，他们的教室被清空了，除了一根黄色绳子外什么都没有。他们感到很困惑，就问老师今天要做什么。温迪老师解释说，黄绳子会告诉他们的。孩子们沿着绳子坐下来，等着黄绳子告诉他们答案。黄绳子静静地躺在地板上，什么都没有发生。孩子们等啊等，等啊等，这可真是漫长又无聊的一天！

卡特实在等得不耐烦了，他站起来拉起绳子的一端，看看黄绳子是否能醒过来。绳子在地上开始扭来扭去。接着凯特琳站了起来，拉住了绳子的另一端。绳子扭动了起来。贾基从绳子上面跳了过去，马克斯压在绳子上面爬着玩，卡布则沿着绳子走起了钢丝。不管孩子们做什么动作，牢固的黄绳子始终跟着他们一起玩。他们玩了一整天，突然发现原来黄绳子教了他们这么多本领。一天结束后，每个人都认为牢固的黄绳子不仅给他们带来了欢乐，也让他们掌握了很多技能！（当然啦，黄绳子也感到非常开心！）

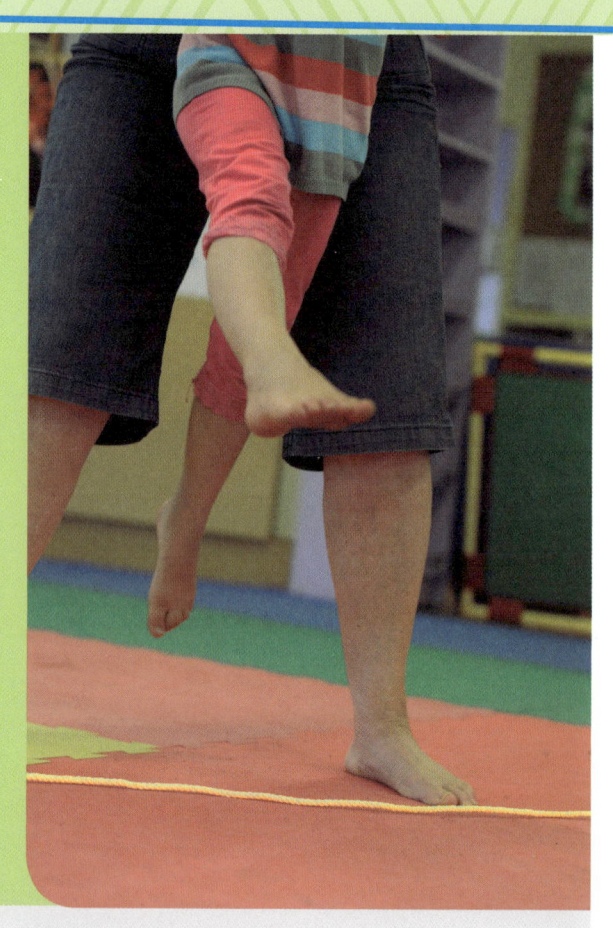

准备材料
- 毛巾
- 婴儿玩具
- 球
- 玩具小车
- 椅子或桌子
- 不同长度的绳子（可以用胶带或粉笔代替）

活动目标
- 时间意识
- 稳定性

游戏语言
宽、窄、在上面

游戏安全
当孩子们在游戏中用到绳子时，成人必须始终在一旁看护和监督。

教学重点
- 有关方向的游戏需要根据环境进行解释和说明。在游戏中一定要经常告诉孩子们他们现在处于什么位置（在绳子的右侧、在绳子的左侧，从绳子上面跳过去，在绳子上面走）。
- 每次只练习一个动作的自动化。做复杂的动作需要大量的练习，让孩子尽可能多次重复练习，达到熟练后再进行下一项。
- 很多绳子游戏在有边的地方都可以进行，比如在人行道上的地砖边上、草地边缘，或者在地毯的边缘。

我在活动	看我成长	我已掌握

新生儿阶段
保持动态平衡。宝宝在运动（或是被运动）时，他们的大脑会不断调整对"平衡"的理解。

游戏1：毛巾吊床
把宝宝放在一条摊开的大毛巾上，拉起毛巾的两端把宝宝从地面上抬起来，温柔地左右摇晃。始终对着宝宝微笑且保持眼神交流。动作一定要缓慢轻柔，以免引起莫罗氏反射（惊跳反射）。（持续 2~3 分钟）

游戏2：毛巾跷跷板
将一条毛巾叠好卷起来，就像一根香肠一样。让宝宝趴在毛巾卷上，肚子与毛巾卷接触。轻柔地前后摇晃宝宝，用手扶住他的臀部。将一个玩具举到宝宝眼前，鼓励宝宝抬起头来看玩具。（持续 2~3 分钟）

游戏3：宝宝飞机
你坐下来，双手托着宝宝的胸部和腿部，让他趴在你的胳膊上。让宝宝的上半身向外，双脚靠近你。你的双臂轻柔地向后拉，再飞向远方，就像飞机要起飞一样。接下来缓慢且轻柔地放下宝宝的脚让他转向你。（持续 2~3 分钟）

小爬虫阶段
有动力的运动。从刚出生开始，宝宝就本能地想独立行动。用各种游戏鼓励宝宝，让他在独立行动的过程中获得乐趣。

游戏4：追小球
让宝宝或躺或趴在地板上。用绳子吊一个小球，将球垂在他的眼前。左右晃动小球，鼓励宝宝扭动身体跟着球一起摇晃。（持续 2~3 分钟）

游戏5：抬手抓球
让宝宝四肢着地趴在地上。用绳子吊一个小球，将球垂在他的眼前。在他的周围晃动小球，鼓励宝宝去抓小球。这个游戏会引导宝宝将一只手举起来——而这就是学习爬行的第一步。（持续 2~3 分钟）

游戏6：我们一起来学爬
在绳子的一端系一个小球，另一端系在你的脚踝上。鼓励宝宝跟着你一起在地板上爬。先和宝宝保持一段距离，在两三分钟后让宝宝爬过来抓住你。（持续 3~5 分钟）

走不稳阶段
需要动脑筋的运动。一些简单的挑战，比如走线，也会促使宝宝们努力提升他们的技能。

游戏7：沿着绳子爬
在地板上平行放两根绳子，打造一条小通道。鼓励宝宝在两根绳子之间爬。你还可以将绳子弯成不同的形状——直线、曲线、Z字形。（持续 3~5 分钟）

游戏8：追小车
在地板上放一根绳子，鼓励宝宝将左手、左脚和右手、右脚分别放在绳子两边，沿着绳子爬。给宝宝一个玩具小车。在前方滑动玩具小车，且让小车顺着绳子向前。鼓励宝宝追着小车向前爬。（持续 3~5 分钟）

游戏9：沿着绳子走
将两根绳子的一端系在椅子或桌子上，另一端你拿在手上。绳子距离地面的高度大约与宝宝的腰部齐平。引导他站在两根绳子之间，从椅子或桌子那边抓着绳子走向你。重复上述游戏，让宝宝从椅子或桌子那边走到你面前。（持续 3~5 分钟）

淘气包阶段
宽和窄。让孩子用身体体验宽和窄的含义，能够让他们从小就对数学概念，比如大于和小于，有一个直观理解。

游戏10：河岸
在地板上用两根绳子摆出狭窄的V字形。让孩子从V字尖端开始走"河岸"（摆V字形的左右两条绳子即代表两边河岸）：两只脚分别贴着V字的两边向前走。随着河岸变宽，孩子们需要小心，不要掉进河里（踩到V字中间空白的地方）。玩过以后，让孩子们由宽到窄再走一次。（重复 2~3 次）

游戏11：猴子走河岸
重复"河岸"游戏，但这次告诉孩子像猴子一样走路。如果想提高挑战难度，可以让孩子尝试倒着走。（重复 2~3 次）

游戏12：跳跃过河
在地板上用两根绳子摆出狭窄的V字形。从V字的尖头开始，鼓励孩子从左边河岸跳到右边河岸去，再从右边河岸跳到左边去。随着V字的开口越来越大，孩子也需要跳得越来越远。重复游戏，不过这次让孩子从宽的那端跳到V字尖头的那端。（重复 1~2 次）

183

我在活动	看我成长	我已掌握

奔跑者阶段

不断移动的目标。不断移动的目标能够训练和发展孩子的判断能力、时机把控能力、平衡感和身体控制能力。

游戏13：抢绳子

将一根绳子的一端系在椅子或桌子上，另一端你拿在手上。抢绳子，让孩子试着在绳子跑到脚下时单脚或双脚踩住绳子。如果是几个孩子来玩这个游戏，让他们排成排，一起来用单脚或双脚踩住绳子。

游戏14：扭动的绳子

在地板上放一根绳子，拿起绳子的一端左右摆动，使这条绳子像蛇一样来回扭动，让孩子们轮流踩或跳绳子。接下来让孩子们两人一组，一个扭动绳子，另一个踩绳子。如果是几个孩子来玩这个游戏，让他们排成排，在绳子扭动时一起来踩或者跳绳子。不断改变摇摆绳子的速度，保持游戏的新鲜感。（持续2~3分钟）

游戏15：花样跳绳子

在地板上放一根绳子，让孩子们将双脚跨在绳子的两边。先让他们把右脚交叉到绳子左边，再把左脚交叉到绳子右边，然后跳起来，双脚跳回初始位置。接下来，向他们示范如何在跳到半空中转身，落地时双脚再次跨站在绳子的两边。让他们试试能否连续跳这个动作。（重复3~5次）

跳跃者阶段

空中动作。在半空中做动作，比如剪刀跳，需要孩子花些时间和功夫去掌握。这也是孩子能够完成十分复杂的、需要身体控制和协调的动作的信号。

游戏16：剪刀跳热身

在地板上放一条绳子。让孩子面对绳子站好，告诉他，他现在站的位置是绳子的后面。让孩子把一只脚放在绳子前面，另一只脚放在后面。然后把孩子抱起来，让他在空中练习剪刀腿的动作，然后把孩子放回原来的位置。再把孩子抱起来，落地时双腿交换位置。（重复3~5次）

游戏17：剪刀跳方法

在地板上放一跳绳子。让孩子将一只脚放在绳子前面，另一只脚放在绳子后面，跳起来，在半空中双腿交叉落下。在游戏中，让孩子除了腿之外身体保持不动，且上半身不要向后仰。开始时每次跳跃后都停下来。等孩子熟悉后就可以做连续的动作——跳跃和换腿2次，然后3次、4次，不断增加连续跳的次数和提高速度，让他的剪刀跳越来越流畅。（重复5~10次）

游戏18：高阶剪刀跳

用"剪刀跳方法"来热身。接下来，让孩子跨站绳子两边，且以剪刀的姿势（两腿交叉）站立。让他一只手放在肚子上，另一只手放在背上。让他先来练习交换左右手的位置。然后将上肢运动和下肢运动结合起来，注意不要顺拐（右手放在肚子上的时候左腿在前，左手放在肚子上的时候右腿在前）。在动作熟练后鼓励孩子提高跳跃速度，且富有韵律感。（持续5~10分钟）

逐渐缩小的目标
渐进式策略：调整动作难度

在遇到会缩小的目标时你必须时刻保持警惕！因为当你做得很棒、很好时，它就会变小！想试试吗？让我们开始游戏吧！

48 控制

准备材料
- 音乐
- 毯子
- 柔软的球
- 一碗水
- 粉笔
- 各种大小、尺寸的呼啦圈
- 牛奶瓶
- 夹子
- 婴儿玩具
- 枕头
- 苹果
- 绳子
- 海绵
- 沙包
- 小椅子

活动目标
- 自主安排
- 判断和改变速度
- 判断和改变方向
- 判断和改变力度

游戏语言
在中间、向前、向后、向左、向右

游戏安全
游戏时请不要把孩子独自留在水边。

教学重点
- 面对不同大小的游戏材料，一定要将投掷目标描述清楚。比如："瞄准那个大号的呼啦圈""瞄准中间的那个呼啦圈"。在孩子们准备投掷的时候在一旁叮嘱他们，因为：

语言+经验=理解

- 为孩子们提供视觉提示信息，例如在地板上画点或者画线，这样孩子们就能看到他们的进步了。

我在活动 | **看我成长** | **我已掌握**

新生儿阶段
轻微的动作。对宝宝来说，运动的世界是崭新的。慢慢来，给大脑熟悉和处理动作的时间。

游戏1：轻歌曼舞
温柔地抓着宝宝的脚，反复地做一套流畅的动作（向上，向下，向内，向外）。在做动作的同时为宝宝唱歌或播放音乐，让动作跟上音乐的节奏。把脚换成手，再次重复跳舞游戏。尽量选择60~80拍/分钟的音乐。（持续2~3分钟）

游戏2：机器人宝宝
重复"轻歌曼舞"动作，但这次要缓慢地做，每做一个动作就停顿一下（就像机器人做动作一样）。这会让宝宝有一种在不断做动作的感觉。（持续2~3分钟）

游戏3：宝宝抓玩具
让宝宝平躺，将一个玩具举到他的眼前。待宝宝的眼睛盯住玩具后，举着玩具在宝宝的视线范围内画圈，最后将玩具"降"到他能抓得到的地方。如果宝宝伸出手，鼓励他用手去抓或者用脚去碰玩具。（持续2~3分钟）

185

我在活动	看我成长	我已掌握

小爬虫阶段
自己导航。让宝宝自己去到想去的地方。

游戏4：毯子转转转
让宝宝趴在毯子上，把他最喜欢的玩具放在光滑的地面上。抓住毯子的一边，轻柔缓慢地转圈，停下来，再继续转！改变方向再转一圈。当宝宝熟悉这个游戏后，随机改变方向。（持续 1~2 分钟）

游戏5：宝宝转转转
让宝宝趴在地板上，在他的右边跪下来。陪他玩和说话，引导他向你。你慢慢地转到他的左边，或者其他的位置，或者试着将改变位置的速度加快或变慢，引导宝宝不断地转向你。让宝宝翻身平躺，再来玩这个游戏。（持续 3~5 分钟）

游戏6：自己来导航
将枕头排成两条平行的线，做一条枕头小路。鼓励宝宝从枕头中间爬过去。接下来用枕头摆成弯曲的小路，引导并鼓励宝宝自己来探索这条小路，从枕头上翻过去、爬过去，甚至从枕头底下钻过去。（持续 3~5 分钟）

走不稳阶段
动态的目标。宝宝不仅要学会自己行动，还要学会应对一个动态的世界！

游戏7：追球球
让宝宝在地板上爬。在他爬的时候向他滚一个柔软的球。在他的面前滚球，在他的身旁滚球，在他的周围滚球，朝向他滚球，往远处滚球……引导和鼓励宝宝去追球。（持续 3~5 分钟）

游戏8：拿苹果
将一只苹果浮在一碗水里。让宝宝坐在你的腿上，观察苹果是如何上下浮动的。鼓励他用一只手来拿苹果，再换另一只手拿苹果，最后双手来拿苹果。记住，千万不要让宝宝一个人待在盛满水的碗边。（持续 2~3 分钟）

游戏9：晃绳子
让宝宝站稳，拿出一根绳子放在他面前，晃动绳子，让宝宝去踩绳子。如果宝宝成功踩住了绳子就停止晃绳子，并为他的成功欢呼！（持续 2~3 分钟）

淘气包阶段
调整动作。实现身体的完全控制需要孩子具备在运动中不断调整动作的能力。

游戏10：停止唱歌
探索速度的变化。唱一首歌，鼓励孩子和你一起跳舞。慢慢唱歌，将跳舞的动作也放慢；快快唱歌，将跳舞的动作也加快！停止唱歌，你们两个都要停在原地不动。重复几次，等孩子熟悉就就打乱加速、减速和停止唱歌跳舞的顺序。（持续 3~5 分钟）

游戏11：我的第一支舞蹈
探索改变方向。和孩子一起编几个简单的舞步，舞步的动作要包括向前和向后、向左和向右。重复几次，等孩子熟悉舞步之后，将舞蹈的节奏逐渐放慢下来。（持续 3~5 分钟）

游戏12：更进一步
探索不同幅度的动作。重复"我的第一支舞蹈"游戏中的舞步，但这次要让孩子夸张地做动作，先将动作和步幅做得大些，再将动作和步幅做得小些。最后将这些夸张的动作混在一起来跳舞。（持续 3~5 分钟）

我在活动	看我成长	我已掌握

奔跑者阶段
学习瞄准目标不仅仅是为体育运动打基础。孩子在瞄准目标的过程中不断试错，练习测量距离、调整方向和力度。

游戏13：打湿靶子
在墙板上画一个三环靶子，给孩子一块湿海绵，让他退后几步，瞄准靶心投掷。海绵会留下湿点。检查海绵留下的痕迹，并讨论这个痕迹与靶心之间的关系。让孩子再试一次。当他投掷的湿海绵接近靶心的时候就要鼓励他。让孩子们排队，且保证每个孩子都有轮上几次练习的机会。注意：如果室内没有合适的地方，可以在室外墙壁上玩。（持续 5~10 分钟）

游戏14：穿越呼啦圈
将一个大号呼啦圈悬挂在距离地面约 30 厘米高的位置。让孩子试着找出各种从呼啦圈里穿过去且不碰到圈的方法。比如：（1）面朝呼啦圈直接穿过去。（2）背朝呼啦圈倒着穿过去。（3）爬过呼啦圈且手先着地。（4）爬过呼啦圈脚先着地。让孩子们手拉手穿过呼啦圈，且手不松开。当孩子们熟悉之后，再挂两个大小不同的呼啦圈，让孩子们继续玩穿越呼啦圈的游戏。（持续 2~3 分钟）

游戏15：呼啦圈投掷
将一个大号呼啦圈挂起来。给孩子几个沙包，让他站在离呼啦圈几步远的地方投沙包，且让沙包从呼啦圈里穿过去。向孩子示范如何瞄准和投掷。不断重复练习，直到孩子对这个动作很熟悉了，就让他退后几步，增加挑战难度。让每个孩子都轮到几次，获得多次的练习机会。改变悬挂呼啦圈的高度，让孩子继续来玩投沙包的游戏。（重复，直到每个孩子都对投掷沙包充满自信。）

跳跃者阶段
精细动作技巧。孩子在面对运动中细微的变化时要能灵活控制自己的身体。

游戏16：轮流投圈
把 3 个不同大小的呼啦圈挨着挂起来。给每个孩子 3 个沙包，让他们站在离呼啦圈几步远的地方来投沙包。从大号的呼啦圈开始，让他们练习投圈直到成功为止。（根据孩子的数量来确定投掷方式，如果孩子少就让他们一起投掷一个圈，如果数量较多就让他们轮流投圈。）在投大号呼啦圈成功后就改换投中号的呼啦圈。在孩子们 3 个圈都投掷成功后，绕到圈的反面，拿起沙包继续投掷。再来一轮，不过这次让孩子们比之前投掷时再往后退一步。（重复 3~5 次 / 圈 / 孩子）

游戏17：不断缩小的绳圈
用绳子绕一个圈放到地板上。给孩子几个沙包，让他退后几步，把沙包扔到圈里。一旦他熟悉了这个游戏，就把圈缩小些。不断缩小绳圈让他练习。集体游戏时，让孩子们站在圆圈周围投掷，投掷一遍后就把绳圈缩小一些。（重复 3~5 次）

游戏18：夹子丢进瓶子里
把一个牛奶瓶放在地板上，在旁边放一把小椅子。让孩子跪在椅子上，身体倾向瓶口上方，并把夹子或钉子丢进瓶子里。注意：对于某些孩子来说，站在瓶子旁边可能比跪在椅子上更容易。如果这个游戏太难，就找一个瓶口大一些的瓶子。（重复 3~5 次 / 孩子）

187

49
控制

交换鸡蛋
解决体能问题

鸡妈妈需要孵整个鸡舍的鸡蛋。可是这些蛋太淘气了,它们在不同的篮筐里换来换去,让鸡妈妈都没法正常孵蛋了!你能帮助鸡妈妈盯住它的蛋吗?

准备材料
- 有纹理的小球
- 纽扣、针和线
- 宝宝的袜子
- 透明塑料容器
- 温水
- 安全肥皂、洗发水或泡沫
- 沙包
- 泡沫球、枕头和其他柔软材料
- 直径约7厘米的塑料球
- 篮子
- 纸箱
- 约20厘米宽、2.4~3米长的木板
- 不同大小的桶
- 椅子或矮桌子
- 大汤匙或铲子
- 呼啦圈
- 羽毛

活动目标
- 定位
- 力量和耐力
- 解决问题能力
- 压力和力度
- 空间意识

游戏语言
通过、在里面、在……中间

游戏安全
- 当孩子在使用小物件时,成人需在一旁看护和监督。
- 在斜坡或不平整的地面上玩耍时,成人需要看护和帮助孩子。

教学重点
- 如果想增加挑战难度,可以把沙包换成小球。
- 有些孩子可能无法在做动作的同时咯咯叫,所以先让孩子练习咯咯叫,为游戏做好准备。

SARAH WHITING

我在活动   **看我成长**   **我已掌握**

新生儿阶段
身体控制的开端。身体意识是宝宝未来获得各种身体能力的起点和开端,而这一切都是从感觉开始的。

游戏1:这就是我
一边为宝宝唱他最喜欢的歌,一边按摩宝宝的右手。再唱一遍,这次只按摩宝宝的左手。第二天,边唱歌边按摩他的左脚,然后是右脚。集中注意力,每天只按摩宝宝身体的一个部位(比如肘部、膝盖和耳朵)。(持续2~3分钟)

游戏2:纹理按摩
收集几个不同质地和纹理的小球,如光滑的塑料球、泡沫球、橡皮球和毛绒球。轻柔且缓慢地用不同的球来按摩宝宝的手臂和胸部,然后按摩两条腿。把宝宝翻过来,像按摩宝宝前半身一样按摩他的后半身。(持续3~5分钟)

游戏3:宝宝跳踢踏舞
把纽扣缝在宝宝的袜子底部。你坐在光滑的地板上,让宝宝坐在你的腿上。帮助宝宝用脚趾轻敲地板。打开音乐,让我们一起来跳踢踏舞吧!(持续2~3分钟)

188

我在活动	看我成长	我已掌握

小爬虫阶段
力度控制。随着时间的推移，宝宝的力量逐渐增强，宝宝也能更好、更精细地控制自己的动作了。

游戏4：打蛋器
在一个干净的塑料容器里装上温水和安全肥皂或洗发水。让宝宝玩水并在一旁辅助他：用手搅动水，泡沫就出来啦！和宝宝一起玩泡沫——将泡沫放在宝宝的双手之间揉搓，把泡沫打到空中，吹气，尝试抓泡沫，等等。注意：在游戏时注意不要让宝宝把沾过水的手放进嘴里或是去揉眼睛。（持续3~5分钟）

游戏5：蛋头坐在墙头上
你坐在地板上，让宝宝面对你，且跨坐在你的膝盖上。给宝宝念"蛋头坐在墙头上"这首童谣。念叨"摔了个大跟头"时，轻轻地把宝宝推向右边，看他把手伸出来后继续倾斜，直到他触地为止，然后把他带回原位。另一个方向重复。让宝宝背对你，再来玩一次这个游戏。（持续3~5分钟）

游戏6：沙包爬
在地板上堆一堆沙包。鼓励宝宝爬到沙包堆上去。当他开始玩这个游戏后，在地板上铺一条沙包小路，让宝宝沿着沙包小路继续爬。你还可以把沙包换成泡沫球或枕头等柔软的材料，挑战宝宝的爬行能力。（持续5~10分钟）

走不稳阶段
玩球。玩球可以从孩子很早期就开始，并贯穿他们的一生。

游戏7：找鸡蛋1
在地板上分散放几个直径7厘米的塑料球，和宝宝一起来玩"找鸡蛋"的游戏。为了鼓励他爬行，再找一个篮子，教他把捡到的鸡蛋（塑料球）放到篮子里。在宝宝找完鸡蛋后把篮子里的鸡蛋取出来，再玩一次找鸡蛋的游戏吧！（持续5~10分钟）

游戏8：寄鸡蛋
在纸板箱上剪两个直径12厘米的洞。鼓励宝宝把直径7厘米的鸡蛋（塑料球）放进邮筒（纸板箱）里。把邮筒拿起来摇晃，把球倒出来，再玩一次寄鸡蛋的游戏吧！（持续5~10分钟）

游戏9：弹鸡蛋
在地板上分散放几个直径7厘米的塑料球，向宝宝示范如何把球在地板上弹来弹去。把球压下去，再看着球弹起来，拍球、踢球，用各种方式来玩球。看着这些球撞在一起，然后在地上变得更分散了。把球聚拢，让我们再玩一次弹鸡蛋的游戏吧！（持续5~10分钟）

淘气包阶段
操作技能。孩子如果能在控制其他物体的同时实现身体控制，那么他就向全身管理迈进了一大步。

游戏10：巢在高处
在一个平缓的斜坡（一个小土丘或是一块木板）上放一篮子沙包（大约3~5个）。鼓励孩子跳上坡顶，捡起一个鸡蛋（沙包），再跳下来。当孩子爬上爬下时提供必要的支持。（重复3~5次）

游戏11：母鸡踢球
在地板上放上大、中、小三个桶。让孩子站在几步开外的地方，把沙包踢进桶里。每次将沙包踢进桶里后，他就要学母鸡叫（咯咯，咯咯！）。把三个桶从地板上拿到椅子上或桌子上，再玩一场母鸡踢球的游戏！（持续5~10分钟）

游戏12：接力传蛋
这是一个经典游戏！让孩子拿一个大勺子或铲子，上面放上沙包。他需要跑到游戏区域的另一边且不能让沙包掉下来。跑到另一边后就把放着沙包的勺子或铲子交给下一个人。让孩子们在游戏区的两边排队，一个接一个地来玩这个游戏。（持续3~5分钟）

奔跑者阶段
动作自动化。在孩子们掌握了做动作的要领并完成了动作自动化后，他们就能够更仔细地倾听指令并根据指令行动，且反应更快速了。

游戏13：夹鸡蛋
让两个孩子背靠背站好，相互用后背夹住一个沙包。让他们一起蹲下，咯咯叫，然后站起来，在这个过程中不能把鸡蛋（沙包）掉在地上。等孩子们熟悉这个动作后，下次蹲下时加上摆动手臂的动作（就像小鸡扑腾翅膀一样）。（重复2~3次）

游戏14：找鸡蛋2
让每个孩子选择一种颜色的蛋（球），并把这些蛋放进篮子里。放好之后把篮子里的蛋放到地板上，让孩子们去寻找自己的蛋。找到蛋后，他需要蹲下来，像小鸡一样拍打翅膀（胳膊），然后咯咯叫！等孩子们熟悉这个动作后，他们需要学小鸡一样，边拍打翅膀边追鸡蛋。（重复2~3次）

游戏15：抢鸡蛋
鸡妈妈终于把所有的鸡蛋都放进一个篮子里了。可就在这时候，狐狸来了！让每个孩子选择一种颜色的蛋（球），并把蛋放进篮子里。把篮子放在房间的一边。当学母鸡叫"咯咯哒"的时候，所有的孩子需要跑向篮子，并把自己的蛋抢回来。在第二轮比赛中，孩子们需要用除了手以外的身体其他部位抢鸡蛋。在第三轮中，孩子们不仅需要用除了手以外的身体其他部位抢鸡蛋，还要学小鸡一样边拍打翅膀（胳膊）边咯咯叫。（持续5~10分钟）

189

我在活动　　　　　看我成长　　　　　我已掌握

跳跃者阶段
解决问题。让体力和智力为身体和大脑导航，在思考的同时进行运动。

游戏16：鸡蛋放在篮子里
准备与孩子数量相等的呼啦圈当篮子，且让每个孩子选择一种颜色的蛋（沙包）。当你学公鸡叫"喔喔喔"的时候，孩子们必须找到一个空呼啦圈，在把蛋扔进呼啦圈的同时学母鸡叫"咯咯哒"。如果两个或几个孩子把蛋丢进了同一个呼啦圈里，鼓励他们一起来解决这个问题。当孩子们熟悉这个游戏后，下一轮，让他们把沙包夹在膝盖之间，学小鸡一样走路。（重复3~5次）

游戏17：换鸡蛋
再玩一次"鸡蛋放在篮子里"的游戏，这一次在游戏中要加上多次的公鸡打鸣。每次你叫"喔喔喔"的时候，孩子们必须找回他们的蛋（沙包），并把蛋放到另一个呼啦圈里。同样的，如果两个或几个孩子把蛋丢进了同一个呼啦圈里，鼓励他们一起来解决这个问题。当孩子们熟悉这个游戏后，下一轮，让他们把沙包夹在膝盖之间，学小鸡一样走路，别忘了边走边"咯咯"叫哦。（重复3~5次）

游戏18：鸡舍里的狐狸
再玩一次"换鸡蛋"游戏，只是这次从游戏中移除一个呼啦圈（即呼啦圈数量比孩子的数量少1个）。先来玩一轮游戏，这次，将会有一个孩子有一个无家可归的蛋。这个孩子就变成了狐狸！在第二轮比赛中，在别人玩的时候，狐狸需要把别人的蛋换掉，换成自己的蛋，而被换掉蛋的孩子就变成了狐狸！（重复3~5次）

完成任务：成为可能
同步化

古默先生是一个高明的窃贼，看他那滴溜转的眼睛，就知道他一定没想什么好事情！不好！听说他要去偷钻石了！我们需要去阻止他！你能来帮忙吗？

准备材料
- 音乐
- 锅盖
- 木勺或木棒
- 椅子、水桶和锅
- 任务箱
- 粉笔
- 积木（不同颜色）
- 梯子
- 椅子、绳子和其他用于布置激光线网的材料
- 钻石（大石头或其他类似材料）
- 绳子

活动目标
- 身体节奏
- 身体定位
- 解决问题能力
- 身体意识

游戏语言
在下面、在上面、穿过

游戏安全
孩子在做任务时成人需要在一旁看护和监督。

教学重点
在游戏前安排一个仪式能够让孩子们在精神上做好准备，且对即将开始的游戏充满好奇，跃跃欲试。例如，在玩任务箱游戏之前，你可以让孩子们宣读游戏规则。

50 控制

我在活动   **看我成长**   **我已掌握**

新生儿阶段
运动模式。跳不同的舞步可以帮助宝宝内化复杂的全身运动模式。

游戏1：脸贴脸
抱着宝宝，让宝宝紧贴你的身体，和宝宝脸贴脸。放一些舒缓的音乐（如华尔兹），缓慢且轻柔地跳舞，顺时针转上几圈，再逆时针转几圈。换个姿势，贴着宝宝的另一侧脸颊，再次跳起舞来。（持续3~5分钟）

游戏2：扭啊扭
把宝宝抱在怀里，且让他呈直立的姿势。播放一些舒缓的音乐，缓慢地做扭转运动：左右旋转，俯身仰头。换一首节奏稍快的音乐，再来扭一扭。（持续3~5分钟）

游戏3：宝宝跳探戈舞
抱着宝宝跳探戈：向前3步，向左1步，向后3步，向右1步。轻轻向左倾斜，然后向右倾斜。在舞蹈结束时让宝宝做一个倾斜动作——扶着宝宝的头和脖子，轻轻把他的头降低、脚抬高，在做到脚比头高的姿势时停留一会儿。（持续3~5分钟）

我在活动	看我成长	我已掌握

小爬虫阶段
宝宝自主行动。自主行动不仅是通向独立之路，也是体验和融入周围环境的方法。

游戏4：会拥抱的山
你躺在宝宝身边。把他拉到胸前，给他一个大大的拥抱。然后把他转个身，引导和辅助他倒着爬回到地面，脚朝着地。当他意识到从地上爬到你身上再回到地面上这个转换后，引导并辅助他尝试着自己来爬。（持续2~3分钟）

游戏5：会摇晃的山
让宝宝四肢着地。你躺在他面前，引导和辅助他把双手放在你的胸前，然后顺势把他抱到你的胸前并给他一个大大的拥抱。接下来引导他回到双手撑在你胸前、双脚着地的姿势。轻轻地上下晃动和左右摇摆你的身体，同时支撑他的腰部，让他体验运动的感觉。（持续2~3分钟）

游戏6：任务：爬行
在宝宝开始学爬之后，你可以用你自己的身体为他打造一个障碍物训练场。你可以躺下来，帮助他爬过你的胸部或者爬过你的整个身体；或者你四肢着地做拱门，鼓励他从你的身体下面爬过去；你还可以让他爬上你的腿，跨坐在他的腿上。在做这些动作时请慢点儿来，待宝宝了解游戏后，可以在你俩之间引入其他的游戏材料。（持续3~5分钟）

走不稳阶段
音乐与运动。音乐能够让宝宝在运动时更富韵律感。

游戏7：任务：身体节奏
放一些舒缓的音乐，辅助宝宝做一些简单的手部重复动作（如：让他拍拍膝盖、拍拍手，或者拍拍肚子）。让宝宝慢一些做动作，这样他就能体会节拍并理解这些运动模式。重复上述动作，加入摇铃或其他发声玩具。（持续2~3分钟）

游戏8：任务：声音越大越好！
拿出一些锅盖，让宝宝从中选两个，每只手拿一个。鼓励他将两个锅盖碰在一起并探索发出的声音。你来唱他最喜欢的歌曲，并让宝宝碰击锅盖为你打节奏。（持续2~3分钟）

游戏9：任务：咚咚锵！
让宝宝选一个木勺或一根木棒做鼓槌，和他一起探索周围环境的声音。用鼓槌敲地板、椅子、水桶、罐子，感受声音的不同。你来唱他最喜欢的歌曲，并让宝宝敲打鼓槌为你打节奏。（持续2~3分钟）

淘气包阶段
角色扮演。任务学习法会让学习变得更容易。制订简单、有趣的目标让孩子专心地完成。

游戏10：任务：任务箱
让孩子们选择一项任务（比如找蓝色的东西、可以发出噪音的东西，或非常小的东西），然后让他们去找对应的物品来填满任务箱。在他们完成任务后可以将任务箱里的东西拿出来，讨论他们在完成不同的任务时有没有拿相同的东西。（持续3~5分钟）

游戏11：任务：包裹
给孩子一项任务：递送包裹。（但是身体不能直接接触包裹！）给孩子们指定起点和终点（比如房间的两头），然后让他们使用任务箱里的物品来移动包裹。你需要先给孩子们展示包裹，然后让他们从任务箱中选择他们需要的物品来完成任务。你先来做一个范例，然后退后观察，把活动时间留给孩子，让他们自己来解决递送包裹的问题。（持续3~5分钟）等孩子熟悉游戏后，让他们单独尝试，或者组成团队，接力传递包裹。

游戏12：任务：走形状
用3种颜色的粉笔在地板上画出3个不同的形状。每次指定一个形状，让孩子们轮流绕着这个形状走。当孩子们熟悉后，就让他们在走形状时做出不同的动作——例如，向后或侧身走，踮起脚尖走，或跳着走。接下来让两个孩子同时玩这个游戏。他们必须一直都踩在线上，并讨论如何来走交叉的那部分。增加形状，给孩子们带来更多的挑战和乐趣。（持续3~5分钟）

我在活动　　　　　**看我成长**　　　　　**我已掌握**

奔跑者阶段
解决身体动作的问题需要身体和大脑协同工作。

游戏13：任务：走迷宫
给孩子一项任务：走出迷宫。用几种颜色在地板上画一个迷宫，每个孩子从始至终只能踩一种颜色的线，且不能从线上下来。接下来让4个孩子同时玩这个游戏，且在不离开线的同时绕过自己的同伴。（持续5~10分钟）

游戏14：任务：找色块
在地板上用一种颜色画一个新迷宫。在迷宫的每一个出口放置不同颜色的方块，指定一种颜色，让孩子找出通向对应色块的迷宫路线。现在开始玩"走迷宫"的游戏，在游戏进行到一半时替换色块，这样孩子们就不得不去寻找新的路线了。（持续5~10分钟）

游戏15：任务：爬梯子
尽管我们尽了最大的努力，古默先生还是从矿井里偷走了"钻石"！让我们去追古默先生吧！这一次，孩子们需要完成的任务是借助梯子逃出矿井。把梯子侧过来放在地板上（梯子的每一格横杠要与地面垂直，扶稳梯子，让孩子们在横杠间爬进爬出。（持续3~5分钟）

跳跃者阶段
找到自己的路。当一个孩子可以自如地控制自己的身体后，他就可以用身体来解决各种问题了。

游戏16：任务：穿越激光线网
打造一块激光线网，把"钻石"放在激光线网的最后面。古默先生把"钻石"藏起来了，还在外面放置了激光线防护网！孩子这次需要完成的任务是：匍匐前进，穿越激光线网且不能碰到网线，拿到"钻石"然后再退回来。重复游戏，将动作换成跨过激光线网。再次重复游戏，交替跨过和钻过激光线网。（持续10~20分钟）

游戏17：任务：秘密口令
重复"任务：穿越激光线网"游戏，并取下4根绳子。给玩游戏的孩子一个秘密口令（例如：下面－上面－上面－下面－下面－上面），让孩子按照口令来做动作，穿越激光线网。在玩家做动作时，其他的孩子需要在一旁观察并喊出口令。（持续10~20分钟）

游戏18：任务：找到钻石
古默先生又把那颗"钻石"藏起来了！在房间或走廊里往不同的方向拉绳子，将绳子布置得就像蜘蛛网一样。这个任务需要孩子们在不接触绳子的情况下通过绳网，找到"钻石"，然后再次穿过绳网，把"钻石"带回来。如果想要增加挑战难度，可以多拉一些绳子。你还可以让孩子两人一组一起穿越绳网，给孩子们一颗"钻石"，每走一步就需要将"钻石"传递给对方。（持续5~10分钟）

延伸资源

感觉2　谁的耳朵灵

任务箱

你可以用一个纸板箱或者塑料桶来做"任务箱",不过,鼓励孩子自己动手,做一个独一无二的任务箱则更富创意。拿出画笔和装饰材料,让孩子行动起来吧!鼓励孩子在箱子上画画,或是写上自己的名字,在任务结束后,可以让他在任务箱上通过画或者粘贴的方式加上更多的创意。玩完游戏不要把任务箱丢掉哦,你可以用这个任务箱做更多的游戏和活动呢!

耳朵灵的小老鼠

（和《三只盲鼠》的曲调一样）
小老鼠,小老鼠,
耳朵竖起来,耳朵竖起来!
认真仔细地听,
不论多远,不论多近,
当有人说话,耳朵就竖起来!
我们是小老鼠,我们耳朵灵!

感觉3　不一样的鼓手

鼓手来啦!

（和《两只老虎》的曲调一样）
鼓手来啦,鼓手来啦
锵咚咚,锵咚咚
锵咚锵咚锵咚锵,锵咚锵咚锵咚锵
他们来啦,他们来啦!

平衡10　爱打滚的小狗洛夫

翻滚歌

（和《十个小朋友在床上》的曲调一样）
十只小狗在床上,洛夫说,
翻滚吧!翻滚吧!
十只小狗打了个滚,一只掉下了床!
汪!汪!
（重复,把十换成九、八、七……）

平衡11　爱旋转的小陀螺

小陀螺,转呀转

（和《伦敦桥》的曲调一样）
小陀螺转呀转

转呀转，转呀转，
小陀螺转呀转
转到头晕目眩

（可以把第一句话换成：
小陀螺前后摇……
小陀螺左右倒……）

平衡 15　龟兔赛跑：比赛之后

龟兔赛跑

（和《这个老人家》的曲调一样）
龟和兔，出发啦！
兔子很快乌龟慢，
但是他们总会到达目的地，
无论快慢他们今天会抵达！

乌龟爬，走得慢，
每一步都踮起脚尖，
他今天总会到达目的地，
虽然很慢但是今天会抵达！

兔子跑，走得快，
兔子跑得喘不过气，
她今天总会到达目的地，
准备好了今天一定要抵达！

平衡 17　一起来摇摆

你会摇摆吗？

（和《你的耳朵会向下垂吗？》的曲调一样）
你能向右摇摆吗？（向右扭）
你能向左摇摆吗？（向左扭）
你能大幅度摇摆吗？（大幅度扭）
你能轻轻摇摆吗？（小幅度扭）

你能向前摇摆吗？（向前扭）
你能向后摇摆吗？（向后扭）
你能全身摇摆吗？（全身扭）

如何制作身体认知卡或骰子

许多活动需要图片卡或骰子，你需要提前准备好：按指示拍照，将照片打印在卡纸上，或者将它们粘在一个六面体上，比如一个纸巾盒。如果可以的话，和大一点的孩子一起制作他们自己的卡片或骰子。

在本书中，很多活动需要使用到身体认知卡或是骰子。你可以这样制作身体认知卡或骰子：摆好姿势拍照，并将照片打印到卡纸上，或者是打印到纸上后粘在一个六面体上（纸巾盒是一个不错的选择）。如果可以的话，邀请孩子一起来制作身体认知卡或骰子吧！

"五官认知卡"（适用于小爬虫阶段）
拍照部位：宝宝的眼睛、耳朵、鼻子、嘴巴、脸颊和下巴。

"身体认知卡"（适用于走不稳、淘气包、奔跑者和跳跃者阶段） 拍照部位：孩子的头、肩膀、胳膊、手、肚子、臀部、腿和脚。

"镜像身体认知卡"（适用于淘气包、奔跑者和跳跃者阶段） 拍照部位：孩子的肘部、脚踝、臀部、脖子、膝盖和手指。当然，如果你愿意的话，身体的其他部位也可以拍照并制作成"镜像身体认知卡"。

"位置认知卡"（适用于跳跃者阶段）
拍照部位：让孩子拿着一个画着箭头的纸板，指向六个不同的方向：

· 在他头顶上方，箭头指向上方

- 弯腰，箭头指向他的脚趾
- 通过手势和箭头指向摄像机方向
- 通过手势和箭头指向背对镜头方向
- 把手伸向左边，箭头指向左边
- 把手伸向右边，箭头指向右边

亲亲游戏

亲亲路线图：从上到下（或从下到上）亲吻宝宝的手臂和腿，从左到右（或从右到左）亲吻宝宝的肚子，等等。

吹吻：边吹边亲吻宝宝。

手指之吻：亲一下自己的手指，然后把手指放在宝宝的身上。

敲吻：亲一下自己的手指，然后轻轻敲打宝宝的胳膊、腿和身体，等等。

蝴蝶之吻：通过眨眼睛，用你的眼睫毛轻柔地滑过宝宝的身体。

大声亲吻1：大声地亲吻宝宝，并发出夸张的"mua"声。

大声亲吻2：大声地亲吻宝宝，在发出夸张的"mua"声后再来一声"pop"。

覆盆子吻：在亲吻宝宝时发出嚼覆盆子时的声音。

直觉 18　认识你自己

洗澡歌

（和《划小船》的曲调一样）

洗，洗，洗我的脸，
又白又干净，
洗掉脸上肥皂泡，
我变干净了！

擦，擦，擦我的脸，
赶快擦干净，
擦掉脸上小水珠，
我变干净了！

（身体的其他部位也可以用这个歌词来唱）

认识我自己

（将头、肩膀、膝盖和脚加入新歌词）

头，肩膀，膝盖，脚，膝盖，脚
头，肩膀，膝盖，脚，膝盖，脚
还有眼和耳鼻口
头，肩膀，膝盖，脚，膝盖，脚

脚踝，手肘，脚丫，坐，脚丫，坐
脚踝，手肘，脚丫，坐，脚丫，坐
还有腿和臀腰脸
脚踝，手肘，脚丫，坐，脚丫，坐

肚脐，小腿和下巴，腿，下巴
肚脐，小腿和下巴，腿，下巴
还有脚跟大腿和微笑
肚脐，小腿和下巴，腿，下巴

直觉 23　游戏日

一起绕着圆心转

（和《玫瑰花环》的曲调一样）

一起绕着圆心转
一起绕着圆心转
准备，准备，
让我们跳到＿＿！

（"一起绕着圆心转"可以换成"一起绕着圆心跳""一起绕圆单腿跳"，等等）

棋子跳跳跳

直觉 24　辨识方位

尾巴哪去啦？

　　大尾巴，长又长，
　　哪去啦，找一找，
　　向左转，转三圈，
　　向右转，转三圈，
　　快看，我的尾巴在这儿！

力量 26　一起来玩侧手翻

滴答滴答钟声响

　　滴答滴答钟声响，
　　小小老鼠在钟上，
　　时钟敲到一点钟，
　　小小老鼠忙躲藏。

力量 27　小手抓抓抓

小手小手爬大山

　　（和《小熊越过山头》的曲调一样）

　　小手小手爬山坡

小手小手爬山坡
小手小手爬山坡
所有指头都用力

所有指头都用力
所有指头都用力
小手小手爬山坡
哇！有好多手指头！

小手小手下山坡
小手小手下山坡
小手小手下山坡
所有指头都用力

所有指头都用力
所有指头都用力
小手小手下山坡
哇！有好多手指头！

小手小手滚呀滚

小手小手滚呀滚
小手小手滚呀滚
小手小手滚呀滚
所有指头都用力

所有指头都用力
所有指头都用力
小手小手滚呀滚
哇！有好多手指头！

两只小手出去玩

两只小手出去玩
两只小手出去玩
两只小手出去玩
玩了好多小游戏
玩了好多小游戏

玩了好多小游戏
两只小手出去玩
能玩好多小游戏！

小手小手上下爬

小手小手上下爬
小手小手上下爬
小手小手上下爬
一天能爬一百次
一天能爬一百次
一天能爬一百次
小手小手上下爬
爬了一天都不累！

力量 28　不要丢下小狐狸

关于"不要丢下小狐狸"游戏的一些玩法：

· 一个孩子背着另一个孩子。

· 编篮子：两个孩子交叉双臂后抓住对方的手腕，用胳膊"编篮子"，然后让"小狐狸"坐在"篮子"里。

· 一群人围着"小狐狸"站好，用胳膊和腿托起他。

· 让"小狐狸"躺在毯子上，其他人一起把毯子拎起来。

· 让"小狐狸"站在另一个孩子的脚上，这个孩子带着"小狐狸"向前走。

· 让孩子们排成一排，"小狐狸"踩着孩子们的脚向前走。

· 让孩子们躺好，"小狐狸"可以在他们身上爬来爬去。

· 让孩子们想出他们自己的游戏方法。

（但是老师/家长要始终站在一旁，保证孩子们的安全）

一只小猪

一只小猪去逛街（摇动大脚趾）
一只小猪待在家（摇动第二个脚趾）
一只小猪吃牛肉（摇动第三个脚趾）
一只小猪没事干（摇动第四个脚趾）
一只小猪在哭哭，"呜呜呜"，回家咯！（摇动小脚趾）

（你也可以把小猪换成小老鼠等其他小动物）

力量 29　逃离动物园（也包含协调 33）

爬行和走路比我们想得要复杂

爬和走被认为是儿童早期活动的重要里程碑。

爬和走

爬和走有助于孩子多方面的发展：

方向感：孩子在学爬和走的过程中，由水平到垂直的变化给了他有关方向和位置的新体验。

中线发展：爬和走是身体协调性成熟的重要信号。爬是一项非常重要的中线活动，它能增强大脑左右半球之间的联系，使认知过程更快、更丰富。

运动规划：当孩子能将一只脚放在另一只脚的前面，就意味着孩子具备了组织特定动作模式的能力，并将随着时间的推移完成自动化。

控制和定位：当孩子们开始自主运动

时，他们也就开始了学习调整自己的动作（改变方向、速度和力量）。学习控制和定位非常重要，这不仅能帮助他们避免撞到东西，还能够帮助他们习得推理和解决问题的能力。

　　身体意识：爬和走是建立在大脑将身体理解为一个整体的基础上的，身体的各部分既相互配合，又各自独立。

　　空间意识：将身体从这里移动到那里看似是一个简单的动作，但却能帮助孩子理解空间，以及身体是如何与环境交互的。

　　力量发展：当手臂和腿移动到某一位置，并承受身体的重量时，肌肉的发展就会加速。

　　视力发展：视力发展和身体发展是同步的。在由爬至走的这一过程中，眼睛的焦距变大，帮助孩子看到他想去的更远的地方。

　　自由探索：最重要的是，独立运动开启了孩子的自由探索之旅。

　　当孩子们开始爬和走的时候，以上这一切就会发生。当然了，爬和走的方式可以有许多种，下面提出的这些方法只是一些灵感，你可以改变或者再创造，为孩子开启"智慧的脚步"提供更多的乐趣和可能性！

先来看几个定义：

　　对侧运动：是指一侧的胳膊与另一侧的腿同时运动。比如一般在走路时，人会右腿－左臂、左腿－右臂同时摆出前行。

　　单侧运动：和对侧运动相反，即运动时同时伸出同一侧的胳膊和脚（又称顺拐）。

　　同侧运动：是身体的某一部分或一侧，在身体其余部分静止的情况下进行运动，比如单脚跳跃。

有趣的运动游戏：

肚肚爬

　　匍匐前进：让孩子采用对侧运动向前爬。

　　划船爬：让孩子双腿不动，只用胳膊向前爬。如有需要，可以在孩子的双脚上绑一条宽丝巾，提醒孩子要保持双脚不动。

　　青蛙爬：让孩子保持双臂不动，只用臀部、腿和脚来推动身体向前爬。

　　虫虫爬：让孩子保持双臂放在身体两侧，双腿不动，通过扭动身体向前爬。

　　单臂爬：让孩子用一侧身体（左臂－左腿或右臂－右腿）推动身体向前爬，身体另一侧保持不动。

　　鳄鱼爬：同侧向前爬。

四肢运动

　　传统爬：对侧运动，四肢爬行（手和膝盖着地）。

　　猴子步：弯腰，双手双脚放在地板上，屁股抬起来，采用对侧运动向前走。

　　狗熊步：弯腰，双手双脚放在地板上，屁股抬起来，采用同侧运动向前走。

　　鳄鱼爬：四肢着地趴在地上，采用同侧运动向前爬。

　　毛虫爬：双手双脚放在地板上，屁股抬起来，两脚不动，双手向前爬，然后双手不动，两脚向前移到手的旁边，按照这个方式向前进。

　　瓢虫爬：对侧运动，用肘部和膝盖向

前爬。

螃蟹爬：坐在地板上，双手放在地板上，置于肩膀正下方。手和脚向上推（肚皮朝上，与地板平行）。

双脚运动

踮脚走：踮起脚尖做对侧运动。

脚跟走：抬起脚尖，用脚后跟走，做对侧运动。

脚尖脚跟走：一只脚用脚尖走，另一只脚用脚跟走，做对侧运动。

一字步：将一只脚的脚跟放在另一只脚的脚趾前面，左右脚交替，做对侧运动向前走。

脚踝碰脚踝：侧身行走，将右腿向外侧迈一步，然后左腿跟上，向右迈一步，脚踝碰脚踝。另一个方向重复这一动作。

拖脚走：做对侧运动时拖着脚走，让脚不离开地面。

滑冰：和拖脚走的步伐一样，但是像滑冰一样用滑的方式向前走。

企鹅步：把脚跟贴在一起，脚趾朝外（八字脚站立）。保持脚不离开地板，像企鹅一样摇摇摆摆地向前走。

鸽子步：脚趾贴在一起，脚跟朝外（内八字站立）。保持腿伸直，做对侧运动。

膝盖在一起：两个膝盖贴在一起，做对侧运动向前走。（你可以让孩子在两膝盖之间夹一个软一点的玩具或是球，这样他们就会保持膝盖向内夹紧。）

鸭子步：双腿打开一脚或两脚的距离，蹲下，夹住屁股，做对侧运动向前走。（别忘了边走边嘎嘎叫哟！）

交叉步：做对侧运动，左脚跨过右脚脚面迈到身体右侧，再将右脚跨过左脚脚面迈到身体左侧，按照这种方式向前走。注意：这对中线发展有很高的要求，所以刚会走路的孩子可能做这个动作很困难。

注意：以上提到的这些走路方法也可以在倒着走的时候用！

力量 30　跳房子

跳房子的游戏规则

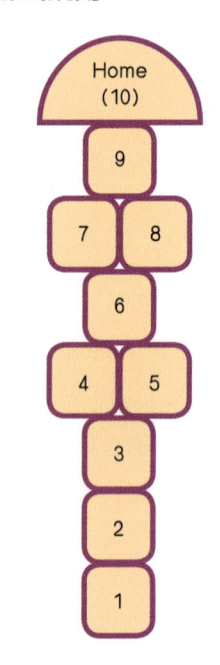

基础规则：

·遇到单独的格子要单脚跳，遇到并排的两个格子就要双脚跳，且每只脚要放在格子内。

·玩家不得踩线，碰到线就算输。

·玩家必须跳过放了沙包或其他标记物的格子，如果踩到放沙包（或标记物）

的格子就算输。

· 玩家必须先丢沙包（或标记物），如果沙包（或标记物）过线了，就算输。

如何游戏：

游戏开始。玩家需要把沙包丢进1号格子，他需要跳过一号格子，并继续按顺序跳：2，3，4~5，6，7~8，9，家。

到家后，他需要转身，沿着来时的路径返回：9，8~7，6，5~4，3，2。如果此时其他格子里有标记物，则玩家需要跳过那些有标记物的格子。

在跳到2号格子的时候，玩家需要停下来，单脚站立，保持平衡，弯腰捡起沙包，然后跳到1号格子，然后离开。

在下一轮中，玩家必须将自己的沙包投掷到标着下一个数字的格子里。

第一个成功完成九局的玩家获胜。

简化游戏：

对于那些刚开始练习单脚跳的孩子来说，跳房子游戏还是有一定难度的。这里有一些方法，能够让孩子们觉得跳房子游戏容易一些。

· 将游戏缩简为5步或7步。

· 让孩子单脚跳过去，双脚跳返回。

· 放宽对踩线的限制。如果孩子的脚有一部分踩到了格子内，那么这一步可以算数，让孩子继续跳下去。

· 放宽间隔跳的限制。如果孩子无法单脚跳过放了沙包（或标记物）的格子，允许孩子可以在这里采用双脚跳。

· 拿起沙包（或标记物）时，平衡可能是个问题。如果需要的话，让孩子在拿沙包的时候双脚站立。

· 将每局的玩家数量限制在两个孩子以内。

力量 32　泡泡破啦！

制作泡泡水

· 1匙糖

· 3匙沸水

· 9匙洗洁精

· 1匙甘油

把糖加入水中搅拌至溶解，再加入洗洁精和甘油。将其密封储存，三天后就可以用啦！

协调能力 33　疯狂的小爬虫

运动歌曲

（和《老灰母马》的曲调一样）

注意：下面这些歌曲的歌词非常简单，旋律亦耳熟能详，非常适合孩子来唱。你也可以即兴发挥，比如把歌词中出现的动物换成孩子喜欢的动物或宠物。

一寸虫：前后摇

小小虫虫拱起又落下

拱起又落下

拱起又落下

小小虫虫拱起又落下

他呀到家啦！

小蓝鸟：进又出

小小蓝鸟飞进又飞出

飞进又飞出

飞进又飞出

小小蓝鸟飞进又飞出
她呀到家啦！

小猴子：抱大树

小小猴子抱住一棵树
抱住一棵树
抱住一棵树
小小猴子抱住一棵树
他呀真快乐！

小青蛙：开合跳

小小青蛙打开又合上
打开又合上
打开又合上
小小青蛙打开又合上
她呀跳回了家！

小山雀：跳跳跳

小小山雀跳来又跳去
跳来又跳去
跳来又跳去
小小山雀跳来又跳去
他呀跳回了家！

小灰兔：单腿跳

小小灰兔跳前又跳后
跳前又跳后
跳前又跳后
小小灰兔跳前又跳后
她呀跳回了家！

大老熊：转向右

一只老熊喜欢往右走
喜欢往右走
喜欢往右走
一只老熊喜欢往右走
他也回到了家！

大老鲸：转向左

一只鲸鱼喜欢往左转
喜欢往左转
喜欢往左转
一只鲸鱼喜欢往左转
她呀转回了家！

哈巴狗：转转转

哈巴狗转呀转圈圈
转呀转圈圈
转呀转圈圈
哈巴狗转呀转圈圈
他呀咬到了尾巴！

小鼹鼠：往下挖

小小鼹鼠不停往下挖
不停往下挖
不停往下挖
小小鼹鼠不停往下挖
她呀有了个家！

小象：走得慢

一只小象走得特别慢
走得特别慢
走得特别慢
一只小象走得特别慢
慢慢悠悠走回了家。

小马驹：跑得快

小小马驹跑得特别快
跑得特别快
跑得特别快

小小马驹跑得特别快

得儿驾！回到了家！

小蜘蛛：走走停停

小小蜘蛛走又停

走起又停下

走起又停下

小小蜘蛛走起又停下

走走停停回到了家

小猫咪：左右跑

小小猫咪跑左又跑右

跑左又跑右

跑左又跑右

小小猫咪跑左又跑右

快乐得停不下来

动物体操：一起来运动

小动物们一起做运动

动作各不同

动作各不同

小动物们一起来运动

你也一起加入吧！

协调能力 35　鳄鱼爬

鳄鱼爬爬

（和《我们绕着桑树走》的曲调一样）

鳄鱼扑腾（中速）

鳄鱼扑腾在阳光下

阳光下，多愉快

鳄鱼扑腾在阳光下

看！现在雨来啦！

鳄鱼跳舞（快速）

鳄鱼在雨中跳起舞

跳起舞，多愉快

鳄鱼在雨中跳起舞

看！现在雪来啦！

鳄鱼跺脚（慢速）

鳄鱼在雪地里跺着脚，

雪地里，慢慢地，抬……起……脚

鳄鱼在雪地里跺……着……脚

看！鳄鱼们来啦！

鳄鱼摇摆

小鳄鱼们左右摇

左边摇来右边摆

小鳄鱼们左右摇

听！他们唱起了歌！

协调能力 38　一起来跳踢踏舞

鸭子叫

（和《这个老人家》的曲调一样）

小鸭踏踏

小鸭踏踏

小鸭踏踏

小鸭跳舞

踢踏踢踏

穿上踢踏舞鞋

跳上一两下

小鸭踏踏

我们一起来跳舞！

小鸭飞飞

小鸭飞飞

小鸭飞飞
转个圈圈
翅膀飞飞

穿上踢踏舞鞋
飞上一两下
小鸭飞飞
我们来跳转圈舞！

小鸭摆摆

小鸭摆摆
小鸭摆摆
小鸭走路
摇摇摆摆

穿上踢踏舞鞋
摆上一两下
小鸭摆摆
我们一起来摇摆！

小鸭拍拍

小鸭拍拍
小鸭拍拍
欢呼起来
拍拍拍拍

穿上踢踏舞鞋
拍上一两下
小鸭拍拍
我们一起来拍手！

小鸭困啦

小鸭困啦
小鸭困啦
打个哈欠
小鸭困啦

枕上小枕头
盖上小被被
小鸭困啦
我也困啦！

五只小鸭

五只小鸭出门了，
翻过一座小山丘
鸭妈妈喊："嘎，嘎，嘎，嘎……"
只有四只回来了

四只小鸭出门了，
翻过一座小山丘
鸭妈妈喊："嘎，嘎，嘎，嘎……"
只有三只回来了

三只小鸭出门了，
翻过一座小山丘
鸭妈妈喊："嘎，嘎，嘎，嘎……"
只有两只回来了

两只小鸭出门了，
翻过一座小山丘
鸭妈妈喊："嘎，嘎，嘎，嘎……"
只有一只回来了

一只小鸭出门了，
翻过一座小山丘
鸭妈妈喊："嘎，嘎，嘎，嘎……"
小鸭全都不见了

鸭子妈妈出门了，
翻过一座小山丘
鸭妈妈喊："嘎，嘎，嘎，嘎……"
五只全都回来了

活动 40　抛接球游戏

绕着花园转呀转

绕着花园转呀转（用你的指尖在宝宝的皮肤上画圈）

泰迪熊，迈开脚

第一步，第二步（用你的指尖在宝宝的皮肤上模仿迈步）

嘿嘿！（用手指头轻轻地挠宝宝痒痒）

协调能力 41　小跳蛙

小跳蛙

（和《约翰·雅各布·金勒海默·施密特》的曲调一样）

啵嘤，啵嘤，啵嘤！小跳蛙来啦！
跳得高又快，赶快跟上来！
跳蛙跳起来，脚趾立起来！
啵嘤，啵嘤，啵嘤！我们一起来！
呱呱！

跳池塘

（和《跳着去找小伙伴》的曲调一样）

跳，跳，跳到池塘去
跳，跳，跳到池塘去
跳，跳，跳到池塘去
今早跳到池塘去！

那里有跳得更高的青蛙！
那里有跳得更高的青蛙！
那里有跳得更高的青蛙！
今早跳到池塘去！

跳，跳，跳到池塘去
跳，跳，跳到池塘去
跳，跳，跳到池塘去
今早跳到池塘去！

我可以比你跳得更高！
我可以比你跳得更高！
我可以比你跳得更高！
今早跳到池塘去！

跳，跳，跳到池塘去
跳，跳，跳到池塘去
跳，跳，跳到池塘去
今早跳到池塘去！

控制能力 42　学习打沙滩球（控制能力 49 也会涉及这一部分知识）

一起玩球吧！——有关投掷、弹跳、接球和踢球

红色的小皮球也许是有史以来最棒的玩具发明。在玩球的过程中，孩子们能够体验到不同的感受。

本体感觉：当一个球朝你飞过来时，你可以真切感受到物体是如何在空间中移动的。（当然了，你也将学会如何躲避！）

空间意识：当孩子在玩球的时候，孩子将习得主观判断、估计和预判等重要技能。在运动的时候，孩子的大脑还在不断计算着速度、方向、距离等重要信息。

时机感：一个简单的传球游戏（把球拍向地面，让球弹到孩子面前，再让孩子把球用同样的方式传回给你）能够给孩子一个直接且具象的有关节奏和时机的体验。

视觉追踪：玩球的过程也是在训练眼

睛对移动的物体保持追踪。这个训练不仅能提升孩子的"球技"，还能强健眼部肌肉，使眼睛在追踪物体时更为敏锐。

眼睛与身体其他部分相协调：在玩球的时候，要求眼睛和手、脚、手臂、腿、头部等身体不同的部位进行配合。当然，是眼睛在引导身体其他部位做动作。

操作：学打球是一个非常伟大的开始，意味着你学会了通过使用工具（身体部位）来实现某一个目标。

力量：追球是一个训练力量的好方法。

控制：一个滚来滚去的球给孩子上了有关"不可预测和控制"的第一课。学习如何控制球，也是在训练孩子如何控制自己的身体。

如何教授基本的玩球技巧

学习玩球是一个循序渐进的过程。玩球可以从孩子很早期就开始，并贯穿他们的一生。在开始球类运动时，我们可以先从沙滩球或把气球放到袋子里开始游戏（因为许多地区不允许五岁以下儿童使用气球）。我们用沙滩球和气球，是因为它们移动更为缓慢，这让小小孩的眼睛、手和脚更容易跟上。

当我们带孩子学习新技能时，请先不要关注距离或目标，而是应该关注基础动作。不断叙述和确认孩子做得正确的事情，从而来强化他的动作，不要去管是否投中，例如，"我喜欢你双手举起来准备接球的动作"。先在没有球的情况下练习，然后在有球的情况下练习。这将有助于他建立熟悉感并发展出肌肉记忆，直到有一天他能掌握球技。下面是基本控球技巧的指导原则。孩子们会知道什么对他们来说是正确的，我们应该永远跟随孩子的脚步。打球技术将随着孩子身体（人体中央轴）发育成熟而自然习得。现在，最重要的是感受打球的过程。

滚球。让孩子两脚分开站着，弯腰并将双手夹在两脚之间触摸他身后的地面。然后，像在沙箱里堆沙子一样，让他双手沿着地面向前堆，然后再站起来。在没有球的情况下练习几次，然后用球试试。一开始，请慢一点，因为这样他会记住做动作时的感觉，并稳稳地滚球。同时，我们在开始时尽量减少对距离的追求。只有当孩子掌握了这个动作以后，我们再关注提高速度和推力。等他学会了向前滚球，把动作倒过来，在两腿之间向后滚球。

向下投掷。重复滚球步骤，但这次让孩子把球从两腿间拿出来，然后离开地面再放出来，这样球就会在空中飞起来。

保龄球。首先，让孩子选择他想用哪只手打球。在这个例子中，我们选择用右手打球，让他站立，左脚向前，右脚向后，膝盖弯曲。在使用球之前，教他如何将手臂向后直摆，然后以一个平滑的动作向前。几次练习下来，他就有感觉了。接下来，让孩子保持同样的姿势，使用球。让他一只手拿球放下，来回挥动球，让球从指尖滚下来。

向上抛球。要像大孩子一样抛球，这需要孩子拥有强壮的手臂！先让孩子侧转身面向目标。（如果他是右撇子，他的左脚朝向目标。）现在，让他把手臂举到肩膀高度，弯曲肘部，使他的手指向天空（肘部呈 90 度角），然后握拳，这就是"强壮的手臂"。接下来，用非投掷手指向目标，然后将投掷的手移过耳朵，伸直身体，与非投掷手相遇。练习这些动作，重复这个顺序：有个强壮手臂，对准，投掷。一旦他熟悉了这三步式，就开始引入球。每次他尝试时，就重复这三步动作。

扔球。让孩子两脚分开站着，双手把球放在面前，让他把球扔上去，然后接住。即使他在第一次尝试时碰巧接住了球，也要让他练习一段时间，以培养出他接球的技巧。

拍球。和孩子坐在一起，把球放在地板上。教他如何用双手拍球。保持节奏地拍球，借用歌曲或童谣熟悉节拍。等他热身后，让他试着拍球。当然，这需要很多练习。对他来说，这个练习一半的乐趣是追球。一旦他掌握了诀窍，开始为他计算拍球个数：1，2，3。记录他个人的最佳成绩，这样鼓励他下次做得更好。一旦掌握了双手拍球，可以让他用一只重复所有步骤，然后换手。

接球。首先让孩子双手像盘子一样伸出，手肘收向肚子（这是"准备接球"的姿势）。把球放在他怀里，让他学会抱着它，这样重复几次。现在，让他处于准备接球的位置，告诉他你要把球扔给他。在给他扔球之前，先让他给你看抱球的动作，然后你轻轻地把球扔给他。

踢球。让孩子在支架上站好并保持平衡。教他如何抬起膝盖，将脚向后摆动，然后向前摆动。一开始要慢慢做，然后逐渐增加速度和推力，直到他能够自如地完成这个动作为止。下一步，尝试不要给孩子支架。这将有助于他感觉到平衡以及准备做出踢腿的动作。当孩子稳定下来时，他就准备好了。把一个球放在他前面，离他的脚大约 30 厘米，让他踢！

击球。让孩子把手臂举到与肩同高，然后一次次慢慢地用手臂拍打另一侧的身体和后背。接下来，让孩子手持一个苍蝇拍或塑料勺，让他重复拍打动作。现在，把一个沙滩球挂在天花板上，以同样的拍打动作，让孩子试着击球。

控制能力 43　手指游戏

晴天和阴天

（和《脆饼歌》的曲调一样）

晴天和阴天
晴天和阴天
拜，拜，拜
又是大晴天

阴天和晴天，
阴天和晴天，
拍，拍，拍
还是多云天

可爱的小蜘蛛

可爱小蜘蛛
爬上了管道

雨水落下来
蜘蛛冲跑了

术语

感觉不足：缺乏感觉输入。

听觉辨别：听见并辨别声音差异的能力。

听觉结构：专注于一种声音而排除其他杂音的能力。

听觉排序：能够在音乐或诗歌中听见声音模式的能力。

自动化：无需意识参与，身体即可自动执行某项动作的能力。在幼儿阶段，多次重复动作才能够实现自动化。

腹部爬行：婴幼儿肚子着地，沿着地面移动。

双侧对称动作：也叫镜像动作。当身体的一侧动作时，身体另一侧做镜像动作，即一模一样的动作，例如：小婴儿伸出双手够东西。

身体地图：对自己的身体有直观的视觉图像。

突击队爬行：婴幼儿用肚子着地，沿着地面匍匐前进。

交叉动作：越过身体中央轴运动，例如：用右手越过身体触摸左肩。

方向性：理解方向性的词汇，例如：上方、前面、后面、左侧、右侧、上侧、向下、顶部和底部。方向性词汇有助于幼儿理解语言的细微差别。

动态平衡：移动时保持平衡的能力。

动态定向：在移动时保持方向或定位方向的能力。

眼部追踪：眼部肌肉能朝任何方向顺利移动的能力，包括上下、左右、转圈等。

同侧动作：移动身体的一侧而另一侧保持静止，例如：滑滑板车、身体跳跃和书写文字等。

个性化难度降低：通过对某个动作简化，从而降低动作难度，例如：从平衡木上下来，而沿地面上的一条线进行平衡训练。

个性化难度升高：通过在执行动作中增加更为复杂的动作或者要素，从而增加动作难度，例如：沿着木板行走，同时头顶着一个沙包。

横向运动：使用相反手臂或者相反腿做动作，这就要求孩子知道身体有两侧，两侧肢体都可以独立操作，比如：人在向前爬的时候手和脚在做相反的动作。

位移：将身体从一个地方移动到另一个地方的动作。

人体中央轴：将身体分为两部分的三条假想线，包括左和右、前和后、上和下。运用人体中央轴就可以使某个身体部位独立动作，从而解锁复杂的、需要协调的动作模式，并获得更高的动作操作技能。

惊吓反射：这个反射就像是婴儿的自然报警器。当婴儿受到惊吓，他的身体立刻变得僵直。他的手指像鹰爪那样张开，眼睛瞪得大大的。这个反应通常只持续几秒钟，然后婴儿会放松下来。

动作溢出：身体的某一部分有意识地做出动作时，身体其他某一部分会无意识地动，例如：在孩子学习书写时，他的嘴巴会张开。

物体存继性：儿童理解了物体是作为独立实体而存在的，即使自己没看到物体，它们仍然是存在的。

反向动作：是指当身体的某一部分在做某个动作的时候，身体的另外某一部分做相反的动作，例如：走路时先摆动左手臂和右腿，然后摆动右手臂和左腿。

降落伞反射（跌倒反射）：为了能稳稳地坐着，婴儿会将双腿伸开，形成一个宽阔的底座，本能地使用手臂避免侧翻。

持续专注学习（PFL）：专注于一个概念的学习，例如当学习左右这个概念时，老师要求孩子在一段时间内以各种不同的方式使用这个概念。

身体特征：动觉模型的关键成分，它提供了一个"营养均衡"的动作套餐。六种身体特征是感官、平衡感、直觉、力量、协调力和控制力。

钳捏：通过用食指和大拇指挤压物体来抓住物体。

直觉（本体感觉）：身体的内部感觉，它能感受身体相对于其他事物的位置、方向，以及为了达到预期的结果而施加在物体上的力的大小。

推开反射：脚底的不自主推开反射。当婴儿的脚被触摸时，他们会不自主地蹬脚。

系列化：把一系列事物按特定的顺序排列，如从最小到最大。

六D原则：根据孩子当前的能力调整活动的方法，包括调整力量、距离、方向、持续时间、对称性、难度。

同步化：与另一个人做同样的动作。

瞬时意识：判断距离、速度和时机的感觉，比如接球或踢球的时机。

前庭系统：控制着大脑内部的平衡感，是所有独立动作的基础。滚动和缓慢旋转等动作促进前庭系统发育。

视觉辨别力：能从视觉上察觉所见事物的差异，如形状、图案和颜色。

译后记

方菁：

2016年，我翻译了西方运动圣经——吉尔女士的经典畅销书《运动塑造孩子的大脑》，这份经历改变了我的家庭。在过去的五年中，我用书中的理念和方法陪伴孩子从出生到长大，按照吉尔的"运动营养套餐"培养出一个活泼可爱、性格开朗、动作敏捷、思维活跃的小男孩Ethan，从实践上印证了吉尔的观点——"一个在运动中的孩子也是正在学习中的孩子"（A Moving Child is A Learning Child）。看着他从蹒跚学步的"小爬虫"到扶着椅子站不稳时期的学步娃，从爱躲猫猫的淘气包到健步如飞的奔跑者，我惊奇地发现，Ethan完全是按照吉尔的"运动发展之旅"这么一步步走过来的。我真的无比钦佩吉尔对儿童动作发展的专业、精准的观察与解读，也再次为自己能翻译到这样一本高水准的经典作品而感到荣幸。

2017年，我邀请吉尔来中国参加首届HOPE幼教峰会，在场、在线共计30万观众被吉尔精彩的发言感染到，运动与儿童大脑发展之间神秘的关系被揭开。随后，吉尔和我到达上海、北京、宁波等地，与多个幼儿园、教育机构和老师们、家长们见面，解答大家最为困惑的问题："幼儿园的户外环境和材料如何支持幼儿发展？""我的孩子为什么坐不住？"……吉尔解答了众多疑问。吉尔的"运动旋风"让大家打破了"四肢发达、头脑简单"的刻板印象，理解了"身体是大脑的老师"。与此同时，我们也在线上组织了多次工作坊，和大家讨论如何让孩子"越动越聪明"的科学育儿法。

2018年到2020年，我根据自己的使用心得开发了《0～3岁陪孩子玩游戏》《懒人带娃》等音频和视频课，结合吉尔的理念用更本土化的实操进行分享。许多家长在平台上的留言，让我感动。他们告诉我之前一直把孩子的"好动"看成问题，动不动就怀疑孩子是不是"多动症",听了我的课才开始理解孩子的多动其实是大脑发展的需求。同时,我作为图书推广人,也组织过多次给家长、教师的工作坊,每次大家给我的热情反馈都再一次让我意识到吉尔的运动教学法有多神奇。

当得知吉尔的这本书要在中国出版,我毫不犹豫地接下了翻译的任务。在我看来,这本《运动塑造孩子的大脑Ⅱ》继承了上一本的优秀基因,同时又丰富了、系统化了整个游戏体系,是不可错过的行动书!

不管您是教育工作者还是家长,我都极力推荐您用它和孩子一起运动、游戏,因为它真的是不可错过的经典。

理念超前:除了"自动化""自上而下"等老读者所熟悉的脑科学知识,吉尔在这本书中补充了运动的"黄金法则"和"6个D原则",这意味着你可以通过观察和评估孩子的动作来调整当下的运动,你通过改变动作的难易程度、改变规则来让运动适应每一个孩子,适应每一个阶段孩子的发展需求。这相当于赋予了我们神奇的魔法棒,我们可以为每个阶段的每个孩子量体裁衣!

全面且系统化的运动指引:比起上一本书,吉尔在这本书里提供了更为系统化的运动指引。按照0~7岁儿童动作发展的规律循序渐进地设计了六大类、50个主题、900多个游戏,并对每个游戏都注明了科学的观察和指导要点。(我觉得用这个体系来构建一个体适能中心都够用了!)

真诚真切:在本书中,吉尔还为读者提供了很多资源,包括在运动中推荐使用的音乐、她实践中百试不爽的策略和方法,所以每个游戏都是相当的"有料+有趣"。她真的是把35年的教学经验掏心窝地分享给大家。吉尔的外号是"孩子精灵",因为她能理解孩子的每个动作,甚至是牙牙学语的婴儿。希望您看了她的秘籍后,也能成为读懂孩子的人。

最后我想说,行动是一切的开始! 期待这本有魔力的书助力您和孩子开启精彩的运动探索之旅。

王怡然:

我十分有幸能和方菁老师一起翻译吉尔的这本《运动塑造孩子的大脑Ⅱ》。虽然过程艰辛,但也充满乐趣。为了验证可行性,我和先生还有朋友们一起实践并本土化了其中的部分游戏,而在翻译丢沙包、跳房子、吹泡泡、捞大鱼这些中西相通的传统游戏时,很多孩提时代的美好回忆也同时被唤起。

孩子成长的每一步都少不了游戏的陪伴。《运动塑造孩子的大脑Ⅱ》这本书的游戏部分根据感觉、平衡、直觉、力量、协调和控制六大发展要素划分,给出了50个主题共900多个游戏,年龄跨越0~7岁。更难得的是,这些游戏是根据孩子成长的不同阶段,由简单到复杂、循序渐进地进行设计的。如果您是老师，相信这本书中的游戏能够点亮您的教学灵感，丰富您的课堂内容；如果您是爸爸、妈妈，或是陪伴孩子成长的长辈，那么借助书中的游戏，您将拥有更为密切愉快的亲子关系。

愿每一个大人都能从这本书中汲取游戏的灵感与营养，愿每一位小朋友都能在快乐的游戏中成长。

图书在版编目（CIP）数据

运动塑造孩子的大脑.Ⅱ，0-7岁"运动套餐"全方案/（新西兰）吉尔·康奈尔(Gill Connell)，（新西兰）温迪·皮耶尔(Wendy Pirie)，（美）谢丽尔·麦卡锡(Cheryl McCarthy) 著；方菁，王怡然译.--北京：华夏出版社有限公司，2022.5

书名原文：Move, Play, and Learn with Smart Steps

ISBN 978-7-5222-0136-8

Ⅰ.①运… Ⅱ.①吉…②温…③谢…④方…⑤王… Ⅲ.①儿童—运动生理学 Ⅳ.① G804.2

中国版本图书馆 CIP 数据核字（2021）第 121409 号

Copyright © 2016 by Gill Connell and Cheryl McCarthy, Original edition published in 2016 by Free Spirit Publishing Inc., Minneapolis, Minnesota, U.S.A., http://www.freespirit.com under the title: Move, Play, and Learn with Smart Steps
All rights reserved under International and Pan-American Copyright Conventions.

版权所有，翻印必究。
北京市版权局著作权合同登记号：图字 01-2018-6603 号

运动塑造孩子的大脑 Ⅱ

作　　者	［新西兰］吉尔·康奈尔　［新西兰］温迪·皮耶尔　［美］谢丽尔·麦卡锡
译　　者	方　菁　王怡然
责任编辑	王凤梅
责任印制	刘　洋
出版发行	华夏出版社有限公司
经　　销	新华书店
印　　刷	三河市万龙印装有限公司
装　　订	三河市万龙印装有限公司
版　　次	2022 年 5 月北京第 1 版　　2022 年 5 月北京第 1 次印刷
开　　本	787×1092　1/16 开
印　　张	14.5
字　　数	199 千字
定　　价	98.00 元

华夏出版社有限公司　网址：www.hxph.com.cn　电话：（010）64663331（转）
地址：北京市东直门外香河园北里 4 号　邮编：100028
若发现本版图书有印装质量问题，请与我社营销中心联系调换。